权威·前沿·原创

皮书系列为
"十二五"国家重点图书出版规划项目

中国社会科学院创新工程学术出版资助项目

中国农村经济形势分析与预测
（2015~2016）

ANALYSIS AND FORECAST ON CHINA'S RURAL ECONOMY
(2015-2016)

主　编／魏后凯　杜志雄　黄秉信
副主编／李国祥　孙同全

社会科学文献出版社
SOCIAL SCIENCES ACADEMIC PRESS (CHINA)

图书在版编目(CIP)数据

中国农村经济形势分析与预测.2015~2016/魏后凯,杜志雄,黄秉信主编.—北京:社会科学文献出版社,2016.4
(农村绿皮书)
ISBN 978-7-5097-9003-8

Ⅰ.①中… Ⅱ.①魏… ②杜… ③黄… Ⅲ.①农村经济发展-经济分析-中国-2015~2016 ②农村经济发展-经济预测-中国-2015~2016 Ⅳ.①F323

中国版本图书馆CIP数据核字(2016)第070243号

农村绿皮书
中国农村经济形势分析与预测(2015~2016)

主　　编／魏后凯　杜志雄　黄秉信
副 主 编／李国祥　孙同全

出 版 人／谢寿光
项目统筹／邓泳红
责任编辑／周映希

出　　版／社会科学文献出版社·皮书出版分社 (010) 59367127
　　　　　地址:北京市北三环中路甲29号院华龙大厦 邮编:100029
　　　　　网址:www.ssap.com.cn

发　　行／市场营销中心 (010) 59367081　59367018
印　　装／北京季蜂印刷有限公司

规　　格／开本:787mm×1092mm　1/16
　　　　　印张:18.5　字数:282千字
版　　次／2016年4月第1版　2016年4月第1次印刷
书　　号／ISBN 978-7-5097-9003-8
定　　价／79.00元

皮书序列号／B-1998-003

本书如有印装质量问题,请与读者服务中心 (010-59367028) 联系

▲ 版权所有 翻印必究

《中国农村经济形势分析与预测（2015~2016）》编委会

顾　问　张晓山　李　周

主　编　魏后凯　杜志雄　黄秉信

副主编　李国祥　孙同全

编　委（按姓氏笔画为序）

于法稳　刘长全　孙同全　杜志雄　李国祥
杨春悦　汪传敬　张红宇　张志涛　张秀青
张海鹏　尚梦琦　罗万纯　胡冰川　赵　黎
翁　鸣　黄秉信　崔红志　韩　杨　韩　磊
潘晨光　魏后凯

主要编撰者简介

魏后凯 经济学博士,中国社会科学院农村发展研究所所长、研究员、博士生导师。兼任中国社会科学院西部发展研究中心主任,中国区域科学协会候任理事长,中国区域经济学会、中国城市经济学会副会长,民政部、国家民委、北京市、山西省等决策咨询委员,环境保护部环境影响评价专家咨询组成员。长期从事区域经济、产业经济、资源与环境经济研究,公开出版独合著学术专著14部,主编学术著作20多部,发表中英文学术论文400多篇,科研成果获20多项省部级及以上奖励。2001年享受国务院颁发的政府特殊津贴。

杜志雄 日本东京大学农学博士,中国社会科学院农村发展研究所副所长、研究员、博士生导师。兼任中国国外农业经济研究会会长、北京市农经学会副会长等职务。长期从事农村经济和农村发展问题研究,一直参与"农村绿皮书"的组织和撰写工作。公开出版独合著学术专著、主编学术著作多部,发表中英文学术论文、书籍文章100多篇,多项科研成果获省部级及以上奖励。2014年享受国务院颁发的政府特殊津贴。

黄秉信 国家统计局农村社会经济调查司副司长,高级统计师。中国灾害防御协会常务理事,国家减灾委专家委员会专家。长期从事农村统计工作。多次主持或参与国家重大研究项目。多年为"农村绿皮书"撰稿,参与编写《中国粮食问题研究》《中国农村投资问题研究》《中国建制镇研究》等多部著作。在全国权威期刊上公开发表多篇学术文章和研究报告。曾获国家粮食局优秀软科学研究一等奖、中国测绘学会测绘科技进步三等奖。

李国祥 农学博士,中国社会科学院农村发展研究所研究员、农产品市场与贸易研究室主任、中国社会科学院研究生院教授、农产品市场与贸易方向的博士生导师。农业部农产品市场预警专家组成员、全国粮食行业协会和粮食经济学会常务理事、中国粮食行业协会第二届专家委员会特邀专家。长期从事粮食安全研究和中国农业农村经济形势跟踪分析,为"农村绿皮书"撰写报告10多年,发表论文和研究报告多篇,出版《中国粮食安全评论》等专著。

孙同全 管理学博士,中国社会科学院农村发展研究所副研究员、农村金融研究室主任、硕士生导师。兼任中国县镇经济交流促进会副秘书长及小额信贷发展研究分会秘书长、中国社会科学院贫困问题研究中心副秘书长,中国银行业协会(花旗集团)微型创业奖评审专家组成员,中国金融教育发展基金会"金融惠民工程"农户项目专家组成员。主要研究方向为农村贫困问题、小额信贷和农村组织制度,公开出版独合著学术专著多部,发表论文和研究报告多篇,曾获"中国农村发展研究奖"专著奖。

摘　要

2015年，面对世界经济增长乏力和国内经济下行压力加大，中国农业农村经济总体持续稳定发展。第一产业保持稳定增长态势，农业现代化迈出新步伐。全年第一产业固定资产投资（不含农户）达到15561亿元，比上年增长31.8%；农户固定资产投资10410亿元，比上年减少3.2%。第一产业增加值60863亿元，比上年实际增长3.9%；按当年价格计算占国内生产总值比重为9.0%，按上年可比价格计算对国内生产总值的贡献率为5.2%。农业科技进步贡献率达到56%，农作物耕种收综合机械化水平达到63%，畜禽养殖规模化率提高到54%，家庭农场、农民合作社、产业化龙头企业等新型农业经营主体接近250万家。

农业结构调整进一步推进。2015年，粮食种植面积扩大到11334万公顷（17亿亩），油料种植面积基本稳定在1400万公顷（2.1亿亩）；棉花种植面积下降到380万公顷（5698万亩），比上年减少10.0%；糖料种植面积下降到174万公顷（2613万亩），比上年减少8.4%。全国粮食实现十二连增，总产量达到62144万吨，创历史新高，比上年增产2.4%；棉花产量561万吨，比上年减产9.3%；油料产量3547万吨，比上年增产1.1%；糖料产量12529万吨，比上年减产6.2%。受生猪生产下滑影响，2015年肉类总产量8625万吨，比上年减少1.0%。其中，生猪出栏数量和猪肉产量分别为70825万头和5487万吨，比上年分别减少3.7%和3.3%；牛肉产量700万吨，比上年增长1.6%；羊肉产量441万吨，比上年增长2.9%；禽肉产量1826万吨，比上年增长4.3%。

农产品市场运行总体平稳。2015年，乡村消费品零售额41932亿元，比上年增长11.8%，比城镇消费品零售额增速快1.3个百分点；乡村消费品零售额占全社会消费品零售总额的比重为13.9%。全年农产品生产者价格比上年上涨1.7%。城乡居民食品消费价格比上年上涨2.3%。

农产品进出口总额继续下降。2015年,农产品进出口总额1875.6亿美元,比上年下降3.6%;农产品国际贸易逆差减少到462.0亿美元,比上年下降8.7%。在2015年中国农产品出口总额中,对"一带一路"国家的农产品出口额占到31.1%,对东盟国家的农产品出口额占到21.0%。

农民收入继续保持较快增长。2015年,农民人均可支配收入11422元,比上年名义增长8.9%,实际增长7.5%,农民人均纯收入10772元。在2015年农民人均可支配收入中,工资性收入4600元,比上年增长10.8%,对增收的贡献率48.0%;经营净收入4504元,比上年增长6.3%,对增收的贡献率28.5%;财产净收入252元,比上年增长13.3%,对增收的贡献率3.2%;转移净收入2066元,增长10.1%,对增收的贡献率20.3%。

农村居民收入差距持续缩小。2015年,按人均可支配收入从低到高进行五等份分级,农村低收入户、中低收入户、中等收入户、中高收入户和高收入户人均可支配收入分别为3086元、7221元、10311元、14537元和26014元,分别比上年增长11.5%、9.3%、8.5%、8.1%和8.6%。农村内部居民收入分配状况有所改善。城乡居民人均可支配收入之比率缩小到2.73,比上年下降了0.02。中西部地区农民收入增长速度快于东部地区。

农村居民生活水平明显提高。2015年,农村居民人均消费支出9223元,扣除价格因素实际增长8.6%,实际增速比城镇居民人均消费支出快3.1个百分点。按现行农村贫困标准,2015年农村贫困人口5575万人,比上年减少1442万人,下降20.6%;农村贫困发生率5.7%,比上年下降1.5个百分点。

农村生产生活条件进一步改善。2015年,农村社区通路、通电、通电话基本接近全覆盖,自然村能接收有线电视信号的户比重达到96.4%;平均每百户农民家庭拥有接入互联网的移动电话69.2部,比上年增长21%;平均每百户农民家庭拥有接入互联网的计算机18.8台,比上年增长14.4%。

摘 要

展望2016年,中国农业农村经济运行总体上仍将继续保持良好态势。预测2016年全国第一产业增加值将明显地超过6万亿元,比上年实际增长3.5%,在国民经济中比重下降到8.8%。农产品生产者价格比上年下跌3%。城乡居民食品消费价格比上年上涨1%。农民人均纯收入和人均可支配收入比上年实际增长7.7%,按上年可比价格计算将分别达到1.16万元和1.23万元,城乡居民可支配收入之比进一步缩小到2.70,比上年下降0.03。如果世界经济明显复苏,预计2016年中国农产品进出口贸易额将增长3%。

前　言

《中国农村经济形势分析与预测》（以下简称"农村绿皮书"）初版于1992年，是由中国社会科学院农村发展研究所和国家统计局农村社会经济调查司共同组织编撰的年度系列研究报告，今年出版的是第24本。"农村绿皮书"以年度农村经济形势分析与预测为特色，主要是对上一年度农业农村经济运行和市场状况进行客观评价分析，并对当年农业农村经济形势和发展趋势进行展望，在此基础上根据国家和社会需求对一些重大和热点问题进行专题研究，以为中国农业农村经济研究、决策和实践提供重要参考。

《中国农村经济形势分析与预测（2015~2016）》继续秉承客观公正、科学中立的宗旨和原则，既保持了原有特色，又有一些崭新变化。首先，在以往绿皮书数据丰富的基础上，强化了观点性和结论性的内容，力求做到数据与观点并重。其次，按照皮书的体例，将全书结构更改为总报告、专题篇和热点篇三个部分。总报告重点分析2015年中国农业农村经济的运行特点、市场状况和重要进展，并对2016年的发展趋势和主要指标进行预测。专题篇共有9篇研究报告，着重对2015年农业农村经济重要领域的变化和2016年走势进行深入评价分析，其内容涵盖了农村居民收入与生活、农产品生产和价格、粮食市场、经济作物市场、畜牧产品生产和市场、水产品市场、农产品期货市场、农产品国际贸易、林业发展等诸多方面。热点篇共有4篇研究报告，着重对近年来中国农业农村经济发展中若干重大和热点问题进行深入探讨，所选择的专题包括农村三次产业融合发展、农村集体产权制度改革、粮食托市收购政策和农业绿色转型发展。再次，在编撰组织和体例方面，设立了编委会，并按照皮书统一要求进行编排。每篇报告都单独标明了作者，以强调和突出作者的贡献。需要说明的是，本报告中提出的各种观点

均为作者个人观点,并不代表作者所在的机构或部门。

经过24年的努力,目前"农村绿皮书"已经形成了自己独特的风格,享有较好的声誉,并越来越多地得到社会各界的认可。在秉承传统、凸显风格的基础上,本年度"农村绿皮书"在框架结构和编撰体例上进行了较大调整。全书的总体框架结构经过多次集体讨论,并广泛征求了相关方面的意见。参与报告撰写的作者,除了中国社会科学院农村发展研究所和国家统计局农村社会经济调查司、住户调查办公室的人员,还有农业部农村经济体制与经营管理司、农村合作经济经营管理总站以及中国水产科学研究院、北京大商所期货与期权研究中心的人员。在全书编撰和出版的过程中,孙同全承担了具体组织协调工作,魏后凯、杜志雄、孙同全、罗万纯、张海鹏、胡冰川、翁鸣分别对报告进行了初审,孙同全、韩磊承担了编辑排版工作,李国祥起草了全书的摘要,赵黎承担了目录、全书摘要的英文翻译以及各报告英文摘要的校核。最后,由魏后凯和杜志雄对全书进行终审。

本报告的编辑出版,得到了中国社会科学院科研局、创新工程办、社会科学文献出版社以及国家有关部门的大力支持和帮助,在此表示衷心感谢!

魏后凯

2016年3月24日

目 录

Ⅰ 总报告

G.1 2015年中国农业农村经济形势及2016年预测
 ………………………………………………… 总报告课题组 / 001
  一 2015年中国农业农村经济形势的主要状况…………… / 002
  二 影响农业农村经济形势的主要外部因素……………… / 021
  三 2016年农业农村经济形势预测………………………… / 028
  四 中国农业农村经济发展主要对策……………………… / 036

Ⅱ 专题篇

G.2 2015年农村居民收入与生活状况 ……………… 尚梦琦 / 042
G.3 2015年农产品生产和价格状况 ………………… 汪传敬 / 050
G.4 2015年粮食市场分析及2016年展望 …………… 罗万纯 / 069
G.5 2015年经济作物市场分析与2016年展望 ……… 韩 磊 / 083
G.6 2015年畜牧业生产和市场变化与2016年走势分析 … 刘长全 / 098
G.7 2015年水产品市场形势分析及2016年展望 …… 韩 杨 / 125
G.8 2015年农产品期货市场运行分析与2016年展望
  ——以大连商品交易所为例 ………………… 张秀青 / 144

G.9 2015年主要农产品国际贸易状况与2016年
　　　走势分析 …………………………………………… 翁　鸣 / 163
G.10 2015年林业发展评价与2016年展望 ……… 张海鹏　张志涛 / 177

Ⅲ 热点篇

G.11 农村三次产业融合发展情况及推进路径 …… 张红宇　杨春悦 / 194
G.12 农村集体产权制度改革：进展、问题与政策建议
　　　………………………………………………………… 崔红志 / 213
G.13 粮食托市收购政策评估与展望 ……………………… 胡冰川 / 233
G.14 农业绿色转型发展：现状、展望与政策建议 ……… 于法稳 / 247

Abstract ……………………………………………………………… / 268
Contents …………………………………………………………… / 272

总 报 告
General Report

G.1
2015年中国农业农村经济形势及2016年预测*

总报告课题组**

摘　要：2015年，中国农业和农村经济总体持续稳定发展，第一产业增加值突破6万亿元，比上年增长3.9%，在国内生产总值中比重下降到9.0%；农村消费快速增长，乡村消费品零售额比上年增长11.8%，农民人均消费支出比上年增长8.6%；粮食种植面积达到17亿亩，总产量超过6.2亿吨，棉花和糖料生产明显减少；猪肉产量比上年减产184万吨，其他多数畜产品和水产品产量保持增长；粮食进口量大约1.3亿吨，

---

* 本报告仅代表课题组观点，与课题组成员所属机构及研究资料来源部门或机构无关。
** 本报告执笔人：李国祥（中国社会科学院农村发展研究所研究员、农产品市场与贸易研究室主任、博士生导师）；参与讨论人员：魏后凯、杜志雄、朱钢、崔红志、孙同全、张海鹏、罗万纯、韩磊、翁鸣；审定人：魏后凯、杜志雄。

谷物进口量比上年增长68%；尽管国内多数农产品供求关系比较宽松，粮食生产者价格比上年下跌1.3%，但受生猪生产者价格比上年明显上涨8.9%等的影响，全年农产品生产者价格比上年上涨1.7%，城乡居民食品消费价格比上年上涨2.3%；农村居民人均可支配收入达到11422元，城乡居民人均可支配收入之比率缩小到2.73，比上年下降0.02。预测2016年粮食总产量将达到6.3亿吨，农民人均可支配收入比上年增长7.7%，城乡居民人均可支配收入之比率进一步缩小到2.70。

关键词： 农村　农业　农产品　第一产业　生产者价格　农民增收

2015年中国农业基础进一步加强和农业现代化迈出新步伐，新型城乡关系和工农关系取得积极进展，农业结构调整进一步推进，农产品市场运行总体平稳，城乡居民收入差距进一步缩小。但是，粮油糖进口量大幅度增长，农业农村发展面临的一系列深层次矛盾更显突出。展望2016年，中国农业农村经济运行总体上将继续保持良好态势，能够继续为国民经济发展提供支撑和拉动作用，但一些对农业农村经济发展具有直接制约倾向的矛盾需要积极化解，特别是面对经济发展转型升级以及对外开放力度加大的新形势，需要加快推进农业供给侧结构性改革，理顺国际国内农产品价格关系，处理好农业结构调整和发展方式转变与应对国际农产品市场冲击等的关系。

一 2015年中国农业农村经济形势的主要状况

2015年，中国农业总体保持稳定发展，工农关系和城乡关系正在发生深刻变化；主要大宗农产品供求关系变化除受国内生产形势影响外还深受进口等外来农产品供给的影响，粮食十二连增和进一步发展开放经济后给中国农业发展和农产品市场调控带来了越来越多的新课题；农产品生产者价格受生猪价格大幅度反弹上涨影响扭转了上年的下跌态势，城乡居民食品消费价格温和上涨；农民收入继续保持较快增长，城乡居民收入差距进一步缩小。

（一）农业农村经济增长及其在国民经济中地位情况

2015年，尽管主要农产品生产呈现出差异化波动，但是农业继续保持总体稳定增长态势，第一产业增加值突破6万亿元，农村消费与农业固定资产投资呈现较快增长，为国民经济稳增长做出了积极贡献。

1. 第一产业在国民经济中比重进一步下降

2015年，中国第一产业增加值基本保持稳定增长态势，在国民经济中的比重进一步下降。全年第一产业增加值60863亿元①（见表1），比上年名义增长4.3%，名义增速比上年下降1.1个百分点；实际增长3.9%，实际增速比上年下降0.2个百分点。按当年价格计算，第一产业增加值占国内生产总值比重为9.0%，比上年减少0.2个百分点。按上年可比价格计算，第一产业对国内生产总值的贡献率为5.2%，与上年基本持平。

表1 "十二五"时期第一产业增加值及其在国民经济中地位变化情况

年份	增加值 （当年价,亿元）	比上年实际增长 （%）	在国内生产总值中比重 （%）	对国内生产总值实际增长贡献率(%)
2011	46153.3	4.2	9.5	4.3
2012	50892.7	4.5	9.5	5.6
2013	55321.7	3.8	9.4	4.7
2014	58336.0	4.1	9.2	5.3
2015	60863.0	3.9	9.0	5.2

资料来源：《中国统计年鉴2015》和《2015年国民经济和社会发展统计公报》以及《关于2014年国内生产总值（GDP）最终核实的公告》。

---

① 本文中2015年及以前的数据除注明外，一般都来源于国家统计局公开出版的各类统计年鉴和在其官方网站公布的数据。为简便起见，文中一般不再注明。2016年数据为预测数据，是课题组研究的结论。

与"十二五"时期其他年份相比较,2015年第一产业增长及其在国民经济中的地位基本反映了新时期中国农业发展总体情况。第一产业增长速度缓慢但基本稳定,对经济增速的贡献较小,在国民经济中比重不断下降。如何看待第一产业增长态势及其与国民经济关系格局的变化,应从新型工农关系上来把握。

第一产业增加值增长潜力小,意味着农村劳动力难以在农业和其他产业之间实现均衡收入,解决这一矛盾的唯一可行途径是进一步转移农业劳动力。第一产业增加值占国民经济比重不断下降,是现代化的重要标志,农业对国民经济的作用应更加注重多功能的发挥。

2. 乡村消费和农民消费支出较快增长

2016年的《政府工作报告》指出,2015年消费对经济增长的贡献率达到66.4%。2015年,农村消费呈现较快增长态势,对国民经济保持中高速增长做出积极贡献。全年乡村消费品零售额41932亿元,比上年增长11.8%。乡村消费品零售额增速比城镇消费品零售额增速快1.3个百分点,占全社会消费品零售总额比重为13.9%。尽管乡村消费品零售额在全社会中所占比重不高,但是乡村消费品零售额较快增长以及农民消费支出快速增长对经济增长是积极的贡献因素,表明扩大农村消费的潜力是可能的。

2015年,受到农民收入增长速度较快和农村消费环境改善等因素的积极影响,农民人均消费增长较快。全年农民人均消费支出9223元,比上年名义增长10.0%,扣除价格因素实际增长8.6%,实际增速比城镇居民人均消费支出快3.1个百分点;按可支配收入计算的农民边际消费倾向达到0.96,明显地高于城镇居民。农民人均消费支出增长快,新增收入基本上都用于消费,既与中国农村消费环境与条件改善有关,又与农民具有较高的收入预期、农民收入来源结构变化以及农民消费结构快速升级等因素有关。

农民边际消费倾向较高这一积极的变化和现象值得关注。它表明长期以来通过改善农村基础设施条件所具有的促进农村经济增长从而增加农民收入和优化农村消费环境进而带动农民消费的多重效应正在显现。

自从推进社会主义新农村建设以来,国家不断加大农村饮水安全工程、电网改造工程、道路交通工程、沼气等新型能源推广工程、危房改造工程和信息化工程等建设投资力度，这些项目的建设极大地改善了农民生产生活条件。

农民消费支出较快增长，不仅对经济稳增长的贡献更加积极明显，而且也带来城乡居民消费水平的缩小。2015年城乡居民人均消费支出比率下降到2.32（以农民人均消费支出为1），比上年下降0.06。

3. 第一产业固定资产高速增长

受到国家重视现代农业建设和预算内固定资产投资对农业倾斜等因素的影响，2015年第一产业固定资产投资继续保持高速增长态势，全年第一产业固定资产投资（不含农户）达到15561亿元，比上年增长31.8%。

受到城镇化和农业劳动力转移等因素影响，农户固定资产投资则呈现下降态势，2015年农户固定资产投资10410亿元，比上年减少345.8亿元，下降3.2%；农户固定资产投资在全社会固定资产投资中所占比重下降到1.9%，比上年降低0.2个百分点。农户固定资产投资减少的原因何在？是否为趋势性变化？它对农业农村发展将会产生怎样的直接和间接影响？这些问题值得关注。

4. 农业农村发展正在深刻转型

我们注意到，社会上经常出现对第一产业增加值在国民经济中比重不断下降和乡村人口在社会总人口中比重不断下降、越来越多的空心村不断出现以及主要由农村留守老人和留守妇女从事农牧业生产经营的态势有不同的看法。总体上看，这些趋势性变化都应该是经济发展一般规律发挥作用的结果。

我们在观察农业农村经济中的一些主要指标下降时，能否据此判断农业在萎缩和农村在凋敝？对这些问题的回答应该看农业现代化进展和农民生产生活状况的改变情况。

2015年，中国农业现代化继续推进，农业农村基础设施建设、科技创新和组织创新取得新进展。根据《关于2015年国民经济和社会发展计划执行情况与2016年国民经济和社会发展计划草案的报告》，2015年，中国农业农村基础设施建设继续强化,农业科技进步贡献率已经达到56%,农作物耕种收综合机械化水平达到63%,畜禽养殖规模化率已经提高到54%,家庭农场、农民合作社、产业化龙头企业等新型农业经营主体近250万家,这些都表明农业农村发展形态在变化,质量在提升。

5. 农村一二三产业融合发展呈现多样化态势

同样重要的是,在农村基本结束了乡镇企业突飞猛进时代后,多元化、多种方式的农村一二三产业融合发展成为新型工农关系的重要特点。

2015年和往年一样,虽然第一产业增加值基本保持稳定的低速增长,但是农副食品加工业则保持相对较高的速度增长。尽管2015年规模以上工业中农副食品加工业增加值比上年增长5.5%,低于全部工业增加值的增速,但是近年来中国的农副食品加工业增加值增长速度一直明显地高于第一产业增加值。2008~2014年期间,规模以上农副食品加工业增加值的年度实际增长速度一般都是第一产业增加值实际增长速度的2倍到3倍。2015年,规模以上农副食品加工业增加值实际增长速度高于第一产业1.6个百分点。随着中国电子商务的发展,农业电子商务发展机会也越来越多。2015年中国网上零售额中饮食类商品比上年增长40.8%。

受到农产品加工业发展和农产品电商发展影响,以及乡村旅游业发展带动,农村一二三产业发展呈现新的多样化态势。

据农业部资料,到2015年,中国农业产业化组织超过30万家,其中龙头企业超过12万家。在农业产业化发展实践中,农产品加工企业向前延伸建设基地带动农户,有的还提供生产性服务;向后拓展发展物流和营销体系,有的还进一步延伸发展旅游业。农业产业化是中国农村一二三产业融合发展的先导,成为农业农村经济发展的新动力。到2015年,中国各类产业化组织带动农户超过1亿户,户均实现增收超过3000元。

随着农民合作组织的发展,农民合作社正在充分利用农村一二三产业融合所带来的机遇。据农业部资料,到2015年,中国农民合作社中超过70万家从事农产品生产加工销售一体化或者专门从事农产品加工流通经营,初具一二三产业融合雏形的农民合作社所占比重超过一半;全国休闲农业经营主体超过180万家,其中规模以上企业超过4万家。

总体来看,2015年中国农业基础地位进一步加强,农业现代化取得积极进展,新型工农关系和城乡关系正在形成。但是,中国农业仍然是国家现代化的"短腿",农村落后仍然是经济社会建设的"短板"。特别地,中国农业生态功能发挥和多功能农业发展仍显不足,农业使用化肥量仍然过高,农业面源污染仍然比较严重。2015年,中国化肥产量达到7432万吨,比上年增长8.1%。尽管化肥生产量和施用量不能完全等同,但是化肥产量高速增长至少反映中国化肥减量施用成效尚未显现,转变农业发展方式显得更加迫切,用绿色发展理念推进农业可持续发展显得更加重要。

(二)主要农产品生产情况

2015年,中国农业结构调整继续推进,粮食种植面积超过17亿亩,粮食实现十二连增,总产量超过6.2亿吨,创历史最高水平;粮食等农产品保持增产的同时,棉花和糖料出现大幅度减产,生猪生产也有所下降。

1. 粮棉油糖种植结构发生变化

2015年,中国主要农作物种植结构进一步调整,粮食作物种植面积继续扩大,而棉花和糖料种植面积继续明显下降。2015年,粮食种植面积11334万公顷(17亿亩),比上年增加62万公顷;油料种植面积1406万公顷,比上年略有增加;而棉花和糖料种植面积继续调减,种植面积分别为380万公顷和174万公顷,分别比上年减少42万公顷和16万公顷,分别下降10.0%和8.4%。

不同大宗农产品种植面积的调整,必然带来农作物种植结构的变化。2015年,在粮棉油糖种植面积中,粮食占85.3%,比上年提高0.4个百分点;棉花占2.9%,比上年下降0.3个百分点;糖料占1.3%,比上年下降0.1个百分点;油料占10.6%,与上年持平。

自2008年以来,国家在东北四省区实施玉米等临时收储政策,玉米政策性收储价格较高,国家支持力度较强,玉米种植面积扩大明显。从2008年到2015年,东北四省区粮食种植面积由2367.1万公顷增加到2586.7万公顷（见表2），年均增长1.3%；占全国粮食种植面积的比重由22.2%上升到22.8%，7年间上升了0.6个百分点。

表2 东北四省区粮食种植面积情况

单位：万公顷，%

项目	四省区小计	内蒙古	辽宁	吉林	黑龙江
2008年	2367.1	525.5	303.6	439.1	1098.9
2014年	2558.3	565.1	323.5	500.1	1169.6
2015年	2586.7	572.7	329.7	507.8	1176.5
2008~2014年年均增长率	1.3	1.2	1.1	2.2	1.0
2015年比2014年增长率	1.1	1.3	1.9	1.5	0.6

注：东北四省区指内蒙古自治区和辽宁、吉林与黑龙江省。
资料来源：《中国统计年鉴2009》、《中国统计年鉴2015》和《国家统计局关于2015年粮食产量的公告》。

2015年，中国玉米供给阶段性过剩已经十分明显，产量、库存和进口"三量"齐增。国家不断地加大粮食仓储建设和玉米腾库转移力度、持续加大粮食深加工补贴力度以缓解东北地区玉米收储矛盾，与此同时进口饲料粮替代国产玉米问题又十分突出。在这种情况下，东北四省区的粮食种植面积扩大态势仍然没有明显改变。2015年，东北四省区玉米种植面积比上年继续扩大1.1%，仅比2008~2014年期间年均增速缩小0.2个百分点；东北四省区粮食种植面积是全国粮食种植面积增长速度的2倍多，占全国粮食种植面积比重又上升了0.1个百分点。其中，2015年内蒙古和辽宁粮食种植面积增速还出现了加速的态势，分别比上年增长1.3%和1.9%。

粮食种植面积扩大除东北地区扩种因素外，棉花临时收储政策废除后，内地很多棉农退棉种粮（玉米等）也是重要因素之一。2015年，江淮部分地区棉花种植面积减少幅度近30%，主要用来种植粮食。这一现象表明，在国内农产品产需形势宽松情况下推进农业结构调整的复杂性增大，政策设计需要全局考量，系统推进。

棉花目标价格改革效应进一步显现，棉花种植继续向新疆产区集中。2015年，新疆棉花播种面积190.4万公顷，虽然比上年减少4.9万公顷，下降2.5%，但在全国棉花播种面积中所占比重达到50.1%，比上年提高3.9个百分点。黄河、长江流域棉花种植面积继续大幅度减少，2015年这两个区域的棉花种植面积分别比上年减少18.3万公顷和17.1万公顷，分别下降14.8%和17.8%。

2. 粮食总产量创历史新高

受到粮食种植面积进一步扩大和粮食单产水平提高等因素影响，国内粮食产量实现十二连增，稻谷、小麦和玉米三大主粮都创历史新高。全年粮食总产量达到62144万吨，比上年增加1441万吨，增长2.4%。其中，基本用作口粮的稻谷和小麦产量分别达到20825万吨和13019万吨，分别比上年增加174万吨和398万吨，增长0.8%和3.2%；玉米产量达到22458万吨，比上年增加893万吨，增长4.1%。

从影响粮食产量两个直接因素来看，2015年粮食单产提高幅度较大，贡献较多。全年粮食单产水平达到5483公斤/公顷（366公斤/亩），比上年增长1.8%，对粮食增产的贡献率达到77%；因播种面积扩大对粮食增产的贡献率为23%。粮食单产水平提高，既有科技进步、粮食生长季节气象条件总体有利的积极影响，也有国内粮食生产中高产粮食作物种植面积增加较多的影响。2015年由于单产水平较高的玉米种植面积扩大了2.7%，玉米对粮食增产的贡献率达到62%。

受到种植面积大幅度下降的主要影响，2015年棉花产量继续明显减产。全年棉花产量561万吨，比上年减少9.3%，其中因种植面积下降而减少产量61.9万吨。2015年已经是棉花连续第三年减产，累计减产达到123万吨，其中2015年比2014年减产达到57.4万吨。但是，国内棉花产量减少没有改变棉花价格继续下跌的态势。

主要受到种植面积调减影响，糖料产量继续下降。全年糖料产量12529万吨，比上年减产832万吨，下降6.2%。这是连续第二年国内糖料产量下降。

受到油料单产水平提高等因素影响，2015年油料产量小幅度增产。全年油料产量3547万吨，比上年增产40万吨，增长1.1%，增产幅度较小。

2015年是油料产量连续基本稳定在3500万吨水平的第四年。

3. 猪肉产量明显下降

受生猪生产下滑影响，2015年肉类总产量8625万吨，比上年减少82万吨，下降1.0%，其中猪牛羊肉产量6628万吨，比上年减少161万吨，下降2.4%。

自2012年第二季度开始，生猪生产者价格不断下跌，养猪户效益持续下滑，出现普遍亏损，生猪养殖规模不断缩减。2015年生猪出栏70825万头，比上年下降3.7%。由于养猪数量减少，尽管夏季为猪肉消费淡季仍出现猪肉供应偏紧态势，8月生猪市场价格上涨达到年内顶峰，但全年猪肉产量明显减产，2015年猪肉产量5487万吨，比上年减少184万吨，下降3.3%。

与生猪出栏数量和猪肉产量下降的态势不同，2015年其他主要畜产品继续保持增产。全年牛肉产量700万吨，比上年增加11万吨，增长1.6%；羊肉产量441万吨，比上年增加13万吨，增长2.9%；禽肉产量1826万吨，比上年增加76万吨，增长4.3%；禽蛋产量2999万吨，比上年增加105万吨，增长3.6%；牛奶产量3755万吨，比上年增加30万吨，增长0.8%。

4. 水产品产量继续增长

2015年，中国水产品产量6690万吨，比上年增长3.5%。水产品生产结构进一步调整，养殖水产品继续保持较快增长，全年养殖水产品产量4942万吨，比上年增长4.1%，在农产品中增长速度较高，养殖水产品产量在所有水产品总产量中所占比重达到73.9%，比上年提高0.5个百分点；捕捞水产品产量稳定略增，全年捕捞水产品产量1748万吨，比上年增长0.5%，表明中国渔业生产方式仍然处在持续转变中，水产品生产越来越注重渔业生态系统保护及其功能的提高。

综合来看，粮食连续十二年增产，为稳定消费价格水平以及改善民生提供了有力保障，但也带来了库存水平居高不下、部分粮食品种供给偏多以及国内粮食市场深受国际市场冲击等问题。如果粮食生产不能及时调整，国内粮食价格将会面临越来越大的下行压力，这势必影响粮农持续较快增收。同时，中国油料和糖料生产已经连续几年减少，但是国内库存及市场供求关系改变不是十分明显。2015年生猪生产和猪肉产量明显波动，表明中国近年来生猪规模化养殖并没有必然带来生猪供应的稳定，生猪屠宰主体与养殖主体的关联仍然比较松散，二者尚未形成稳定的交易关系。另外，如何区分为了改善农产品供求关系和转变农业发展方式必需推进部分农产品生产调减与农业生产受到国际市场冲击而萎缩的区别？这些农业生产、市场、价格出现的新问题，是值得进一步观察和深入研究的。

（三）农产品进出口

2015年，尽管多数农产品进口数量继续保持较快增长，但因进口农产品价格普遍下降，中国进出口总额继续下降，农产品国际贸易逆差下降幅度较大。据农业部资料，全年农产品进出口总额1875.6亿美元，比上年下降3.6%。由于农产品进口额下降速度快于出口额下降速度，2015年中国农产品国际贸易逆差缩小，全年农产品国际贸易逆差下降到462.0亿美元，比上年减少8.7%。其中，农产品进口1168.8亿美元，比上年下降4.6%；农产品出口706.8亿美元，比上年下降1.8%。

1. 谷物进口量大幅度增加

2015年，中国谷物进口规模迅速扩大。据农业部资料，全年谷物进口量达到3271.5万吨，比上年增长67.6%，谷物进口额94亿美元，比上年增长51.1%；谷物进口在全年农产品进口中所占比重上升到8.0%，比上年增加2.9个百分点。如果按照包括谷物、薯类和豆类的中国粮食口径，则2015年进口粮食超过1.2亿吨，如果再将进口的682.1万吨的玉米酒糟（DDGs）包括进来，则中国进口的粮食规模大约为1.3亿吨。

2015年，由于谷物进口规模扩大过快，中国谷物自给率下降到95%以下。按照传统的以粮食进口和粮食产量计算的中国粮食自给率，根据农业部的粮食进口规模和国家统计局的粮食总产量数据，则2015年中国粮食自给率已经下降到80%以下，即粮食进口量与中国粮食总产量之比大约为21%，这表明中国居民消费结构升级对动物类产品需求增加而扩大的饲料粮需求主要通过进口途径来满足。

表3 2015年中国谷物进口价格与国内谷物生产者价格变动情况

品种	谷物	#稻米	#小麦	#玉米	#高粱	#大麦
进口单价（美元/吨）	287.4	443.5	299.9	234.4	277.6	266.4
比上年上涨（%）	-9.8	-8.8	-8.0	-16.5	-2.1	-8.4
进口单价*（元/吨）	1790.0	2762.5	1867.8	1459.7	1729.2	1659.5
比上年上涨（%）	-8.6	-7.5	-6.7	-15.4	-0.7	-7.1
国内生产者价格比上年上涨（%）	-1.3	1.6**	-0.8	-3.5	—	—

注：*按公布的人民币年均汇率计算；**为国内稻谷生产者价格变动情况。
资料来源：《中国统计年鉴2015》、《2015年国民经济和社会发展统计公报》和农业部农业贸易促进中心数据。

大幅度增长的谷物进口，据了解主要是用于饲料原料。据农业部资料，2015年，中国大麦进口1073.2万吨，比上年增长98.3%；高粱进口1070.0万吨，比上年增长85.3%。

需要指出的是，由于中国进口的谷物、大豆和木薯以及玉米酒糟（DDGs）主要用作饲料原料，而口粮用的稻米和小麦进口规模仍然较小，农业部资料显示，2015年中国稻米和小麦进口分别为337.7万吨和300.7万吨，与国内3亿多吨的稻谷和小麦产量相比，仍然较少，因此国内口粮绝对安全仍然处于高保障状态。

中国谷物在国内生产连续多年增产和库存水平居高不下的情况下仍然出现进口数量大幅度增长，一个重要原因是国内国际市场价格差的存在及扩大。2015年，中国谷物进口单价每吨287.4美元（见表3），比上年下降9.8%；考虑到人民币币值因素，进口单价折合人民币为1790元，比上年下降8.6%。由于国内缺乏谷物单价水平的权威数据，这里我们选取价格涨跌程度进行比较。如果不考虑往年中国谷物价格水平与国际市场价格水平的合理程度，单从2015年数据来看，全年中国谷物生产者价格比上年下跌1.3%，其下跌程度明显低于进口谷物单价。国内谷物生产者价格下跌幅度低于进口谷物价格下跌幅度,有助于保护农民利益,但是谷物加工经营者的最终产品进入市场面临的是相同竞争,从而导致谷物加工经营者,特别是饲料生产经营者宁愿采用进口谷物而不愿采购国产谷物,这种格局必须改变。

从不同品种的谷物来看,中国稻谷生产者价格比上年上涨1.6%,而折合人民币的进口稻米单价则下降7.5%,二者变化差异很多。如果从价格水平来看,中国稻谷、小麦的最低收购价格水平与玉米临时收储价格水平都比进口稻米(中国进口的基本上都是大米)、小麦和玉米的价格水平高,而且进口单价下跌幅度更大。这种格局给中国实施粮食价格支持政策和国家对外开放以及农业国际化战略提出了严峻的课题。

2. 大豆、食用油、食糖进口继续增加而棉花进口减少

大豆进口在中国农产品进口中所占比重高,一直持续不断地呈现进口规模扩大态势。据农业部资料,2015年,中国大豆进口8169万吨,比上年增长14.4%。国内进口的大豆主要用于食用油生产和蛋白饲料,与国内农业禀赋所决定的农业生产既具有互补性,又存在着竞争性。

除了大量进口大豆用来榨油外,中国还大量进口油菜籽,也直接进口食用油。2015年,据农业部资料,中国进口油菜籽447.1万吨,比上年减少12.0%,但进口食用植物油839.1万吨,比上年增长6.6%。油料及食用植物油大量进口,使国内食用植物油库存消化和国内油料生产面临复杂严峻的形势。

尽管中国食糖库存水平高,国内已经调减糖料生产,但是食糖进口规模仍然明显扩大。据农业部资料,2015年,食糖进口484.6万吨,比上年增长39.0%;食糖进口额17.7亿美元,比上年增长18.7%;进口均价366.1美元/吨,比上年下降14.6%。

受到国内棉花需求低迷,以及国内棉花库存水平高和棉花价格运行基本上与国际市场一体化等因素影响,进口棉花尽管出现单价下降,棉花进口仍然出现大幅度下降。据农业部资料,2015年中国棉花进口175.9万吨,比上年减少34.1%;每吨原棉均价1741.2美元,比上年下降14.9%。棉花进

口量价齐降，表明棉花目标价格政策效应显现。

3. 猪肉牛肉进口显著增长

2015年，中国畜产品进口金额虽然比上年下降，但是猪肉牛肉进口数量却出现了显著增长。据农业部资料，全年畜产品进口204.5亿美元，比上年减少7.8%，但猪肉和牛肉进口量分别达到77.8万吨和47.4万吨，分别比上年增长37.8%和59.0%。由于粮油进口量大幅度增加及其在全年农产品进口中份额明显上升，畜产品进口占全年农产品进口的比重下降到17.5%，比上年减少0.6个百分点。

4. 水产品出口遭遇国际市场不利环境

2015年，中国水产品出口下滑，在中国农产品出口中比重出现下降。受到全球经济增长缓慢和复苏乏力影响，国际水产品市场疲软，需求不振，2015年中国水产品出口数量、单价及贸易顺差都呈现明显下降态势，其中高端水产品如对虾出口下滑幅度更大。

据农业部资料，全年水产品出口203.3亿美元，比上年下降6.3%；水产品出口在全部农产品出口中所占比重为28.8%，比上年下降1.4个百分点；水产品进口89.8亿美元，比上年下降2.2%；国际贸易顺差113.5亿美元，比上年下降9.3%。其中，全年鱼类出口324.5万吨，比上年下降2.2%；鱼类单价为4240美元/吨，比上年下跌0.6%。

5. 蔬菜水果茶叶出口逆势扩大

蔬菜、水果和茶叶是中国具有国际竞争力的出口优势园艺产品，2015年进口规模在不利的外贸环境下却继续保持扩大态势。据农业部资料，全年蔬菜出口132.7亿美元，比上年增长6.2%，贸易顺差127.3亿美元，比上年增长6.2%；水果出口68.9亿美元，比上年增长11.5%，由于水果进口增长相对更快，贸易顺差缩小到10.2亿美元，比上年下降4.2%；茶叶出口14.9亿美元，比上年增长8.0%，贸易顺差13.7亿美元，比上年增长7%。

总体上看，2015年进口农产品冲击国内市场比较明显，主要表现在饲料粮进口规模过快扩大，以及棉纱替代棉花进口问题突出。农业部资料显示,2015年中国棉纱进口[①]234.5万吨,比上年增长16.7%。农产品进口出现的新情况表明中国农产品通过边境管理遭遇新困难,常规的进口管制对保护国内农产品市场和生产难以奏效。

需要指出的是,在中国农产品国际贸易与世界融合程度上升的同时,中国农业对外开放水平也在不断提高。在开放发展理念推动下,中国农业发展不仅继续吸引外商投资,而且也在积极地实施走出去战略。2015年农业走出去战略实施的成效更加明显,全年农林牧渔业对外直接投资20.5亿美元,比上年增长17.8%;农林牧渔业实际使用外商直接投资94.8亿美元,比上年增长1.3%。

(四)农产品生产者价格和食品消费价格

2015年,农产品生产者价格总水平扭转了上年的下跌态势,比上年上涨了1.7%。农产品生产者价格上涨,主要是少数农产品生产者价格涨幅较大。生猪生产者价格比上年上涨8.9%,从而支撑了饲养动物及其产品生产者价格整体上涨4.2%,这是农产品生产者价格总水平上涨的最大贡献因素;渔业产品生产者价格保持稳定上涨态势,比上年上涨2.5%。与饲养动物及其产品和渔业产品价格运行态势不同,2015年农业产品(种植业产品)生产者价格结束了自2001年以来连续14年上涨态势出现小幅度下跌,比上年下降0.8%。林业产品自2013年起已经连续3年下跌,2015年比上年进一步下跌2.1%。受到农产品生产者价格总水平小幅度上涨等因素影响,2015年城乡居民食品消费价格也呈现温和上涨态势。

1. 粮食生产者价格出现下跌

受到粮食十二连增和进口规模明显扩大以及政策性收储的玉米价格下调等因素影响,2015年中国粮食生产比上年下跌了1.3%,不同季度粮食生产者价格运行态势差异大。第一季度和第二季度粮食生产者价格同比分别上涨1.7%和1.4%(见表4),而第三季度粮食生产者价格则出现同比下跌

---

① 棉纱在进出口统计归类中属于工业品。

1.9%，第四季度粮食生产者价格下跌幅度扩大，同比下跌5.7%，第四季度粮食生产者价格跌幅比第三季度扩大了近4个百分点。由于粮食生产中谷物份额大，2015年谷物产量5.7亿吨，在粮食总产量中比重达到92.1%，2015年谷物生产者价格与粮食生产者价格运行态势基本一致。

表4 2015年分季度粮食生产者价格同比变动情况

单位：%

季度	粮食	谷物	小麦	稻谷	玉米
第一	1.7	1.8	3.7	2.4	1.3
第二	1.4	.6	1.4	2.6	1.3
第三	-1.9	-2.1	-3.2	1.5	-3.9
第四	-5.7	-5.7	-5.8	-0.6	-12.9

资料来源：国家统计局网站。

2015年，夏粮和早稻收购市场基本平稳，粮食市场价格基本上沿袭2003年以来的总体趋于不断上涨的态势，但是自第三季度开始粮食收购价格普遍地呈现下跌扩大态势，特别是到了9月秋粮上市后收购市场在10月曾出现明显波动，进入11月后随着国家启动玉米临时收储政策和公布2016年小麦最低收购价政策，粮食收购市场才逐渐恢复平稳。

2015年在稻谷、小麦和玉米三大主粮中，玉米生产者价格波动最显著。第一、二季度玉米生产者价格同比均上涨了1.3%，第三、四季度玉米生产者价格则同比分别下跌了3.9%和12.9%，第四季度玉米生产者价格同比跌幅比第三季度扩大了9个百分点。小麦生产者价格波动也比较明显，第一、二季度同比分别上涨了3.7%和1.4%，而第三、四季度则同比分别下跌了3.2%和5.8%。稻谷生产者价格运行相对稳定，第一、二、三季度同比分别上涨2.4%、2.6%和1.5%，到了第四季度也出现下跌，同比下跌0.6%，跌幅较小。

中国粮食市场价格未来将会呈现怎样的走势，值得高度关注。长期以来，中国粮食价格在农产品价格形成中发挥基础性作用，粮价是百价之基。一般说来，农村贫困人口和低收入群体粮食生产和其他农产品生产的经营净收入所占比重较大。粮食价格如果继续下跌，对于促进中国粮食供求平衡会有积极意义，但是否会对农民增收造成不利影响，不仅关系到粮食生产稳定，还关系到农村贫困人口和低收入群体的收入能否持续较快增长。有必要对此有准确预判，并制定应对之策。

2. 棉花油料糖料生产者价格普遍下跌

2015年，棉花生产者价格继续明显下降，比上年下跌12.5%；油料生产者价格虽然总体相对稳定，全年油料生产者价格比上年上涨0.8%，但是由于国家停止油菜籽临时收储政策，长江流域部分地区油菜籽价格在夏收季节下跌幅度比较大，部分地区农民遭遇油菜籽销售困难，7月，一些产区油菜籽销售价格由上年的每公斤5元以上下跌到3.4元左右，跌幅超过30%。受到国内食糖库存水平高和进口食糖冲击，糖料生产者价格连续3年下跌，2015年比上年下降1.2%。

3. 蔬菜生产者价格上涨而水果生产者价格下跌

受到蔬菜产区遭受极端恶劣天气影响，2015年不同季节不同蔬菜生产者价格波动剧烈，全年蔬菜生产者价格上涨4.6%。水果价格经历连续多年上涨，价格水平较高，2015年，由于水果生产能力提高、挂果季节天气总体比较有利，出现部分水果上市后明显供过于求，导致价格下跌。全年水果生产者价格比上年下跌0.3%，其中第四季度同比下跌6.2%。

4. 不同畜产品生产者价格走势呈现差异化

受到生猪生产规模不断调减和猪肉市场供求关系由前几年相对偏松转变到相对偏紧影响，2015年生猪生产者价格出现明显波动，第一季度持续下跌，到了第二季度开始反弹，第三季度大幅度反弹，第四季度反弹幅度收窄，全年生猪生产者价格比上年上涨8.9%。分季度来看，生猪生产者价格第一季度沿袭2014年走势，同比下跌3.6%；第三季度同比涨幅扩大到19.4%，但第四季度同比涨幅有所收缩，为12.9%。

生猪生产者价格和猪肉价格明显波动，表明中国生猪生产和市场稳定机制仍然没有形成，生猪市场仍然还不成熟。

在生猪生产者价格大幅度反弹的情况下，活牛和活羊生产者价格则出现了下跌，其中活羊生产者价格下跌幅度比较大。2015年，活牛生产者价格比上年下跌0.9%，而活羊生产者价格比上年则下跌了10.6%。

在饲养家禽产品中，2015年肉禽生产者价格小幅度上涨，而禽蛋生产者价格自第二季度始则明显下跌。全年活禽生产者价格比上年上涨1.3%，禽蛋生产者价格比上年下跌3.1%，其中禽蛋生产者价格同比下跌7%。

5. 水产品生产者价格持续上涨

2015年，受国内消费持续增加的影响，国内水产品产量尽管持续增产且出口受到一定冲击，但是渔业产品生产者价格自2010年以来持续上涨，全年渔业产品生产者价格比上年上涨2.5%。

6. 城乡居民食品消费价格小幅度上涨

2015年，中国食品消费价格涨幅进一步缩小，城乡居民食品消费价格比上年上涨2.3%。这对居民消费价格总水平温和上涨具有积极贡献，全年食品消费价格上涨影响居民消费价格总水平上涨约0.8个百分点。

不同食品消费价格变动出现明显差异。受生猪和蔬菜生产者价格明显上涨的影响，2015年猪肉和鲜菜消费价格比上年分别上涨9.5%和7.4%，涨幅较大。油脂、禽蛋和鲜果消费价格下跌比较明显，全年分别比上年下跌3.2%、7%和3.8%。粮食消费价格上涨幅度比较小，比上年上涨2.0%。牛肉和水产品消费价格相对平稳，仅分别比上年上涨0.8%和1.8%。

特别需要注意的是，2015年中国活羊生产者价格已经明显下跌，但是羊肉消费价格却比上年上涨5.5%，表明中国养殖动物产品收购市场与消费市场分割的问题仍然比较突出。

（五）农民增收及城乡居民收入差距

2015年，农民收入继续保持较快增长，全年农民人均纯收入首次超过万元，达到10772元（见表5），比上年名义增长8.9%，实际增长7.5%；农村居民人均可支配收入达到11422元，比上年名义增长8.9%，实际增长7.5%。

由于农民人均收入增长速度继续高于城镇居民人均可支配收入，城乡居民收入差距继续保持缩小态势。2015 年，农民人均纯收入和可支配收入都比城镇居民人均可支配收入实际增速快 0.9 个百分点，城镇居民人均可支配收入与农村居民人均纯收入之比为 2.90，比上年进一步下降了 0.02；城镇与农村居民人均可支配收入之比为 2.73，比上年进一步下降了 0.02。比较而言，城乡居民人均可支配收入差距更小。

表5 "十二五"时期农民人均纯收入与城镇居民人均可支配收入比较

年份	农民人均纯收入		城镇居民人均可支配收入		城乡居民人均收入之比
	纯收入（元）	实际增长（%）	可支配收入（元）	实际增长（%）	
2011	6977	11.4	21810	8.4	3.13
2012	7917	10.7	24565	9.6	3.10
2013	8896	9.3	26955	7.0	3.03
2014	9892	9.2	28844	6.8	2.92
2015	10772	7.5	31195	6.6	2.90

资料来源：2011~2015 年《国民经济和社会发展统计公报》。

2015 年中国农民人均收入增长速度在"十二五"期间是最低的，但仍然高于经济增长速度和城镇居民人均可支配收入增长速度。"十二五"时期农村居民人均可支配收入年均实际增长 9.6%，高于城镇居民 1.9 个百分点。

与"十二五"时期其他年份一样，2015 年农民增收的来源主要是工资性收入增加和家庭经营收入的增加。全年工资性收入 4600 元/人，比上年增加 448 元/人，增长 10.8%；对农民人均可支配收入增长的贡献率为 48.0%，在农民人均可支配收入中比重达到 40.3%，比上年提高 0.7 个百分点。农民增收对工资性收入依赖程度越来越高。受到主要大宗农产品价格低迷和经济作物种植减少等因素影响，第一产业经营净收入增长较慢，但第一产业经营净收入由于在农民可支配收入中比重较大，仍然是农民增收的主要贡献因素。全年农民经营净收入 4504 元/人，比上年增加 267 元/人，增长 6.3%，其中第一产业经营净收入 3155 元/人，比上年增加 156 元/人，对农民人均可支配收入增收的贡献率为16.7%，在农民人均可支配收入中比重为27.6%，比上年进一步下降了1.0个百分点。这样，2015年，按照农民人均可支配收入新口径统计，农民人均工资性收入已经超过人均经营净收入96元，更是明显地超过人均第一产业经营净收入1446元。

2015年，农村全面改革，特别是农村土地制度改革，继续促进农民财产性收入的较快增长。农民人均财产净收入252元，增长13.3%，对全年农民增收的贡献率为3.2%；农村社会保障水平的提高和国家推行精准扶贫精准脱贫力度的加大，农村困难群体的转移净收入保持较快增长。农民人均转移净收入2066元，增长10.1%，对全年农民增收的贡献达到20.3%，超过第一产业经营净收入贡献率3.6个百分点。

近年来，由于工资性收入和转移性收入增长速度快，增量较多，对农民增收贡献大，其在农民人均可支配收入中比重不断提高。2015年，在农民人均可支配收入中，农民人均工资性收入比上年增加447.8元（见表6），所占比重上升到40.3%，比上年上升0.7个百分点，人均工资性收入所占比重首次超过人均经营净收入所占比重；在国家扶贫力度和农村社会保障水平不断提高下，人均转移净收入比上年增加188.8元，在农民人均可支配收入中所占比重提高到18.1%，比上年上升0.2个百分点。

表6 2013年以来中国农民人均可支配收入增量及其构成情况

单位：元，%

年份	工资性收入		经营净收入		财产净收入		转移净收入	
	增量	比重	增量	比重	增量	比重	增量	比重
2013	—	38.7	—	41.7	—	2.1	—	17.5
2014	499.7	39.6	302.5	40.4	27.4	2.1	229.7	17.9
2015	447.8	40.3	266.6	39.4	29.9	2.2	188.8	18.1

注：由于中国自2012年第四季度始起用新的城乡居民收入统计指标，没有可比的2012年农民人均可支配收入数据，因此2013年没有增量数据。表中增量是指当年农民人均可支配收入水平与上年的差；比重是指形成农民人均可支配收入的来源渠道金额在农民人均可支配收入总金额中的百分比。

资料来源：《中国统计年鉴2015》与本书《2015年农村居民收入与生活主要状况》一文。

受到农村土地制度和农村集体产权制度改革积极影响，2015年农民人均财产净收入比上年增加29.9元，在农民人均可支配收入中所占比重提高0.1个百分点，比上年略有上升至2.2%。

2015年农民家庭人均经营净收入虽然增量仅次于工资性收入，但由于基数大，增长最慢，在农民人均可支配收入中所占比重不升反降。全年农民家庭人均经营净收入比上年增加266.6元，在农民人均可支配收入中下降到39.4%，比上年降低了1个百分点。

总的来说，与城镇居民人均可支配收入相比，2015年农民人均可支配收入增长速度仍然较快，城乡居民收入差距继续缩小。但与往年相比，受中国经济进入新常态和农产品价格涨幅变化等因素影响，农民收入实际增长速度正在下降，2015年是农民人均纯收入和可支配收入实际增速"十二五"时期最低的年份。如何看待农民增收形势？从农民收入来源结构变化看，农民增收形势受到农民务工经商环境和农村社会保障标准提高以及精准扶贫精准脱贫等外部因素的影响程度更大。

二 影响农业农村经济形势的主要外部因素

宏观经济及其调控政策、制度改革创新和自然灾害是影响中国农业农村经济形势的主要外部因素。整体而言，2015年中国经济稳中有进、稳中有好，宏观调控更加注重实施有利于农业农村发展的政策措施，促进了农业农村经济良好运行。尽管财政收支矛盾十分突出，2015年国家用于"三农"的财政支出仍然继续保持较快增长。全面深化改革十分注重农民权益保护和农业农村长远发展，粮油棉收储制度改革和政策调整充分兼顾了农民利益，精准扶贫精准脱贫和社会保障水平提高让低收入群体得到更多实惠，既直接促进了农民增收，又有利于农村内部农民收入分配的均等化。2016年，中国农业农村经济的国内主要外部环境因素总体上仍将对解决"三农"问题十分有利，但是中国农业面临的国际竞争和进口冲击仍将十分突出，国内农业支持政策调整和极端灾害天气的不确定性对农产品市场运行等影响需要充

分考虑。推进农业供给侧结构性改革以提高农业供给体系质量和效能,完成脱贫攻坚任务仍然十分艰巨。

(一)宏观经济与国家"三农"投入

2015年,为了应对持续加大的经济下行压力,国家着力稳增长调结构防风险,中国经济运行保持在合理区间,国内生产总值比上年实际增长6.9%,这是农业农村发展十分有利的宏观环境,实施的扩大水利、农村危房改造等工程建设不仅直接带来农业农村的发展,对于促进农民增收等也都产生了积极作用。

2015年,中国农民增收中最大贡献来源于工资性收入。全年农民工不仅数量继续增加,而且工资水平也保持较快增长态势。全年农民工总量27747万人,比上年增加352万人,增长1.3%;农民工月均收入3072元,比上年增长7.2%。农民工就业机会多和工资水平提高与中国经济保持稳定增长直接相关。

中国在稳定经济增长中更加注重区域协调发展。中西部地区经济增长快于东部地区,这对于劳务输出较多的中西部地区农民工就近就业十分有利。2015年中国本地农民工10863万人,比上年增长2.7%;外出农民工16884万人,比上年增长0.4%。

根据李克强总理的2016年《政府工作报告》,全年国内生产总值预期增长6.5%~7.0%,这将继续对农民工就业、农民增收以及农村民生改善等十分有利。国家将重点支持中西部地区中小城市和小城镇发展,这对于吸纳更多的农民工就近就业创业和农民增收将继续产生积极作用。国家继续实施积极的财政政策和稳健的货币政策,积极财政政策有助于国家加大对"三农"投入,稳健的货币政策,使货币供给对于农产品市场运行的影响中性化特征明显,对于解决农业农村发展中存在的融资难、融资贵问题则具有积极作用。

2015年,中国财政收入增长明显放缓的情况下,国家继续把解决"三农"问题放在突出位置,确保农业农村建设投入和农民生活状况改善。据财政部资料，全年全国一般公共预算收入 152217 亿元，比上年增长 8.4%，而一般公共预算支出 175768 亿元，比上年增长 15.8%，其中用于农林水的财政支出达到 17242 亿元，比上年增长 16.9%，超过一般公共预算支出增长速度。

根据国家发展改革委员会资料，2015 年，中央预算内投资用于"三农"的比重已经第五年连续超过 50%。国家对"三农"投入的持续增加，实现了第一产业固定资产投资增速明显高于全社会固定资产投资平均增速。

近年来国家实施的脱贫攻坚工程对于农业农村发展产生了多方面的积极影响。2015 年中国农村贫困人口比上年减少 1442 万人，国家支持了农村危房改造 432 万户。根据《政府工作报告》，2016 年中央财政扶贫资金增长 43.4%，完成 1000 万以上农村贫困人口脱贫任务，继续推进贫困农户危房改造。农村脱贫攻坚工程的实施，对加快农村贫困地区农民收入增长具有明显的直接作用。据国家发展改革委员会资料，贫困县农民人均纯收入从 2010 年的 3273 元提高到 2015 年的 6500 元以上，增速连续五年高于全国平均水平。

近年来，国家进一步加大了对贫困地区交通和水电房等投资支持力度。国家发展改革委员会的数据显示，"十二五"期间，国家在贫困地区安排中央预算内投资超过 7000 亿元，占同期中央预算内投资总规模的近 40%，主要面向集中连片特困地区，谋划建设了一批大中型民用机场、跨省区高速铁路和高速公路，发挥基础设施对贫困地区经济社会发展的支撑和服务作用；瞄准农村困难群众，着力改善贫困地区生产生活条件，解决了 1 亿多农村居民和学校师生的饮水安全问题，结束了贫困边远地区群众用不上电的历史，与有关部门一起对贫困地区近 1000 万户农村危房进行了改造。

农村生产生活条件的改善，特别是贫困地区农村基础设施的建设，不仅直接发展了农村经济，促进了农民增收，而且也为挖掘农村消费潜力创造了有利条件。2015 年农村消费迅速扩大的一个重要原因是农村消费环境和条件相比过去明显改善。2016 年，国家将确保农业农村投入力度不减弱、总

量有增加,将进一步加大农业农村基础设施建设力度,这对于农业农村发展和农民生活水平提高无疑具有重要作用。

(二)农业补贴与粮食收储政策

农业政策是影响农业农村经济运行和发展的最重要制度因素。《中共中央国务院关于落实发展新理念 加快农业现代化实现全面小康目标的若干意见》(2016年中央一号文件)对2016年将要实施的政策措施及农村工作做出了全面部署。

2016年中央一号文件提出,"将种粮农民直接补贴、良种补贴、农资综合补贴合并为农业支持保护补贴,重点支持耕地地力保护和粮食产能提升"。

2015年,国家在安徽、山东、湖南、四川和浙江五省对农业补贴改革进行了试点,将粮食直补、良种补贴和农业生产资料综合补贴合并为"农业支持保护补贴";在全国范围内从农业生产资料综合补贴中调整20%的资金,加上种粮大户补贴试点资金和"三项补贴(粮食直补、良种补贴和农业生产资料综合补贴)"增量资金,统筹用于支持粮食适度规模经营,重点向种粮大户、家庭农场、农民专业合作社、农业社会化服务组织等新兴经营主体倾斜,国家支持粮食适度规模经营资金达到234亿元;在全国范围内将80%的农业生产资料综合补贴资金,加上粮食直补和农作物良种补贴,用于耕地地力保护,补贴对象为所有拥有耕地承包权的种地农民,享受补贴的农民要做到耕地不撂荒,地力不降低。农业补贴政策改革试点,在农民增收工作中总体上对稳定政策性转移收入发挥了积极作用。

同时,国家还继续加大农田水利基本建设,实施粮食等主要农产品生产大县奖励政策和技术补助政策,这些对于稳定提高中国农业综合生产能力和实现粮食十二连增都发挥了重要作用。这些巩固和强化农业基础的政策措施,仍将对中国农业农村发展产生重要作用。

2016年中央一号文件提出要改革完善粮食等重要农产品价格形成机制和收储制度。从2015年中国粮食市场的变化情况来看,售粮农民、粮食加工及收储等主体对粮食收购、收购进度和质量把控都明显地受到国内粮食收储政策及执行力度的影响，粮食收购市场相关主体普遍高度关注并依赖国家政策性收储，把粮食市场看作是一个典型的"政策市"。

近年来，中国不断推进农产品价格形成机制和收储制度改革，这是影响农业农村经济形势的重要因素，直接对农产品市场稳定和农民增收产生影响。2015年粮油棉糖收储政策稳定或者调整，总体上促进了经济作物种植结构的调整，避免了农民收入下滑，但是库存过高和财政负担快速增长的效应滞后性明显。估计2016年中国粮食价格形成机制和收储制度改革对农业结构调整和农民增收还将会产生进一步影响。

2015年国家继续对小麦和稻谷实行最低收购价政策，小麦（三等，下同）最低收购价每公斤2.36元，稻谷最低收购价每公斤2.86元，与上年持平。其中，早籼稻、中晚籼稻和粳稻最低收购价格分别为每公斤2.70元、2.76元和3.10元，与上年相比没有变化。

2015年在东北四省区对玉米实施临时收储政策，到库收储价格统一为每公斤2元，这是自2008年实施玉米临时收储政策以来连续多年不断提高玉米临时收储价格后的首次大幅度下调。玉米临时收储价格下调，直接影响了国内玉米生产者价格，是2015年第四季度农民销售玉米价格明显下跌的重要原因。一般说来，市场价格对农业生产的影响具有滞后性，2015年玉米生产者价格下降，可能会对2016年玉米种植产生一定的影响。

2015年，国家继续在新疆推行棉花目标价格改革试点，棉花目标价格调低至每吨皮棉19100元，比上年每吨减少700元；国家继续对东北四省区推行大豆目标价格改革，大豆目标价格水平每吨为4800元，与上年持平。棉花和大豆目标价格政策，对于发挥市场机制配置农业资源产生了一定的作用，2015年棉花生产减少以及产区区域化调整在很大程度上都是棉花目标价格政策的结果，但是大豆目标价格政策对国产大豆生产的效应没有棉花目标价格政策效应明显。

2015年，中国取消了国家油菜籽临时收储政策，降低了东北地区玉米

临时收储价格，虽然由于收储政策调整对2015年油料和玉米生产没有产生实质性影响，但对2016年的滞后影响可能会显现。

2016年中央一号文件提出，中国将继续执行并完善稻谷、小麦最低收购价政策，深入推进新疆棉花、东北地区大豆目标价格改革试点，积极稳妥地推进玉米收储制度改革。客观来说，中国粮棉油糖等大宗农产品价格形成机制和收储制度改革，理应有助于控制国内库存过快增长、避免财政负担不断加重，但是这一效果可能需要相当长的时间才能显现。2015年国家政策性收储的大宗农产品库存水平仍然较高，中央粮油等储备财政支出继续较快增长。粮棉油糖收储制度改革，2015年总体上对农民增收仍然发挥了稳定的作用，但是要避免20世纪90年代中后期粮食流通体制改革对农民增收造成极其不利影响的情况再现。

根据2016年2月2日国家发展改革委员会发布的《关于2016年稻谷最低收购价格的通知》，2016年在稻谷主产区继续实行最低收购价政策，早籼稻（三等，下同）、中晚籼稻和粳稻最低收购价格每公斤分别为2.66元、2.76元和3.10元。只有早籼稻比2015年每公斤下调了0.04元，中晚籼稻和粳稻最低收购价水平与2015年保持不变。

如果单纯地从国家公布的稻谷最低收购价政策来看，早籼稻的最低收购价虽然调低了，但是早稻产量在全年稻谷产量中所占份额不高，2015年早稻产量3369万吨，占全年稻谷产量比重为16.2%，而且早籼稻最低收购价调低的幅度比较小。因此，2016年的稻谷生产者价格理应能够保持总体稳定，至多是稳中略有下降。

2016年玉米收储政策将会发生较大变化，玉米生产者价格可能出现明显下跌。2016年总理《政府工作报告》提出要积极稳妥推进玉米收储制度改革，原则是"市场定价、价补分离"，这样国家估计不再继续实行玉米临时收储政策，考虑到国内玉米库存水平高和国际市场玉米价格及替代玉米作为饲料来源的谷物价格都普遍处于较低水平，放开国内玉米市场，政府不再干预国内玉米收储及价格形成，势必会带来玉米价格的明显下跌。

（三）国际农产品供求关系

2015年全球粮食等部分农产品出现减产，但是2016年全球粮食等主要农产品消费基本稳定且供给仍然十分充足，国际市场农产品价格维持较低水平的可能性比较大。

据联合国粮农组织2015年12月的预测，2015年全球谷物总产量比历史最高水平的2014年有所下降，2016年度谷物消费估计会动用少量的2015年库存，但是2016年的全球谷物库存仍然相对较高，国际市场谷物价格可能有所反弹，但是反弹幅度有限，2016年国际市场谷物价格仍将维持在较低水平。估计2015年全球谷物总产量25.3万吨，比上年减少1.3%；2016年初库存6.4亿吨，比上年减少0.5%；库存消费比仍然高达25%；2016年全球谷物国际贸易量3.7亿吨，比上年减少2.9%。

（四）不确定性因素

2015年，发达国家经济复苏缓慢，新兴经济体增速进一步回落，世界经济复苏脆弱，国际市场大宗农产品价格持续低迷，直接影响了中国农产品国际贸易和中国棉花需求。2015年中国粮油等大宗农产品国际贸易呈现量增价跌态势，就是主要受到国际农产品市场运行态势的影响。2015年国际市场农产品价格比上年下跌13%。国际农产品市场价格降幅越深，中国粮油等农产品进口压力越大。2015年国际市场能源价格比上年暴跌45.1%。能源价格下跌，直接影响生物燃料乙醇需求和价格，从而降低对玉米等农产品的需求。

2016年，世界经济深度调整、复苏乏力，需求不振，国际大宗农产品市场剧烈波动可能性较大。国际农产品市场运行中的不确定因素增多，中国农产品进口压力没有减轻的同时又可能面临国际农产品市场波动的冲击，需要积极应对，既要进一步调整国内农业政策，理顺不同农产品价格关系，推进农业供给侧结构性改革；又要加强国际农产品市场监测预警，尽可能降低国际农产品市场剧烈波动产生对国内不利的传导影响。

自然灾害和动物疫情等对农业农村经济影响十分明显。2015年，全国没有发生大范围的持续严重自然灾害，同时近些年来随着农业水利设施建设和高标准农田建设以及节水农业发展，农业抗御自然灾害能力明显提高。全年新增耕地灌溉面积158万公顷，有效灌溉总面积超过6500万公顷，占耕地面积大约50%。

农业基础设施建设和农业生产条件改善，加上气象条件对农业生产总体有利，2015年农业生产受自然灾害的影响比较小，农作物受灾面积2177万公顷，比上年下降12.5%，其中绝收233万公顷，比上年下降28.7%。2015年，中国农作物灾害率估计大约为13%，是改革以来最低的年份，农作物绝收面积减少的幅度更大，表明国家加大农业基础建设初见成效，对中国粮食增产及其他农作物单产水平提高等都具有积极影响。

农业仍然没有摆脱靠天吃饭的格局，自然灾害轻，损失小，对农业丰收具有积极意义。尽管中国农业抗御自然灾害能力明显提高，但是自然灾害及其对农业可能带来的不利影响，具有很大的不确定性。

2016年，受到全球气候变化影响，极端灾害天气有可能发生，这对全球农业生产及国际农产品市场的影响具有更大的不确定性。世界主要农产品出口国家或者经济体总体上都是农业资源禀赋和气候条件较好的地区，农业灌溉设施普遍缺乏，抗御自然灾害能力较弱。根据OECD资料，美国农业灌溉面积与耕地面积之比约为13%，澳大利亚农业灌溉面积与耕地面积之比约为4%，而中国大约一半的耕地可以抵御旱涝等灾害。

由于天气变化及其对农业生产影响的不确定性，增加了农业经济预测的难度。为了简便起见，以下预测部分基于气象等自然灾害对农业生产的影响处于正常年景的情景假设。

三　2016年农业农村经济形势预测

展望2016年，农林牧渔业总体上仍将保持稳定增长态势，预计第一产业增加值将明显地超过6万亿元，比上年实际增长3.5%，在国民经济中比重下降到8.8%；农村消费仍然保持快速增长，预计乡村消费品零售额超过4.5万亿元，同比实际增长速度略高于10%，在全社会消费品零售总额中的比重超过14%；虽然农户固定资产投资增长乏力，但第一产业固定资产投资仍将保持高速增长态势，农村生产生活基本条件继续改善，农业农村经济发展后劲增强。

展望2016年，中国将加大农业供给侧结构性改革，调整完善粮食收储政策，促进农村一二三产业融合发展。这些政策措施将直接对农产品生产稳定发展和农村经济产生重大影响。不同农产品价格可能出现方向不同和程度有别的波动，但应总体可控。美元预期升值，对于缓解中国大宗农产品和主要畜产品进口压力以及促进中国优势农产品出口总体有利，有助于中国农产品市场供求关系的改善及生产者价格的稳定。

展望2016年，在国家推进新型城镇化、实施脱贫攻坚工程以及宏观调控和加大"三农"支持力度作用下，农民收入有望继续保持较快增长态势，城乡居民收入差距进一步缩小。

（一）农业农村经济增长及其在国民经济中比重

中国农业和第一产业增长及其在国民经济中比重变化态势基本上和世界经济发展的基本规律相一致。一般来说，第一产业增加值在国民经济中比重的下降速度与国内生产总值增长速度以及农产品价格波动相关。由于农林牧渔业主要提供农产品满足居民吃饭穿衣等基本需求，增长相对缓慢而稳定，如果国内生产总值增长速度加快，则第一产业增加值在国民经济中比重下降速度就较快。如果农产品价格上涨快，则第一产业在国民经济中比重下降就较慢。

2016年中国经济增长应保持在中高速区间，农产品价格总水平可能有所下降，二者结合起来考虑，第一产业增加值在国民经济中比重可能继续保持下降态势，虽然下降步伐与上年相同，但影响因素有所区别。根据影响第一产业增加值的主要因素，借助模型，课题组预测2016年中国第一产业增加值将稳定地超过6万亿元，达到6.3万亿元，实际增长3.5%，在国民经

济中比重下降到8.8%，比上年下降0.2个百分点。农村居民消费水平较快提高，城乡居民消费水平差距进一步缩小。

受农村消费环境和条件明显改善、农民收入已经保持多年快速增长以及农民消费结构升级加快等因素影响，农民扩大消费意愿和能力明显增强，农村消费仍然保持较高速度增长态势的积极因素仍然比较多。预计2016年乡村消费品零售额超过4.5万亿元，比上年实际增长近11%，在全社会消费品零售总额中比重超过14%，达到14.3%。

受城镇化，特别是农民工市民化的影响，农户固定资产投资可能仍然呈现萎缩态势。各地积极为农民在城镇购房实施激励政策，同时与农村宅基地制度改革相挂钩，农民住房投资可能更多地从乡村转向城镇。预计2016年农户固定资产投资将下降到1万亿元以下，在全社会固定资产投资中比重将下降到1.8%以下，农户固定资产投资对经济增长影响微乎其微。

农户固定资产投资增长虽然乏力，但是受到国家预算内投资仍然确保"三农"重点方向，特别是国家加大扶贫攻坚力度，精准扶贫精准脱贫方面的国家财政投入显著增长等因素影响，预计2016年第一产业固定资产投资（不含农户）总额将达到1.6万亿元，比上年增长超过20%，在全社会固定资产投资中所占比重上升到2.9%。

（二）主要农产品产量

1.粮食总产量将进一步增产到6.3亿吨

考虑到粮食种植结构具有相对强的惯性、小麦和稻谷最低收购价基本稳定，农业生产资料供应充足及价格预期下跌等因素，虽然2015年粮食价格已经下跌可能会使一部分农民减少粮食种植，但是粮食预期收益整体上仍然相对合理，也考虑到2016年气象灾害及其对农业造成的损失可能有所加重，假定农作物受灾率20%，这样，预计2016年粮食总产量会达到6.3亿吨，比上年增产1.5%。

我们已经注意到国家将通过退耕还林还草还湿以及鼓励农民粮改饲和粮改草等政策措施调减玉米种植面积1000万亩以上，但是中国粮食种植面积已经达到17亿亩,即使调减玉米种植面积政策完全有效,玉米种植面积减少也是有限的。

国家调减玉米种植的政策应主要在"镰刀弯"地区实施,黄河流域和长江流域等地的农民扩大粮食种植面积的倾向可能不会短期内改变。2016年,国家继续实行小麦和稻谷最低收购价政策,也会在东北地区放弃玉米临时收储政策,加之油菜籽收储政策和棉花收储政策的改变,都可能使农民在粮食种植结构上重新布局,减少的油菜籽和棉花种植面积以及玉米种植面积用来扩大小麦和稻谷生产。

2016年粮食可能继续增产,主要是农民在安排农业生产时现有的可行选择空间有限以及面对当前市场条件等因素而做出的理性选择,这给中国农业结构调整和农业发展方式转变带来了难度,需要加大力度推进农业供给侧结构性改革。

2. 棉花可能会恢复增产1.5%

受棉花主产区的玉米和油料等可替代作物销售困难及其价格明显波动影响,以及新疆棉花目标价格政策实施对棉农市场损失收益补偿不断完善等因素影响,2016年棉花生产可能有所恢复。比较而言,中国棉花市场与国际市场基本上接轨,国内棉花价格已经调整到与国际市场棉花价格接近的水平,进一步下跌空间非常有限。2015年第四季度棉花生产者价格同比跌幅只有7.3%,比第一季度跌幅收缩了约15个百分点,农民对棉花市场价格及棉花种植收益预期趋于稳定。2016年,棉花生产可能会扭转2013年以来连续减产的态势,借助模型,估计全年略有增产,预计总产量570万吨,比上年增产约1.5%。

3. 油料生产略有增产,增幅约1%

尽管2015年国家取消了油菜籽临时收储价格,估计2016年油菜籽生产可能下降,但是花生等其他油料作物生产可能继续保持稳定扩大态势,综合考虑到近年来油料价格总体基本稳定和农业生产资料价格较低等因素,借助模型,预计2016年油料产量达到3590万吨,比上年增产约1%。

4. 糖料生产进一步减产2%

糖料生产者价格已经连续3年下跌，虽然2015年第四季度出现反弹上涨，但国内食用糖库存水平仍然较高，国内糖料加工企业收储糖料谨慎，农民缺乏扩大糖料生产积极性，借助模型，预计2016年糖料产量将进一步下降到12250万吨，比上年减产约2%。

5. 肉类产量预计恢复增长1%

2016年，在上年猪肉价格较大幅度恢复性反弹后，生猪养殖调整将趋于结束，虽然养殖规模比2015年可能继续缩小，但市场价格总体上处于较高水平并趋于稳定，生猪生产能力进一步明显调减的可能性比较小，而受到牛羊肉和禽肉价格水平相对合理影响，牛羊和家禽养殖户继续稳定地扩大生产规模，综合来看，借助模型，预计全年肉类总产量8700万吨，比上年增长1%。

2016年，预计猪肉产量5450万吨，比上年继续下降近1%。虽然2015年生猪价格有较大幅度反弹，但是2012年到2014年生猪价格持续明显下跌，养猪户补栏相当谨慎，2015年末生猪存栏量45113万头，比上年末下降3.2%，这直接影响2016年猪肉产量，至少上半年猪肉产量会持续下降。同时，2015年末能繁母猪存栏4696万头，比上年末下降5.4%，这对2016年全年生猪养殖规模和猪肉产量的影响更大。考虑到生猪价格不断恢复到合理水平，以及生猪年末存栏量和能繁母猪存栏量等因素，估计2016年上半年猪肉产量继续下降，而下半年猪肉产量有望恢复增长。

2016年牛羊肉和禽肉总体上继续保持增长态势。虽然2015年活牛活羊生产者价格出现下跌且下跌幅度较大，但是牛羊价格水平仍然较高，养殖效益明显，而且自2003年起牛羊肉需求强劲增长以及牛羊生产者价格持续多年上涨，推动牛羊生产能力已经迈上新的台阶。借助模型，2016年，预测牛肉产量达到710万吨，比上年增长1.5%；预测羊肉产量达到460万吨，比上年增长4.3%。

2007年以来，中国家禽生产者价格连续多年上涨，虽然前几年受到禽流感影响导致禽肉消费增长乏力，但家禽消费正在不断恢复性增长，从而将带动家禽生产的发展。借助模型，预计2016年禽肉产量将达到1900万吨，比上年增长4%。

预计2016年禽蛋产量略有减产。蛋禽养殖对市场供求关系及价格高度敏感，2015年蛋类生产者价格结束了自2007年以来持续上涨态势，出现了下跌，估计会影响禽蛋产量。借助模型，预测2016年禽蛋产量2980万吨，比上年下降0.6%。

6. 水产品产量增长3%

虽然水产品出口受到国际市场需求增长乏力影响，但国内城乡居民食物消费结构升级中水产品需求保持稳定增长态势，特别是水产品生产者价格不断上涨，水产品生产继续扩大，借助模型，预计2016年水产品产量接近7000万吨，达到6900万吨，比上年增长3%。其中，水产品产量增长，基本上靠人工养殖业发展，养殖水产品产量预计稳定地超过5000万吨，达到5150万吨，而捕捞水产品产量估计稳定在1750万吨上下的水平。

（三）农产品价格与食品价格

2016年，农产品生产者价格可能面临普遍下跌，价格上涨的品种数量比较少。预计全年农产品生产者价格总水平下跌3%，其中种植业产品生产者价格下跌5%，林业产品生产者价格下跌1%，饲养动物及其产品生产者价格下跌3%，渔业产品生产者价格下跌2%。

2015年粮食价格已经下跌，特别是到第四季度出现较大幅度的下跌。考虑到国家粮食收储政策的调整，以及中国粮食连续多年增产和进口规模显著扩大后国内粮食供给极其充足，而粮食需求增长有限，特别是在经济增长进入新常态后以及国际原油价格较低，这些都对粮食需求具有抑制作用，受上述因素的综合影响，估计2016年粮食生产者价格可能进一步明显下跌。借助模型，预计2016年粮食生产者价格比上年下跌5%。

国内棉花价格运行已经深受国际市场影响，国内棉花市场价格存在着很大的不确定。虽然中国棉花已经连续3年减产，从680多万吨减少到560多万吨，累计减产120多万吨，但是考虑到中国棉花库存水平仍然很高，世界

经济复苏脆弱,国际市场棉纺织品需求乏力,中国棉花需求增长不利因素仍然比较多,估计国内棉花生产者价格大幅度反弹的可能非常小,借助模型,预计2016年国内棉花生产者价格基本维持在上年水平并可能继续下跌3%。

考虑到2015年底生猪存栏量比上年有所下降,多年养猪户普遍亏损,虽然2015年生猪生产者价格明显反弹,但是养猪户补栏比较谨慎,生猪供求关系仍然维持偏紧态势,借助模型,预计2016年生猪生产者价格进一步上涨5%。

综合考虑农产品生产者价格以及货币供给等因素,借助模型,预测2016年城乡居民食品消费价格上涨1%。自2011年以来城乡居民食品消费价格虽然持续保持上涨态势,但是涨幅不断缩小,表明食品消费价格运行总体上处于收缩阶段。一般来说,居民食品消费价格既受到自身周期性波动规律影响,又受到农产品总体供求形势影响,还受到货币供给影响。从食品消费价格循环波动的基本规律来看,2016年食品消费价格运行的态势可能是要么涨幅进一步缩小,要么出现下跌。从宏观经济来看,按照《政府工作报告》,2016年中国经济实际增速预期在6.5%~7.0%区间,比2015年实际增速有所下降的可能性更大。从宏观调控选择的货币手段来看,2016年中国将继续实行稳健的货币政策,货币供给量增速与2015年末货币供应量增速相当,这有助于稳定食品消费价格预期。

综合影响食品消费价格的多个因素,并考虑到2016年农产品生产者价格可能会下降,估计2016年食品消费价格涨幅可能进一步缩小,预计比上年上涨1%。按照《政府工作报告》,2016年居民消费价格涨幅3%左右,估计食品消费价格运行将会继续成为居民消费价格预期目标实现的积极因素。

(四)农民增收与城乡居民收入差距

综合考虑农民增收多种影响因素,借助模型,预测2016年农民人均纯收入和人均可支配收入比上年实际增长7.7%。这样,按照2015年价格计算的农民人均纯收入水平预计达到1.16万元,农民人均可支配收入达到

1.23万元，城镇居民人均可支配收入与农民人均纯收入之比率缩小到2.87，比上年下降0.03，据此推算城乡居民人均可支配收入之比率缩小到2.70。

需要说明的是，与2015年比较，2016年农民人均纯收入和可支配收入实际增长速度不降反升，主要得益于农民收入分配状况的改变，而不是依靠过去常规的农产品价格提高和农产品产量增加来增收。国家扶贫脱贫力度的加大，特别是实施精准扶贫精准脱贫，全国贫困人口收入状况将明显改善。新型城镇化和农业现代化协调推进、农村土地制度改革，让农业劳动力转移机会更多，农民工可以更加专心并且有更多时间务工经商，而将承包地的经营权流转出去，经营农业的农民可以从规模化生产中获得更多收益。国家经济发展转型及其政策调整带来农民增收格局深刻变化。

借助模型，2016年农民人均工资性收入预期比上年增长10%。一般来说，经济增长及城镇化推进都有利于农民工资性收入增长，其中经济增长速度对农民工资收入影响大而且比较显著。2016年，中国经济增长仍然保持中高速，这对于稳定农民工工资收入增长是有利的。中国正在快速城镇化，"十二五"期间每年按常住人口计算的城镇化率增量都不低于1个百分点，2015年中国常住人口城镇化率达到56.1%，比上年提高1.3个百分点。估计2016年中国城镇化快速推进的态势不会改变。近年来，部分农产品市场波动明显，一部分农民会放弃农牧业小规模生产经营，而转向非农产业就业，这是农民工数量增加的推动力量；农民工月工资水平总体上保持较快增长，也对农业劳动力转移产生拉动作用。预计2016年农民工数量仍将保持稳定增加。同时，农民工月工资水平提高，直接对农民工资性收入增加做出积极贡献。

综合考虑到农民工资性收入增长的积极因素，借助模型，预测2016年农民人均工资性收入将超过5000元，比上年名义增长约10%。

近年来，中国加快推进新型城镇化和深化农村改革，带来了农业转移人口的增加和农民财政性收入的增加。2016年，农村土地制度改革，由于农产品市场风险加大可能对农户承包地流转租赁租金收入带来不利影响，但是

农村土地入股和大田托管以及联合经营等新型农业适度规模经营的发展可能会继续保持农民财产净收入和第一产业经营净收入的较快增长。

四 中国农业农村经济发展主要对策

进入新时期,中国制定实施了一系列行之有效的强农惠农富农政策,中国农业稳定发展,农业综合生产能力显著提高,粮食生产能力明显地突破6亿吨水平,多数农产品数量供给保障功能不断强化,农村经济社会转型加快,农民收入持续保持较快增长,城乡居民收入差距实现了由扩大到缩小的转变。2015年农业农村经济发展又取得新的积极进展。

展望2016年,中国农业农村经济发展内生动力仍然强劲,总体上仍然具有有利的外部环境和条件。但是农业农村经济运行的矛盾将更加突出,特别是国内农产品市场稳定与国际市场冲击、农业生产能力保护加强与农业结构调整、农业国际竞争力提高与农民增收、农村发展与农村资源要素外流等关系将更为复杂,"三农"政策目标选择的困境进一步显现。解决中国农业农村经济运行发展中的各种现实矛盾,既需要进一步实施好实践证明行之有效的各项强农惠农富农政策措施,又要根据新情况新问题调整完善已有政策措施并出台新政策措施推动农业农村经济发展;要继续发挥好农业农村对国民经济的支撑和拉动作用;针对农业农村基础薄弱的现状,应加大农业农村基础设施投资力度,改善农村生产生活条件,确保农业稳定发展,进一步把农村消费的潜力挖掘出来,特别是要按照党的十八届五中全会提出的五大理念加快推进农业现代化、确保农村全面小康。

(一)依靠组织和科技创新促进现代农业发展

中国农业发展面临着很多难题和约束。农业比较效益偏低,很多农业生产者无法靠农业经营增收致富;农业国际竞争力弱,国内农产品连续多年丰收但同时进口规模不断扩大;农业资源消耗过度,土壤质量下降和淡水资源更加稀缺;农业生态系统遭到破坏,化肥农药兽药滥用,食品安全保障还不能让百姓放心。解决这些难题，破解农业资源环境约束，必须以组织创新和科技创新及体制机制创新为动力，大力推进农业现代化，加快转变农业发展方式，走出生产高效、产品安全、资源节约、环境友好的农业现代化道路。

组织创新是解决中国农业未来谁来生产经营及怎样生产经营的最有效途径。要采取多种措施，特别是改革创新农业支持保护政策措施，积极培育农业新型经营主体，发展多种形式规模经营，发展其在现代农业建设中的引领作用。农业生产经营规模偏小，制约着中国农业现代化水平的进一步提高，制约着职业农民增收和农业新型经营主体培育步伐。要面向市场培育种养大户、家庭农场、农民合作社和农业龙头企业等新型主体，发展多种形式的适度规模经营，将更多现代生产要素、经营模式、发展理念引入农业，推进农业科技创新，加快农业机械化和信息化，发展精准农业和农产品电子商务，提高农业集约化、专业化、社会化和组织化等水平。

针对中国农村改革和农业发展实践中出现的农业效益下滑导致土地流转风险上升和纠纷增多以及农民权益受到损害的现实问题，如何集中分散在农户手中的承包地来推进多种形式的农业规模经营？除了土地租赁外，应更加注重通过土地入股发展股份合作，以及探索土地托管社会化服务等途径推进农业适度规模经营。

科技创新是现代农业发展的持久动力，要深化农业科技体制改革，建立健全科研和基层农技推广人员激励机制及支持政策体系，将农业科技资源更加有效地配置到现代农业发展实践中，加快中国现代种业发展，解决中国主要农作物生产全程机械化和农业信息化等突出问题。

农村一二三产业融合发展是创新发展的新理念，是提高农业竞争力、农业综合效益、促进农民增收的关键。要注重引入新技术、新业态和新模式，加快发展订单直销、连锁配送、电子商务等现代流通方式，千方百计提高农业附加值，挖掘农业及其关联产业的生态价值、休闲价值、文化价值，发展乡村旅游等现代特色产业，不断拓展农业农村经济发展新领域和新空间。

中国农业面临的国际竞争越来越激烈。在开放发展新理念下，结合新形势下国家粮食安全战略的部署，未来中国除了主粮等供给在数量保障上要依

靠国内生产外,对于其他多数农产品的数量供给保障,会通过统筹国际国内两个市场和适度进口来寻求路径,而从国外进口的农产品无法替代的多种价值则要通过国内农业生产与二三产业融合实现,借助订单农业和农产品电子商务等手段,通过新型的农产品加工业和餐饮业发展、乡村旅游和休闲农业开发,把农民增收、质量安全、生态环境和民族文化等价值突现出来并形成品牌,让国人认同国内农业生产的多重价值,从而培育出新型的、成规模的、高成长的新型产业体系和业态,为中国农业发展探索新路。

(二)加快建立健全城乡一体化体制机制

面对中国农业农村经济与国民经济和社会发展关系的新变化,农业农村发展和农民经济状况改善要顺应国家现代化,要充分利用新型城镇化、工业化和信息化机遇。既不要把农业在国民经济中比重下降、大量农业劳动力转移、农业生产者老龄化、农业经营收入占农民收入份额降低以及农村投资增长乏力简单地等同于农业萎缩和农村凋敝,又要在经济发展新常态下切实巩固提高农业基础地位和建设好美丽乡村,还要建设好特色小城镇。

用协调发展新理念推动农业农村发展,必然要求建立健全城乡发展一体化体制机制,完善农村基础设施投入长效机制,推动城镇公共服务向农村延伸,推进以人为核心的新型城镇化。

近年来,一些地方出现了农民不愿意进城、不愿意将户口从农村迁入城镇的新情况,这该怎么推进新型城镇化以提高户籍城镇化率?解决这一现实难题,仍然要靠政策。协调城乡发展,一方面要深化户籍制度改革,促进有能力在城镇稳定就业和生活的农业转移人口举家进城落户,与城镇居民享有同等权益,以增强城镇对符合条件进城农民的吸引力,同时,解决农民进城后顾之忧,维护落户城镇农民土地承包权、宅基地使用权、集体收益分配权,并支持其依法自愿有偿转让上述权益。

在增强城镇对农村人口吸引力从而实现提高户籍人口城镇化率的同时,要继续开展农村人居环境整治行动,加大传统村落民居和历史文化名村名镇保护力度,建设美丽宜居乡村。

毫无疑问，实现城乡协调发展，形成城乡一体化发展新格局，关键要在破解城乡二元结构、推进城乡要素平等交换和公共资源均衡配置上取得重大突破。要在规划布局、要素配置、产业发展、公共服务和生态保护等方面将城乡作为一个整体统筹谋划并协调推进。

（三）加大生态治理和修复推动农业农村绿色发展

多年来，为了追求农产品产量，中国一些地方过度开发利用农业资源，大量的林地草地湿地被开垦用来生产农产品。一些地区靠农养林，一些生态脆弱地区盲目追求高效农业，一些地区草原畜牧承载量过高，结果带来农业资源的破坏。

随着农业结构调整的不断加快，中国农产品生产呈现出高度的区域化和专业化趋势，这虽然有助于农业效率的提高，但是也破坏了农业生物的多样化，制约着农业生态功能的发挥。一些地方在同一块耕地上年复一年只种植一种或者极少数品种的农作物，导致病虫害防不胜防，不得不借助不断加大农药施用量，不仅造成日益严重的食品安全隐患，降低农产品品质，而且还带来了严重的生态后果。

传统意义上农业具有显著的生态功能。但是，如今的中国农业不仅生态恢复修复功能明显弱化，而且已经成为污染的重要来源。因此，用绿色发展新理念来推动农业农村可持续发展，必须加大农业面源污染防治力度，统筹农村饮水安全、改水改厕、垃圾处理，推进种养业废弃物资源化利用、无害化处置。

为了让透支的资源环境逐步得到休养生息，要继续扩大退耕还林还草，加强草原保护，开展退耕还湿、退养还滩，加强土地、水、林木等资源的保护和合理利用。绿色发展，应保障百姓"舌尖上的安全"。要加强产地环境保护，实行严格的农业投入品使用监管制度，大力推进标准化、绿色化、品牌化生产。要健全从农田和养殖场到餐桌的农牧产品质量安全全程监管体系。要落实农牧业生产经营者主体责任，严惩各类食品安全违法犯罪行为。

（四）更好地统筹国内国际市场和国内国外资源

中国已经成为全球第一大农产品进口国和第二大农产品贸易国，农产品市场运行已经深度融入国际市场，农业国际化不可逆转。要在确保粮食等重要农产品供给安全的情况下，努力扩大特色农产品出口，适度进口国内紧缺农产品。

扩大农产品出口，是发挥中国资源优势，提高农业效益，增加农民收入的重要手段，是中国农业供给侧结构性改革的重要举措之一。海水产品和园艺产品是中国出口的优势，要进一步开拓国际市场。

适度进口农产品，特别是进口中国耕地和淡水资源相对稀缺的农业资源密集型农产品，有助于保障和丰富国内农产品供给，更好地满足百姓多样化的消费需求；有助于缓解资源环境压力，为中国农业休养生息创造条件。面对竞争激烈的国际农产品市场竞争，除了国内加快农业规模经营和农村一二三产业融合发展以及推动新一轮农业结构调整外，还应探索更加有效的农产品进口调控手段。中国棉花、糖料等经济作物种植面积和国内生产量已经连续几年不断调减，但是国内市场供求关系仍然没有明显改善，表明单纯地调减国内生产的作用有限，需要在推进农业供给侧结构性改革中更加重视农产品进口的调控。

加强农业交流与合作，积极引进、消化和吸收国外先进技术，注重引进国外的优良种质资源，积极开展国际农业投资合作，学习借鉴国际先进管理经验，有助于中国现代农业发展。要不断拓展农业国际合作领域、创新合作方式，充分利用中国农业技术、经验、设备和市场等优势，推进农业走出去，参与国际农业开发，加强与"一带一路"沿线国家的农业合作，着力实现合作共赢。

（五）要把农民增收与脱贫攻坚有机结合起来

共享是中国特色社会主义的本质要求，也是农民积极投向现代农业农村发展和全面小康社会建设的强大动力。要让农民既可以从全面深化改革和更有效的制度安排中保障权益，又可以从积极地参加经济社会建设中分享到更多现代化建设成果。要在推进农村一二三产业融合发展中注重完善农业产业链利益联结机制，让农民更多地分享农村产业融合发展所带来的增值收益。

2016年中国粮食和其他主要农产品价格面临越来越大的下行压力。在这种情况下，千方百计增加农民收入，持续缩小城乡居民收入差距，确保实现农民收入翻番目标，既要多渠道持续推进农民收入较快增长，又要把新型职业农民增收放在更加突出的位置。要着力实施脱贫攻坚工程，确保农村贫困人口增收脱贫和贫困地区加快发展。

参考文献

财政部：《2015年财政收支情况》，财政部网站，http://www.mof.gov.cn，2016年1月29日。

国家发展和改革委员会：《关于2015年国民经济和社会发展计划执行情况与2016年国民经济和社会发展计划草案的报告——2016年3月5日在十二届全国人民代表大会第四次会议上》，新华社网站，http://www.xinhuanet.com，2016年3月19日。

国家统计局：《世界经济增长乏力外部环境更趋复杂》，国家统计局网站，http://www.stats.gov.cn，2016年3月7日。

侯锐：《2015年全国粮食再获丰收——国家统计局农村司高级统计师侯锐解读粮食生产情况》，国家统计局网站，http://www.stats.gov.cn，2015年12月8日。

侯锐：《2015年全国棉花继续减产——国家统计局农村司高级统计师侯锐解读棉花生产情况》，国家统计局网站，http://www.stats.gov.cn，2015年12月18日。

农业部国际合作司：《2015年1~12月中国农产品进出口数据》，农业部网站，http://www.moa.gov.cn，2016年2月1日。

农业部农产品加工局：《农村一二三产业融合发展呈现多种模式》，农业部网站，http://www.moa.gov.cn，2016年1月8日。

新华社：《中共中央国务院关于落实发展新理念加快农业现代化实现全面小康目标的若干意见》，中央政府门户网站，http://www.gov.cn，2016年1月27日。

Food and Agriculture Organization of the United Nations, *Crop Prospects and Food Situation*, www.fao.org, No. 4 December 2015.

OECD: *Agricultural Policy Monitoring and Evaluation* 2015, OECD Publishing, Paris. http://dx.doi.org/10.1787/agr_pol-2015-en. 2015.

专题篇
Special Reports

G.2
2015年农村居民收入与生活状况

尚梦琦*

摘　要： 2015年，全国农村居民人均可支配收入11422元，同比名义增长8.9%，扣除价格因素影响，实际增长7.5%；农村居民人均消费支出9223元，名义增长10.0%，实际增长8.6%，其中，交通通信、教育文化娱乐、医疗保健支出增速较快。随着基本公共服务水平提高，农村居民生活环境条件进一步改善。各地区农村贫困人口全面减少，但农民持续增收压力以及剩余贫困人口所处环境及自身特征加大了整体脱贫攻坚难度。

关键词： 农村居民收入　农民增收　消费结构　贫困人口

---

* 尚梦琦，硕士，国家统计局住户调查办公室居民收支调查处，副主任科员。

据国家统计局对全国 31 个省（自治区、直辖市）16 万户居民家庭开展的城乡一体化住户抽样调查，2015 年，全国农村居民收入较快增长，消费水平稳步提升，生活质量不断提高，贫困人口大幅减少。

一 农村居民收入较快增长，低收入户收入增速较快

（一）农村居民收入较快增长

2015 年全国农村居民人均可支配收入 11422 元，同比名义增长 8.9%，扣除价格因素影响，实际增长 7.5%。农村居民人均可支配收入名义增速高于城镇居民 0.7 个百分点。2015 年农村居民人均纯收入为 10772 元。

工资性收入增长 10.8%。2015 年，全国农村居民人均工资性收入 4600 元，增长 10.8%，保持较快增长，但增速同比回落 2.9 个百分点。工资性收入占人均可支配收入的比重为 40.3%，对全年农民增收的贡献率为 48%，拉动可支配收入增长 4.3 个百分点。工资性收入增长主要是由于农民工人数继续增加，尤其是本地务工人员增多，同时农民工工资水平保持增长。据全国农民工监测调查，2015 年农民工总量为 27747 万人，比上年增长 352 万人；2015 年农民工月均收入同比增长 7.2%，比上年下降 2.6 个百分点。

经营净收入增长 6.3%。2015 年，全国农村居民人均经营净收入 4504 元，增长 6.3%，比上年下降 1.4 个百分点，占人均可支配收入的比重为 39.4%，对全年农民增收的贡献率为 28.5%，拉动可支配收入增长 2.5 个百分点。其中，第一产业经营净收入增长 5.2%。第一产业净收入增长可以从两个方面得到解释，一是种植业净收入增速回落，人均种植业净收入 2412 元，增长 4.6%，增速同比回落 2.2 个百分点。2015 年粮食丰收，总产量增长 2.4%，同时蔬菜等农产品价格上涨，使得种植业净收入实现增长。增速回落主要是受到玉米、棉花、小麦等价格同比下跌，尤其是第四季度玉米价格大幅下跌的影响。二是牧业净收入大幅回升。人均牧业净收入 489 元，增速由上年的下降 3.7% 转为增长 10.3%，主要得益于生猪价格大

幅回升。

财产净收入增长13.3%。2015年,全国农村居民人均财产净收入252元,增长13.3%,占人均可支配收入的比重为2.2%,对全年农民增收的贡献率为3.2%,拉动可支配收入增长0.3个百分点。其中,人均房租收入51元,增长19.5%;人均转让承包土地经营权租金净收入92元,增长9.2%。

转移净收入增长10.1%。2015年,全国农村居民人均转移净收入2066元,增长10.1%,占人均可支配收入的比重为18.1%,对全年农民增收的贡献率为20.3%,拉动可支配收入增长1.8个百分点。转移净收入增长的主因有二:一是农村最低基础养老金标准提高,人均离退休金与养老金增长22.1%;二是国家大力推进精准扶贫,加大对低收入群体帮扶力度,各地陆续提高低保、合作医疗等社保标准,推动低收入群体收入较快增长,但农业生产直接补贴增速放缓,现金政策性惠农补贴仅增长6%。

(二)低收入户、西部地区农村居民收入增速较快

低收入户收入增速最快,中高收入户增速最慢。2015年,按人均可支配收入从低到高进行五等份分组,全国农村居民低收入户人均可支配收入为3086元,增长11.5%;中低收入户人均可支配收入为7221元,增长9.3%;中等收入户人均可支配收入为10311元,增长8.5%;中高收入户人均可支配收入为14537元,增长8.1%;高收入户人均可支配收入为26014元,增长8.6%。高低收入户人均收入比由上年的8.65缩小为8.43。

西部地区农村居民收入增速最快,东北地区增速最慢。2015年东部、中部、西部、东北地区农村居民人均可支配收入分别为14297元、10919元、9093元、11490元,增速分别为8.8%、9.1%、9.6%、6.4%。收入水平较低的西部地区居民收入增速最快,东北地区居民收入增速最慢。西部地区农村居民收入增速比中部地区高0.5个百分点,比东部地区高0.8个百分点,比东北地区高3.2个百分点。

二 农村居民消费持续增长，结构不断优化升级

（一）农村居民各项生活消费支出全面增长

2015年农村居民人均消费支出9223元，名义增长10.0%，实际增长8.6%。总体来看，农村居民人均消费支出保持平稳增长，交通通信、教育文化娱乐、医疗保健支出增速较快。

食品烟酒支出增长8.3%。2015年农村居民人均食品烟酒支出3048元，增长8.3%。其中，食品支出2332元，增长7.2%；饮食服务支出247元，增长16.6%。

衣着支出增长7.9%。2015年农村居民人均衣着支出550元，增长7.9%。其中，衣类支出411元，增长7.3%；鞋类支出140元，增长9.4%。

居住支出增长9.3%。2015年农村居民人均居住支出1926元，同比增长9.3%。其中，住房维修及管理支出339元，增长2.1%；水电燃料支出478元，与上年基本持平。

生活用品及服务支出增长7.7%。2015年农村居民人均生活用品及服务支出546元，增长7.7%。其中，家具及室内装饰品支出与个人用品支出增长较快，分别增长9.4%和32.3%。

交通通信支出增长14.9%。2015年农村居民人均交通通信支出1163元，增长14.9%。其中，交通支出773元，增长16.4%；通信支出390元，增长12%。

教育文化娱乐支出增长12.8%。2015年农村居民人均教育文化娱乐支出969元，增长12.8%。其中，文化娱乐支出增长较快，人均239元，增长15.4%。

医疗保健支出增长12.2%。2015年农村居民人均医疗保健支出846元，增长12.2%。其中，医疗器具及药品支出239元，增长9.6%；医疗服务支

出607元，增长13.3%。

其他用品和服务支出增长6.8%。2015年农村居民人均其他用品和服务支出174元，增长6.8%。

（二）消费结构不断优化升级

2015年农村居民人均消费支出中，吃、穿、住等生存型消费占比下降，交通通信、教育文化娱乐、医疗保健等发展型消费占比提高。

生存型消费占消费支出比重下降。2015年农村居民人均食品烟酒支出占比为33%，比上年下降0.6个百分点；衣着支出占比为6%，比上年下降0.1个百分点；居住支出占比为20.9%，比上年下降0.1个百分点。

发展型消费占消费支出比重提高。2015年农村居民人均交通通信支出占比为12.6%，比上年上升0.5个百分点；教育文化娱乐支出占比为10.5%，比上年上升0.2个百分点；医疗保健支出占比为9.2%，比上年上升0.2个百分点。

三 基本公共服务水平提高，农村居民生活环境条件进一步改善

2015年农村基本公共服务水平持续提高，农村居民生活环境条件进一步改善，交通通信、医疗、教育、住房等方面都出现了明显变化。

农村社区"四通"覆盖面不断扩大。2015年农村地区"四通"情况大幅改善，通路、通电、通电话基本接近全覆盖，所在自然村能接收有线电视信号的户比重达96.4%，比上年上升1.3个百分点。同时，农村信息化程度快速提高。2015年，平均每百户农村居民家庭拥有接入互联网的移动电话69.2部，比上年增长21%；平均每百户农村居民家庭拥有接入互联网的计算机18.8台，比上年增长14.4%。

社区卫生医疗及教育服务水平提升。2015年农村地区有50.1%的户所在自然村饮用水经过集中净化处理，79%的户所在自然村内主要道路路面为

水泥或柏油路面，60.4%的户所在社区内垃圾能够做到集中处理，比上年分别上升3.4、4.1、6.9个百分点。有85.9%的户所在自然村有卫生站，比上年上升1.5个百分点。有79.7%的户所在自然村上幼儿园或学前班较便利，比上年上升1.1个百分点。有83.4%的户所在自然村上小学较便利，比上年上升1个百分点。

住房和耐用品数量和质量双提高。2015年，农村居民人均居住住房面积43.9平方米，居住在钢筋混凝土和砖混材料结构住房中的农村居民占60%，比上年上升3.3个百分点。2015年，农村居民家庭年末拥有的主要传统耐用消费品稳定增加，新型耐用消费品需求较旺，拥有的家用汽车、助力车、空调、热水器数量增长较快，分别比上年增长20.9%、10.3%、13.3%、8.9%。

生活设施和居住条件进一步改善。2015年农村居民有水冲式卫生厕所的占26.3%，比上年上升3.1个百分点；使用清洁燃料的户占比达44.6%，比上年上升3.6个百分点；有44%的户饮用经过净化处理的自来水，比上年上升2个百分点。

四 农村贫困人口大幅减少，但扶贫攻坚任重道远

（一）各地区农村贫困人口全面减少，东部地区减速最快

按现行国家农村贫困标准（每人每年2300元，2010年不变价）测算，2015年全国农村贫困人口5575万人，比上年减少1442万人，下降20.6%；贫困发生率5.7%，比上年下降1.5个百分点。

2015年，东、中、西部地区[1]农村贫困人口全面减少。其中，东部地区贫困人口减少速度快，占全国农村贫困人口的比重下降。中、西部地区农村

---

[1] 东部地区包括北京、天津、河北、辽宁、上海、江苏、浙江、福建、山东、广东、海南。中部地区包括山西、吉林、黑龙江、安徽、江西、河南、湖北、湖南。西部地区包括内蒙古、广西、重庆、四川、贵州、云南、西藏、陕西、甘肃、青海、宁夏、新疆。

贫困人口减少速度慢，占全国农村贫困人口的比重上升。

2015年，东部地区农村贫困人口653万，比上年减少303万，下降31.7%；贫困人口占全国农村贫困人口的11.7%，比上年下降1.9个百分点；贫困发生率1.8%，比上年下降0.9个百分点。

中部地区农村贫困人口2007万，比上年减少454万，下降18.5%；贫困人口占全国农村贫困人口的36.0%，比上年上升0.9个百分点；贫困发生率6.2%，比上年下降1.3个百分点。

西部地区农村贫困人口2914万，比上年减少686万，下降19.1%；贫困人口占全国农村贫困人口的52.3%，比上年上升1个百分点；贫困发生率10%，比上年下降2.4个百分点。

（二）"十三五"时期扶贫攻坚任重道远

改革开放以来，中国扶贫攻坚取得重大进展，贫困人口大幅下降。但要实现到2020年按现行贫困标准下贫困人口脱贫，贫困县全部摘帽，解决区域性整体贫困，依然面临较多困难。一方面，经过10多年的较快增长，农民收入继续持续较快增长面临较大压力；另一方面，"脱贫攻坚已经到了啃硬骨头、攻坚拔寨的冲刺阶段，所面对的都是贫中之贫、困中之困"，脱贫难度在加大，成本在增加。

农民持续增收面临压力，加大了整体脱贫攻坚难度。农民增收是改善农民生活、减少贫困人口的基础和保障。2004年以来，中国农村居民收入连续保持较快增长，年均名义增长12.5%，年均实际增长9.1%。但近年来，农民收入持续较快增长面临较大压力：一是农民工工资水平增速继续回落，近年来农民工工资水平虽继续保持较快增长，但增速自2012年以来整体呈持续回落趋势，2015年农民工月均收入水平增速为7.2%，比上年下降2.6个百分点；二是粮食等大宗农产品价格有下行压力，尤其是2015年第四季度玉米和小麦价格大幅下降，对2015年全年和今后一段时间农村居民收入产生较大不利影响；三是农业生产直接补贴上升空间有限，受WTO规则等限制，中国农业生产直接补贴有下行压力，2015年农村居民获得的现金惠农补贴增速趋缓。

剩余贫困人口所处环境及自身特征加大了脱贫攻坚难度。一是自然条件相对恶劣,生态脆弱,基础设施薄弱。所剩贫困人口多分布在中西部地区(2015年88.3%的贫困人口分布在中西部地区)、山区、边远地区等,这些地区发展长期滞后,不易稳定脱贫。二是所剩贫困人口中老人、儿童、残疾等脆弱人群相对较多,较难自救脱贫。2014年全国农村15岁及以下儿童和60岁以上老人的贫困发生率分别为9.5%和9.3%,分别高于全国农村贫困发生率2.3个和2.1个百分点。特别是有子女的老人存在隐性贫困现象,如果农村养老金低于贫困标准、子女赡养又不到位,容易发生贫困。三是所剩贫困人口教育程度低、文化习俗差异大、语言沟通难,客观上增大了脱贫难度。部分少数民族地区,文盲率仍然较高,劳动技能相对较低,同时语言沟通困难和文化习俗不同,使其外出务工等受到限制,脱贫难度相对加大。

G.3
2015年农产品生产和价格状况[*]

汪传敬[**]

摘　要： 2015年农业发展圆满收官，粮食生产实现"十二连增"，价格稳中趋降。经济作物结构调整稳步推进，棉花和糖料减产，价格下跌；油料增产，价格稳中有升。生猪生产触底回升，价格先抑后扬，进入新的景气周期；牛羊生产稳定增长，价格回落。建议在农业供给侧结构性改革中提高综合生产能力，加强宏观调控维护农产品市场平稳运行。

关键词： 粮食　经济作物　生猪　生产者价格　集贸市场价格

2015年是"十二五"规划的收官之年，农业发展延续了"十二五"时期的良好形势。在国家一系列强农惠农富农政策带动下，2015年粮食生产实现"十二连增"，粮食综合生产能力实现质的飞跃，主要大宗农产品获得丰收，市场供给充足，农产品市场平稳运行。农业发展的大好形势，为国民经济持续稳定健康发展奠定了坚实基础，提供了强大支撑。

---

[*] 本文写作过程中得到黄秉信副司长的大力支持和指导，在此表示感谢。除特别标注外，本文农产品产量和价格数据，均来自国家统计局农村司的相关调查结果。本文观点仅代表个人意见，文责自负，与作者所在单位无关。

[**] 汪传敬，硕士，国家统计局农村社会经济调查司统计师，研究方向为农村统计调查和农村经济分析。

一 粮食生产和价格状况

（一）粮食生产实现十二连增

保障粮食等重要农产品的基本供给，始终是农业农村工作的首要任务，是治国理政的头等大事。2015年中央继续坚持把"三农"工作作为全党工作的重中之重，不断加大对粮食生产的投入力度，不断完善强农惠农富农政策体系。各地认真贯彻落实中央一号文件和中央农村工作会议精神，全力抗击各种自然灾害，粮食产量再创历史新高，自2004年以来连续十二年实现增产，彻底打破了"两丰一平一歉"的传统粮食产量变动规律，取得举世瞩目的巨大成就。据对全国31个省（自治区、直辖市）的抽样调查，2015年全国粮食总产量为12428.7亿斤，比上年增加288.2亿斤，增长2.4%。全国粮食总产量自2013年历史上首次突破12000亿斤，2014和2015年分别再创历史新高，稳定站上12000亿斤新台阶（见图1），标志着中国粮食综合生产能力实现了质的飞跃，保障国家粮食安全的能力进一步增强。

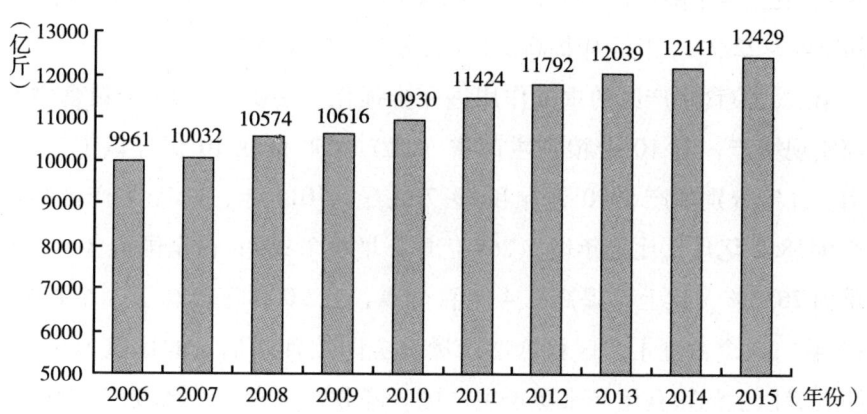

图1 近10年全国粮食总产量

（二）2015年粮食生产主要特点

第一，分季节看，夏粮、秋粮增产，早稻减产，呈现"两增一减"格局。2015年，全国夏粮2822.4亿斤，增产90.5亿斤，增长3.3%；秋粮8932.5亿斤，增产204.1亿斤，增长2.3%；早稻673.8亿斤，减产6.4亿斤，降低0.9%。

第二，分类别看，谷物增产，豆类和薯类减产，呈现"一增两减"格局。2015年，全国谷物产量11445.1亿斤，比上年增加296.9亿斤，增长2.7%。谷物中，稻谷4164.9亿斤，小麦2603.7亿斤，玉米4491.6亿斤，分别增产34.7亿斤、79.6亿斤和178.7亿斤。豆类317.6亿斤，薯类666.0亿斤，分别减产7.5亿斤和1.2亿斤。在粮食产量结构中，谷物占粮食总产量的比重提高，豆类和薯类占比下降。2015年谷物占粮食总产量的比重为92.1%，比上年提高0.3个百分点，比2005年提高3.7个百分点；豆类和薯类占粮食总产量的比重分别为2.6%和5.4%，比上年分别降低0.12和0.14个百分点，比2005年分别降低1.9和1.8个百分点。在谷物中，玉米占比提高，稻谷占比下降，小麦占比基本持平。2015年玉米占谷物产量的比重为39.2%，比上年提高0.6个百分点，比2005年提高6.7个百分点；稻谷占谷物产量的比重为36.4%，比上年下降0.7个百分点，比2005年下降5.8个百分点；小麦占谷物产量的比重为22.7%，比上年提高0.1个百分点，与2005年基本持平。

第三，粮食主产区的重要作用进一步强化。2015年，13个粮食主产区全部实现增产，有10个粮食主产省（区）增产量在10亿斤以上，其中，河南、辽宁分别增产59.0亿斤和49.7亿斤。2015年，13个主产区粮食产量为9468.2亿斤，比上年增加264亿斤，增长2.9%；占全国粮食总产量的比重为76.2%，比上年提高0.4个百分点，比2005年提高了3个百分点。2015年，13个粮食主产区粮食增产量占全国粮食增加量的比重为91.6%，表明九成以上的粮食增产来源于主产区。部分非粮食主产区减产。2015年，9个省（自治区、直辖市）减产，共减产20.8亿斤。其中，山西因秋粮受旱严重，比上年减产14.2亿斤，降低5.4%。

（三）粮食增产的主要原因

1. 气候好、灾害轻，单产提高

2015年，全国粮食作物平均单产为每亩365.5公斤，每亩比上年增产6.5公斤，提高1.8%。因单产提高增产粮食约221.6亿斤，对粮食增产的贡献率为76.9%。其中，谷物单产每亩398.9公斤，每亩增产6.1公斤，提高1.5%。谷物中，稻谷、小麦、玉米单产分别为每亩459.5公斤、359.5公斤和392.8公斤，每亩分别增产5.3公斤、9.9公斤和5.5公斤。

粮食单产提高的主要原因有三。一是农业气象条件良好，灾害较轻。2014年冬和2015年春季，粮食主产省大于10℃积温、降雨量、累计日照时数普遍高于上年。虽然南方部分地区阶段性强降水、北方部分地区一段时间出现干旱等造成局部灾害，但全国农业气象灾害总体较轻。据民政部统计，2015年1~10月，全国农作物受灾面积31567.2万亩，比上年同期减少6312.3万亩，降低16.7%；绝收面积3639.0万亩，减少705.0万亩，降低16.2%。二是高产作物面积增加。2015年，全国玉米播种面积比上年增加1489.8万亩，增长2.7%。三是农业生产措施得力。特别是在部分地区发生灾情后，国务院领导亲自指挥，有关部门联合抗灾，有效减轻了灾害损失。

2. 政策好，播种面积增加

党中央、国务院高度重视农业生产，国家财政持续加大强农惠农政策力度，继续实施"四补贴"、最低收购价政策和临时收储政策，继续对产粮大县和生猪大县进行奖励，调动了地方政府重农抓粮和广大农民务农种粮的积极性，粮食播种面积增加。2015年，全国粮食播种面积17亿亩，比上年增加926.9万亩，增长0.5%。因播种面积扩大而增产粮食约66.6亿斤，对粮食增产的贡献率为23.1%。其中，谷物播种面积14.35亿亩，增加1568.1万亩，增长1.1%。谷物中，小麦、玉米播种面积分别为3.62亿亩和5.72亿亩，分别增加107.8万亩和1489.8万亩；稻谷播种面积4.53亿亩，减少145.0万亩。

3. 农业物质技术装备水平提高

2015年国家继续加大以农田水利为重点的农业基础设施建设力度，全年新增耕地灌溉面积158万公顷,新增节水灌溉面积254万公顷。2015年国家加快推进农业创新,主要粮食作物育种、重大病虫害防治等现代农业生物技术取得重大进展;完善农业科技推广体系,大力推广良种良法,农业科技进步对农业增产的作用提升。据农业部统计,2015年农业科技进步贡献率有望超过56%,比上年提高0.4个百分点。农业科技进步贡献率超过50%,表明中国农业增长已由过去主要依靠增加资源要素投入,转变到主要依靠科技进步上来。2015年国家进一步完善农机具购置补贴政策,提高政策的指向性、精准性和普惠性,加大先进适用农业机械技术的推广应用力度,农业机械化水平提高。据农业部初步统计,2015年中国农作物耕种收综合机械化水平达到62%,比上年提高1个百分点。农业机械化水平提高,逐步改变了主要依靠人畜力进行农业劳作的传统生产方式,把农民从繁重的农业生产劳动中解放出来,有效地缓解了农村青壮年劳动力短缺的矛盾,同时极大地提高了农业劳动生产率。

(四)粮食价格变动情况

从国际市场看,虽然2015年全球谷物产量有所下降,但仍属产量较高年份,加之初期库存创历史新高,全球粮食供给形势较为宽松,主要谷物品种价格下跌。从国内情况看,中国粮食经过连年增产,加之进口处于较高水平,国内粮食库存巨大,供给较为充足。在国内外粮食供给均较为宽松的背景下,2015年中国粮食价格总体呈现稳中略降的运行态势,部分产品第四季度价格下降幅度加大。

1. 粮食生产者价格变动情况

2015年全国粮食生产者价格总水平比上年下降1.3%,其中,谷物下降1.3%,豆类下降1.1%,薯类下降0.7%。在谷物中,小麦生产者价格下降0.8%,稻谷上涨1.6%,玉米下降3.5%。分季度看,2015年粮食生产者价格先扬后抑。第一季度和第二季度粮食生产者价格同比分别上涨1.7%和1.4%,第三季度和第四季度同比分别下降1.9%和5.7%。谷物生产者价格第一季度和第二季度同比分别上涨1.8%和1.6%,第三和第四季度同比分别下降 2.1% 和 5.7%。其中，小麦第一季度和第二季度同比分别上涨 3.7% 和 1.4%，第三季度和第四季度同比分别下降 3.2% 和 5.8%；稻谷第一、二和三季度同比分别上涨 2.4%、2.6% 和 1.5%，第四季度同比下降 0.6%；玉米第一、二季度同比均上涨 1.3%，第三、四季度同比分别下降 3.9% 和 12.9%。豆类生产者价格第一、二季度同比分别上涨 1.5% 和 1.6%，第三、四季度同比分别下降 0.4% 和 6.5%。其中，大豆第一、二季度同比分别上涨 0.8% 和 2.2%，第三、四季度同比分别下降 0.4% 和 6.0%。薯类生产者价格第一、二和四季度同比分别下跌 1.5%、6.1% 和 1.4%，第三季度同比上涨 5.2%。

2. 粮食集贸市场价格变动情况

从集贸市场价格来看，2015 年主要粮食品种集贸市场价格总体呈现下降走势。稻谷集贸市场价格先扬后抑，1~8 月稻谷价格上涨，8~12 月价格下跌。2015 年 8 月籼稻和粳稻集贸市场价格（这里的价格为全国 200 个集贸市场的平均价格，下同）分别为 2.83 元/公斤和 3.28 元/公斤，比 1 月分别上涨 1.4% 和 2.8%，比上年同期分别上涨 1.8% 和 2.5%；12 月籼稻和粳稻集贸市场价格分别为 2.77 元/公斤和 3.20 元/公斤，比 8 月分别下跌 2.1% 和 2.4%（见图 2 和图 3）。2015 年 1~10 月小麦集贸市场价格持续下

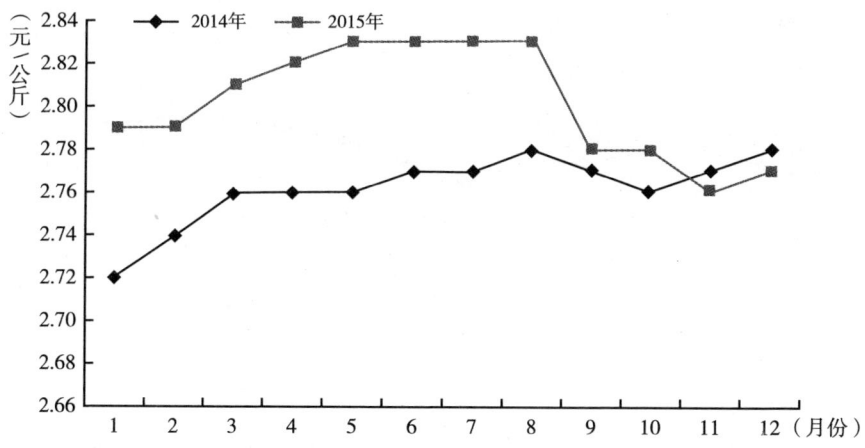

图 2 2014 和 2015 年籼稻集贸市场价格走势

跌，11月略有回升后趋稳。2015年12月，小麦集贸市场价格为2.44元/公斤，比上年同期下跌5.8%（见图4）。2015年上半年玉米集贸市场价格稳中略升，下半年持续下跌，9月新粮上市后，价格加速下跌。2015年12月，玉米集贸市场价格为2.19元/公斤，比上年同期下跌10.6%（见图5）。2015年大豆价格总体保持下降趋势，12月大豆集贸市场价格为6.03元/公斤，比上年同期下降3.8%（见图6）。

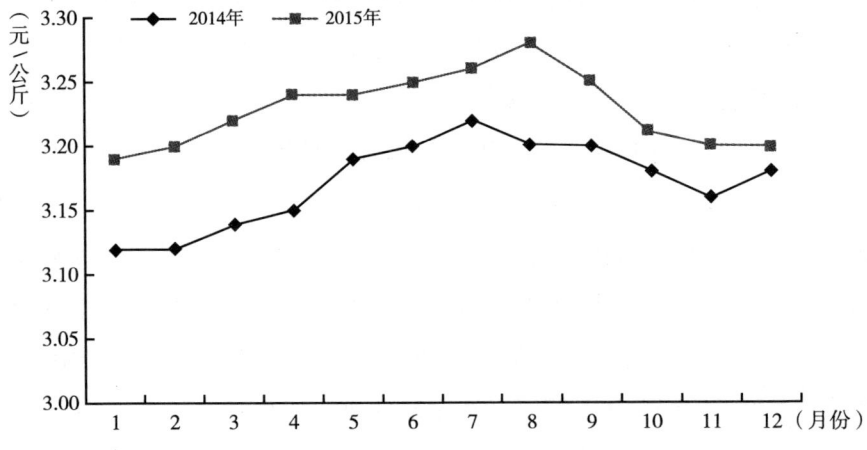

图3　2014和2015年粳稻集贸市场价格走势

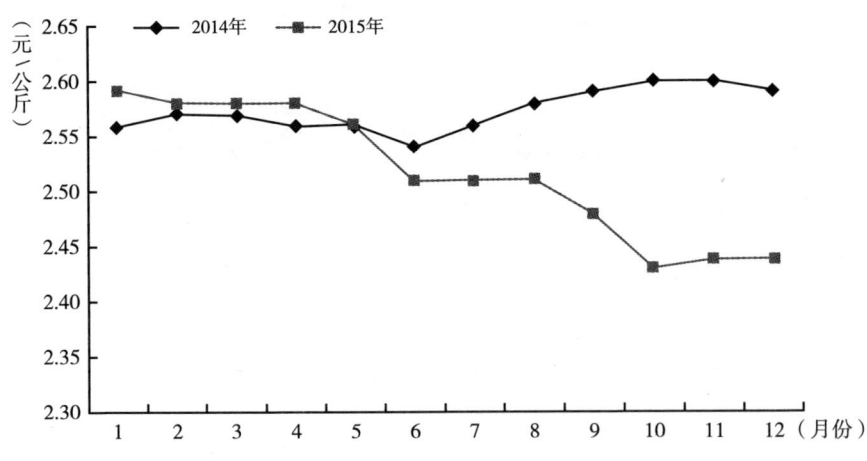

图4　2014和2015年小麦集贸市场价格走势

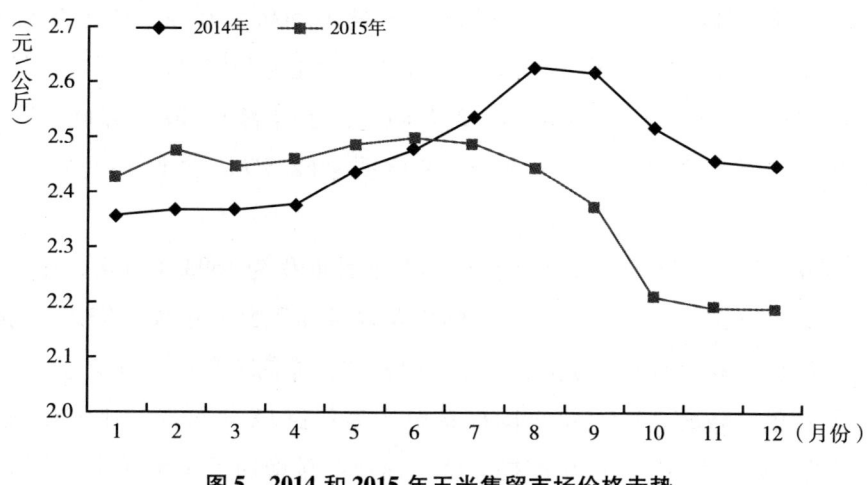

图5 2014和2015年玉米集贸市场价格走势

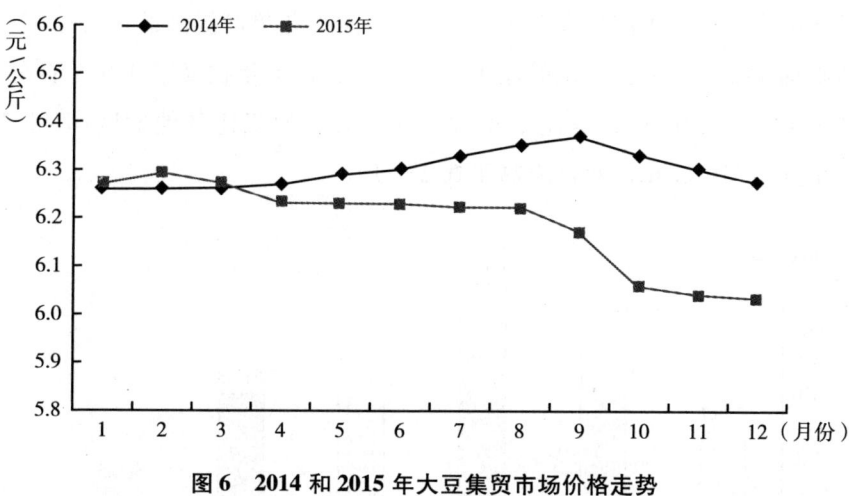

图6 2014和2015年大豆集贸市场价格走势

二 经济作物生产和价格状况

(一)棉花

1. 棉花生产情况

受结构调整、前期库存积压较多、需求回落和价格下降的影响,2015

年棉花产量下降。2015年全国棉花总产量为560.5万吨,比上年降低9.3%。其中,新疆棉花产量为350.3万吨,比上年减产17.4万吨,降低4.7%;其他地区棉花产量为210.2万吨,比上年减产40.0万吨,降低16.0%。2015年新疆棉花产量占全国的比重为62.5%,比上年提高3.0个百分点。

棉花播种面积减少。2015年全国棉花播种面积为5698.4万亩,比上年减少635.1万亩,降低10.0%。新疆棉花播种面积比上年减少73.5万亩,其他地区合计减少561.6万亩。因播种面积减少棉花减产61.9万吨。

棉花单产略增。2015年全国棉花单产为每亩98.4公斤,比上年增加0.8公斤,提高0.8%,因单产提高全国棉花产量增加了4.5万吨。全国棉花单产提高的原因:一是2015年长江流域棉花生长气候条件较为适宜,棉花长势好于上年,单产提高5.8%,这是全国棉花单产提高的主要原因;二是新疆棉花播种面积占全国的比重为50.1%,比上年提高了3.9个百分点,单产为122.6公斤/亩,虽比上年减少3公斤,但仍比其他地区高48.7公斤,由此全国棉花单产每亩提高了0.2公斤。

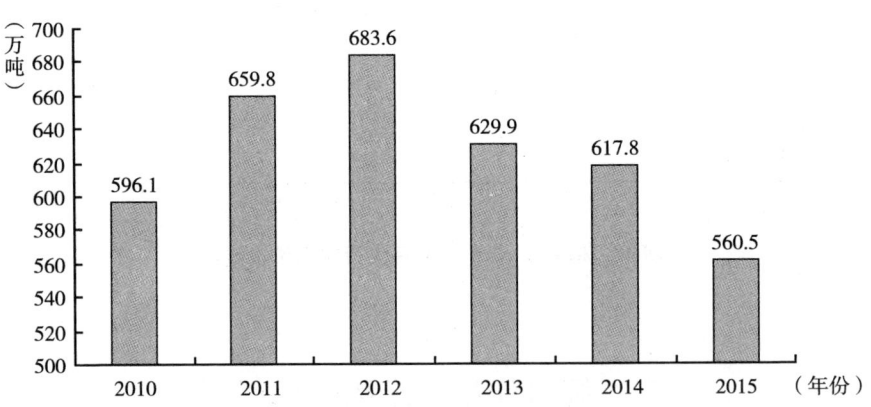

图7 2010年以来全国棉花(皮棉)总产量

2.棉花价格变动情况

在国家实施棉花临时收储政策时期,棉花生产连续丰收,棉花净进口较多，2013/2014年期末棉花库存积压了1300多万吨。同时，世界经济增长乏力，国际竞争加剧，中国纺织品出口低迷，棉花需求不振。加之，中国实施农产品价格形成机制改革，取消棉花临时收储政策，在新疆开展棉花目标价格改革试点，棉花价格出现连续下滑。2015年，全国棉花（籽棉，下同）生产者价格比上年下降12.5%。其中，第一、二、四季度分别比上年同期下降22.2%、14.1%和7.3%（第三季度农户极少出售棉花，缺乏可靠的生产者价格数据）。从集贸市场价格来看，2015年棉花集贸市场价格下降，12个月的价格全部低于上年同期。2015年12月棉花集贸市场价格为6.52元/公斤，比上年同期下降6.2%。从月度变化情况来看，1~6月棉花价格稳中略降，7~12月总体呈下跌走势（见图8）。

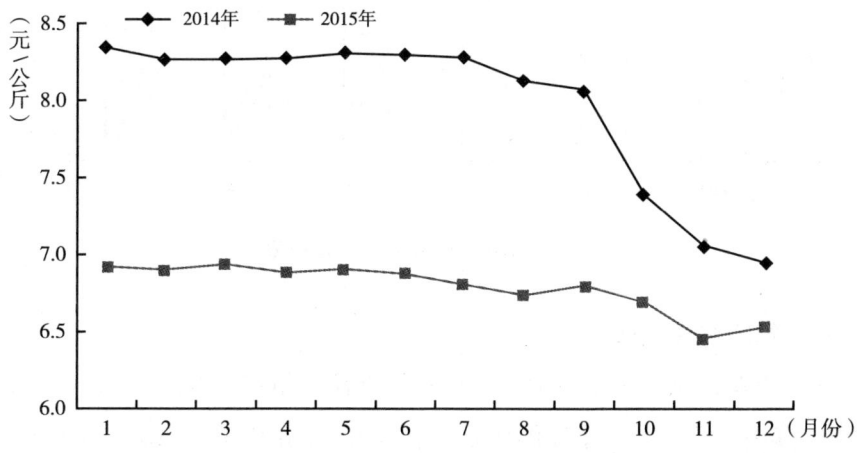

图8　2014和2015年棉花（籽棉）集贸市场价格走势

（二）油料

1. 油料生产情况

油料产量继2013年站上3500万吨新台阶后，2015年再创历史新高。初步统计，2015年全国油料产量为3546.7万吨，比上年增加39.2万吨，增产1.1%。油料生产大省的增产作用增强。2015年油料生产大省（区）

河南、湖北、湖南、四川、内蒙古合计增产60.4万吨,其他地区减产21.2万吨。

2015年全国油料播种面积为21085.3万亩,比上年增加21.2万亩,增长0.1%。因播种面积增加,油料增产3.6万吨,对油料增产的贡献率为9.1%。2015年油料单产为168.2公斤/亩,比上年提高1.7公斤,增长1.0%。因单产提高,油料增产35.6万吨,对油料增产的贡献率为90.9%。

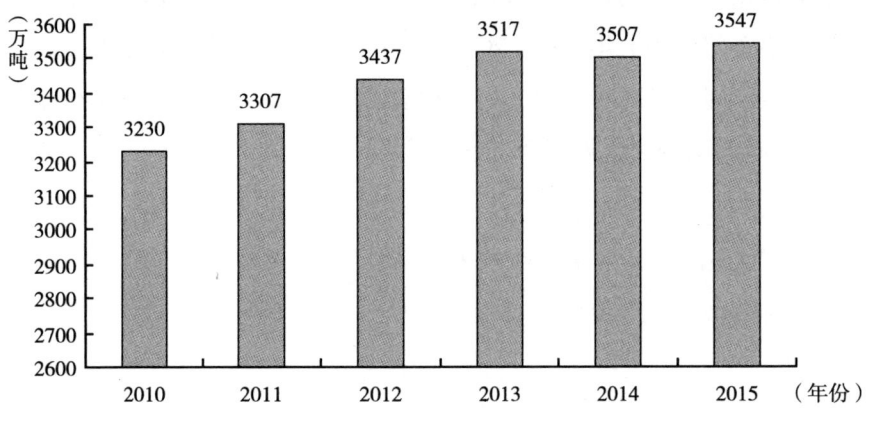

图9 2010年以来全国油料产量

2. 油料价格变动情况

从生产者价格来看,2015年油料生产者价格稳中略升,比上年增长0.8%。其中,第一和二季度同比分别上涨3.4%和0.3%,第三季度同比下降1.6%,第四季度同比上涨0.9%。

从集贸市场价格来看,2015年不同油料品种集贸市场价格走势差异较大。油菜籽价格低于上年同期。2015年1~12月油菜籽集贸市场价格均低于上年同期。其中,12月油菜籽集贸市场价格为5.14元/公斤,比上年同期下降4.3个百分点。从月度环比变化情况看,2015年油菜籽集贸市场价格逐渐下跌,1~8月基本呈逐月下跌走势,9月反弹,10~12月平稳运行(见图10)。花生仁价格总体高于上年同期。除12月略低于上年同期外,2015年1~11月花生仁集贸市场价格均高于上年同期。从月度环比变化情况来看，花生仁集贸市场价格先扬后抑，1~8月稳中略升，9月开始逐月下降（见图11）。

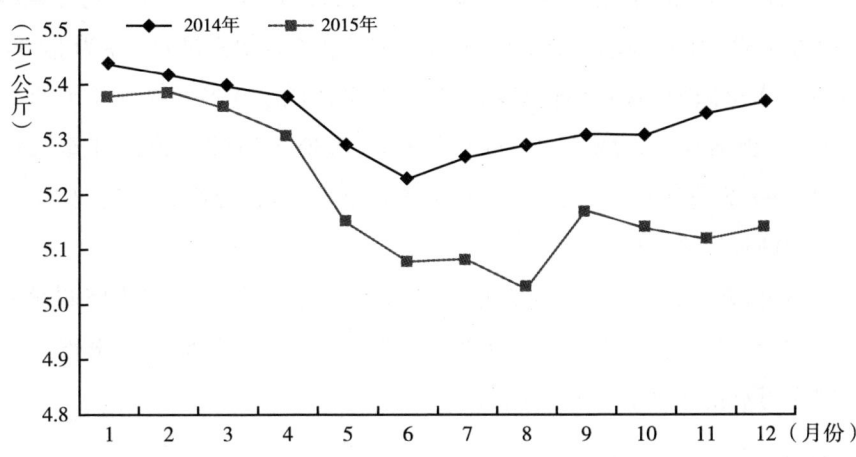

图10　2014和2015年油菜籽集贸市场价格走势

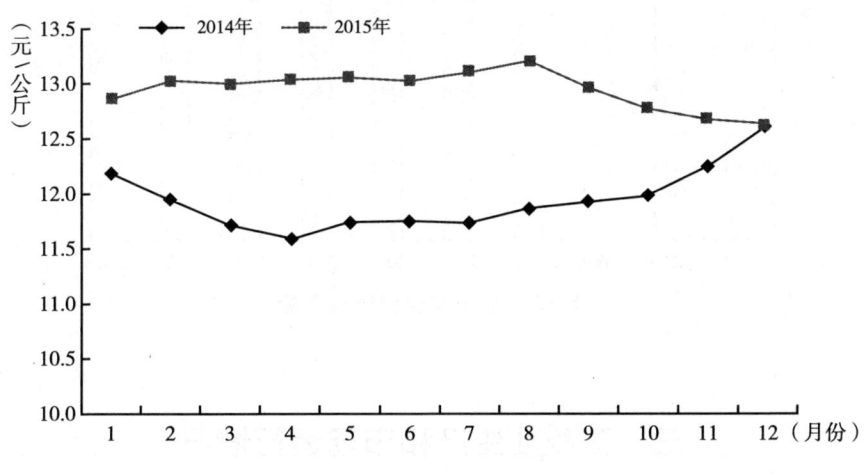

图11　2014和2015年花生仁集贸市场价格走势

（三）糖料

受近年来食糖国内外价差较大，食糖进口量居高不下，国内食糖生产成本增加，收益下降等因素的影响，2015年糖料生产萎缩，糖料减产。据初步统计，2015年全国糖料产量为12529.1万吨，比上年减少832.1万吨，减产6.2%。糖料产量前三省份广西、云南和广东合计减产682.0万吨，占全国减产量的比重为82.0%；其他省份减产150.1万吨，占全国减产量的比重为18.0%。

2015年全国糖料种植面积为2613.1万亩，比上年减少235.7万亩，下降8.3%。因播种面积减少，全国糖料减产1130.1万吨。2015年全国糖料单产为4794.6公斤/亩，比上年增加104.6公斤/亩，提高2.2%。因单产提高，全国糖料增产298万吨。

2015年糖料生产者价格比上年下降1.2%。其中第一、二季度同比分别下降2.5%和5.5%，第四季度同比上涨7.5%（第三季度农户出售糖料极少，缺乏可靠的生产者价格数据）。

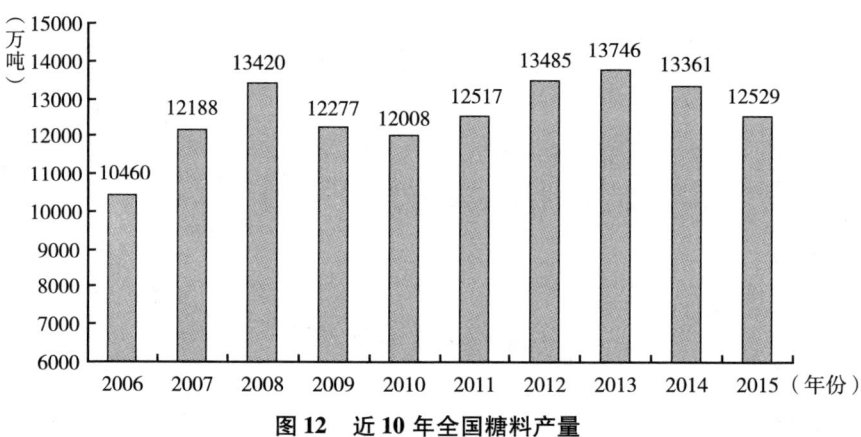

图12 近10年全国糖料产量

三 畜牧业生产和市场运行情况

（一）生猪

1. 生猪生产情况

生猪出栏减少，猪肉产量下降。据初步统计，2015年全国生猪出栏7.08亿头，比上年减少2685万头，下降3.7%；猪肉产量5487万吨，比上年减少184万吨,下降3.3%。分地区看,15个主产区生猪出栏和肉产量分别下降2.7%和2.5%;非主产区生猪出栏和肉产量分别下降8.0%和6.6%。① 其中,浙江、福建受生态环境要求等因素影响,生产降幅较大,两省生猪出栏分别下降23.7%和14.2%。

前两年,生猪市场价格持续低迷,养殖效益亏损,养殖户主动调减产能,生猪和能繁殖母猪存栏下降。2015年第二季度以来,随着猪价上涨,养殖效益提升,养殖户补栏积极性有所提高。12月底全国生猪存栏及能繁殖母猪存栏分别为4.51亿头和4693万头,虽比上年同期分别下降3.2%和5.4%,但比9月底分别回升1.0%和3.9%。

2. 生猪价格变动情况

2015年生猪生产者价格先抑后扬,全年上涨8.9%。分季度看,第一季度生猪生产者价格同比下降3.6%,第二、三和四季度同比分别上涨5.9%、19.4%和12.9%。

从集贸市场价格来看,2015年全国生猪价格呈"S"形走势,1~3月下跌,4~8月逐月快速上涨,9~11月有所回落,12月止跌企稳。12月全国生猪价格为16.62元/公斤,比8月的年内最高价低1.22元/公斤,下降6.8%,但比上年同期上涨21.1%(见图13)。

(二)牛和羊

1. 牛和羊生产情况

2015年,全国牛出栏5003万头,比上年增加74万头,增长1.5%;牛肉产量700万吨,比上年增加11万吨,增长1.6%。全年牛奶产量3755万吨,比上年增加30万吨,增长0.8%。12月底全国牛存栏1.08亿头,比上年同期增加239万头,增长2.3%。

2015年全国羊出栏2.95亿只,比上年增加731万只,增长2.5%;羊

---

① 生猪主产区包括河北、辽宁、江苏、浙江、安徽、江西、山东、河南、湖北、湖南、广东、广西、重庆、四川、云南等15个省份,其他省份为非生猪主产区。

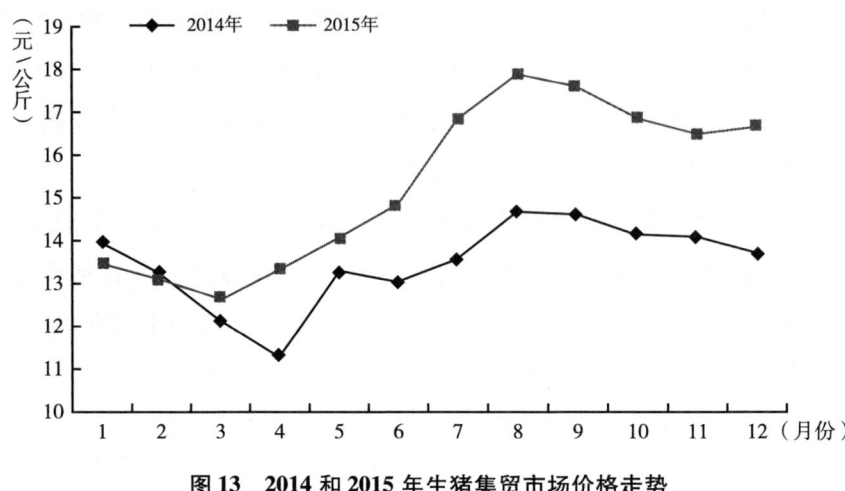

图 13 2014 和 2015 年生猪集贸市场价格走势

肉产量441万吨,比上年增加13万吨,增长2.9%。12月底全国羊存栏3.11亿只,比上年同期增加785万只,增长2.6%。

2.牛和羊价格变动情况

2015年活牛和活羊生产者价格下跌,分别比上年回落0.9%和10.6%。分季度看,活牛生产者价格第一、二、三和四季度同比分别下跌0.2%、0.3%、1.1%和1.4%;活羊生产者价格同比分别下跌9.6%、9.3%、13.7%和9.4%。

2015年活牛集贸市场价格总体呈下降走势,1~4月高于上年同期,5~12月低于上年同期。12月活牛集贸市场价格为26.96元/公斤,比上年同期下跌4.2%。从月度环比变动情况看,1~5月活牛集贸市场价格总体下跌,6月后平稳运行(见图14)。

延续2014年稳步下跌趋势,2015年活羊集贸市场价格逐月下跌,1~12月价格水平均低于上年同期。12月活羊集贸市场价格为26.79元/公斤,比上年同期下跌10.8%(见图15)。

(三)家禽

1.家禽生产情况

2015年家禽养殖未出现较大疫情,生产稳步增长,产品产量增加。据

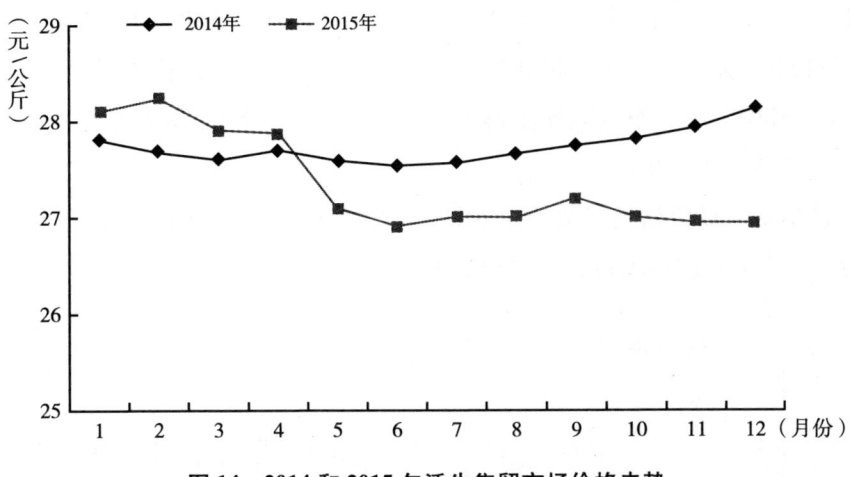

图14 2014和2015年活牛集贸市场价格走势

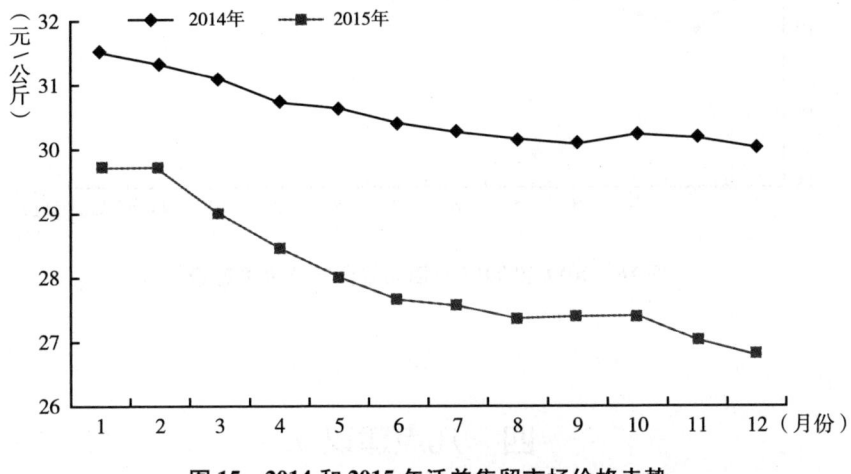

图15 2014和2015年活羊集贸市场价格走势

初步统计,全国家禽出栏120亿只,比上年增加4.46亿只,增长3.9%;禽肉产量1826万吨,比上年增加76万吨,增长4.3%;禽蛋产量2999万吨,比上年增加105万吨,增长3.6%。全国家禽年末存栏59亿只,比上年同期增加8799万只,增长1.5%。

2. 家禽价格变动情况

从生产者价格情况来看,2015年家禽生产者价格稳中略升,比上年上涨1.3%。分季度看，第一、四季度同比分别上涨3.2%和3.0%，第二、三季度同比分别下跌0.4%和0.5%。2015年禽蛋生产者价格比上年下跌3.1%，其中，第一季度同比上涨4.1%，第二、三和四季度同比分别下跌5.0%、3.5%和7.0%。

从集贸市场价格情况来看，2015年活鸡集贸市场总体在18元/公斤至19元/公斤之间震荡运行，年末价格与上年同期基本持平。

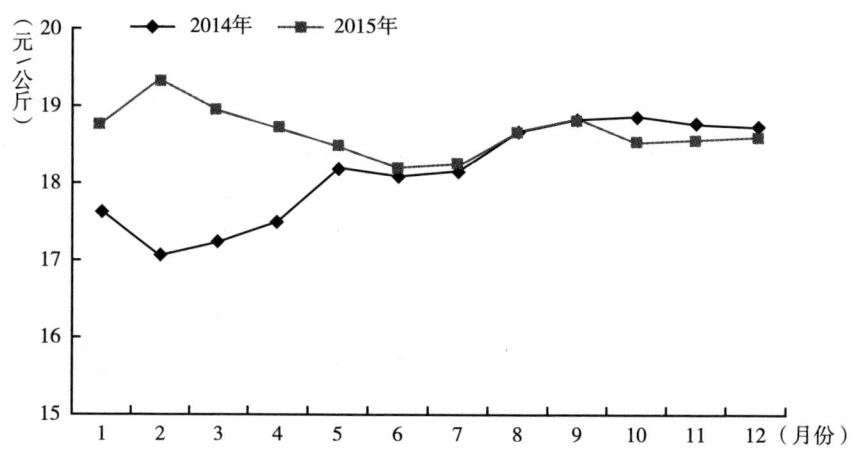

图16　2014和2015年活鸡集贸市场价格走势

四　几点建议

（一）提高粮食综合生产能力

在国内外粮食供给较为充裕的情况下，国家开始实施农业供给侧结构性改革，以逐步消化规模巨大的库存，优化农业生产结构，缓解农业发展面临的资源和环境压力。在推进农业供给侧结构性改革过程中，要主动调结构，保产能，要注重保护并提高粮食综合生产能力，防止出现放松或忽视粮食生产的倾向。要严守耕地红线不动摇，确保需要时有地可种。要切实提高耕地质量，确保需要时能产得出。习近平总书记强调，"中国人的饭碗任何时候都要牢牢端在自己手上，我们的饭碗应该主要装中国粮"。解决十三亿人的吃饭问题必须立足于国内生产，这始终都是具有全局意义的战略问题。

（二）强化农业科技支撑

农业现代化依然是"四化同步"的短板，农业发展面临着严峻挑战，不仅受到价格"天花板"和成本"地板"的双重挤压，还受到资源和环境"紧箍咒"的双重约束。破解农业发展难题的根本出路在于科技，要真正把农业发展从依靠增加资源要素投入转到主要依靠科技进步上来，提高耕地产出率、资源利用率和劳动生产率。要大力加强以优良品种培育为重点的农业科技创新力度，重点突破生物育种、农机装备、智能农业、生态环保等领域关键技术。要完善农业技术推广体系，加快先进适用农业技术的应用步伐，缩短技术传播周期。要加强培育现代职业农民，发挥其辐射带动作用；要切实提高农业从业人员素质，认真解决好"最后一公里"问题。

（三）加强农产品市场宏观调控

降库存是农业供给侧结构性改革的重要任务，2016年农产品市场运行面临较大的下行压力。要引导农民根据市场需求合理调整农作物种植结构。要加强并改善农产品市场宏观调控，确保农产品市场平稳运行，避免发生较为严重的"谷贱伤农"现象。要把握好农产品储备和进出口的规模、节奏和时机，推动农产品市场平稳有序运行。要综合运用工商、税收、财政、金融、保险等手段，维护市场秩序，维护农民利益。要加快发展农产品加工业，延长农业产业链条，推进一二三产业融合发展，缓解国家农产品收购压力，同时促进农民增收。

（四）深入实施农业"走出去"战略

人多地少、资源短缺、环境脆弱是中国农业基本国情，部分农产品国际竞争力低下，进口规模巨大，产业安全受到挑战。在农业对外开放度扩大的

背景下,统筹利用国际、国内两个市场、两种资源,提升中国农业竞争力,是当前和今后一段时期的重大挑战。实施农业"走出去"战略,在全球范围内优化资源配置,不仅能够为中国建立稳定的产品来源基地,也可以缓解中国资源和环境过度开发的压力,促进休养生息,同时也有利于促进世界农业发展和投资目的地经济增长。要加强农业"走出去"战略设计,明确战略定位和"走出去"的重点行业、重点地区;要完善农业"走出去"支持保护政策体系,鼓励有条件的农业企业向加工、物流、仓储、码头等资本和技术密集型行业以及种子、研发等科技含量较高的关键领域投资,提升投资层次;要加强对"走出去"企业的信息服务,因地制宜,建立健全纠纷解决机制;要整合资源,培育一些具有强大竞争力的跨国农业企业集团。

G.4
2015年粮食市场分析及2016年展望

罗万纯*

摘　要： 2015年，由于粮食继续增产、需求不旺、库存量大、进口增加等原因，粮食供给总体宽松。分品种看，玉米和大豆供求矛盾比较突出。主要受国际粮食价格、国内玉米临储政策调整等因素影响，粮食生产者价格小幅下跌。由于结构性需求、国内粮食价格过高等原因，稻谷、玉米及其替代品进口增幅较大。综合考虑全球粮食市场形势、国内经济形势、国内政策调整等因素，预计2016年稻谷、小麦产量与上年持平或略增，玉米产量会有所下降；薯类、豆类产量会有所增加。稻谷、小麦价格预计比较平稳，玉米、大豆价格会有一定幅度波动；稻谷、小麦、大豆进口增加幅度将比较有限，玉米及其替代品进口增幅可能下降。

关键词： 生产　消费　价格　进口

一　2015年粮食市场分析

（一）粮食生产变化情况

1. 粮食产量变化情况

2004~2015年，中国粮食总产量增加了1.52亿吨，年均增加2.6%，

---

* 罗万纯，博士，中国社会科学院农村发展研究所副研究员，研究方向为农村发展理论与政策。

年度间粮食增长率变化比较大（见图1）。谷物产量增加了1.6亿吨，年均增加3.0%；豆类产量减少了0.06亿吨，年均减少2.9%；薯类产量减少了0.03亿吨，年均减少0.8%。谷物中，稻谷、小麦、玉米产量分别增加了0.29亿吨、0.38亿吨、0.95亿吨，年均分别增加了1.4%、3.2%、5.1%。总的来说，谷物产量增加，豆类和薯类产量减少；谷物中，稻谷、小麦、玉米产量均增加，其中玉米的增加幅度最大。

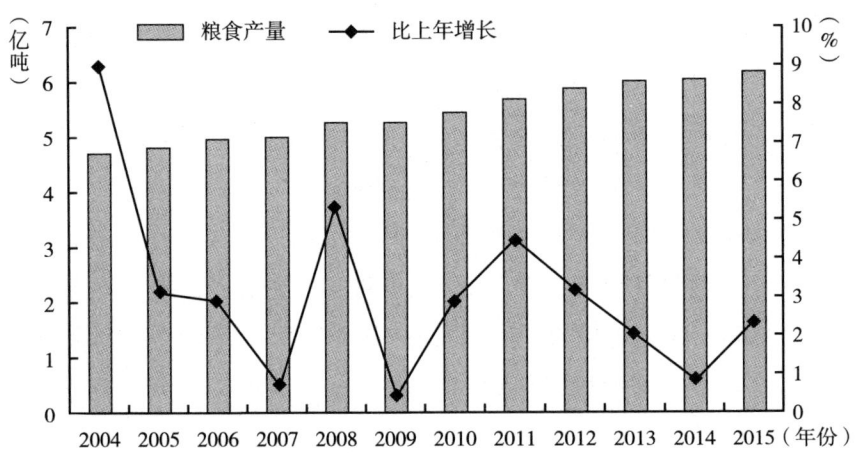

图1　2004～2015年中国粮食总产量变化情况

资料来源：国家统计局网站。

2004～2015年，中国粮食总播种面积增加了11734.47千公顷，年均增加1.00%；谷物播种面积增加了16298.53千公顷，年均增加1.71%；豆类播种面积减少了3947.25千公顷，年均减少3.30%；薯类播种面积减少了616.81千公顷，年均减少0.61%。谷物中，稻谷、小麦、玉米播种面积分别增加了1834.4千公顷、2515.33千公顷、12670.93千公顷，年均分别增加了0.57%、1.01%、3.74%。总的来说，谷物播种面积增加，豆类和薯类播种面积减少；谷物中，稻谷、小麦、玉米播种面积均增加，玉米播种面积的增加幅度最大。

2004～2015年，中国粮食单产水平年均提高1.57%。其中，谷物、豆类、薯类单产水平分别提高了1.31%、0.26%、0.01%。谷物中，稻谷、小麦、玉米单产水平分别提高了0.81%、2.18%、1.28%。总的来说，主要粮食品种的单产水平都得到了提高，其中小麦单产水平的提高幅度最大。在耕地资源有限和农业污染不断加大的背景下，提高粮食单产水平和改进粮食生产方式尤为重要。2015年，中央财政继续安排20亿元专项资金支持开展粮棉油糖高产创建和粮食绿色增产模式攻关，这对提高粮食综合生产能力和促进粮食生产可持续发展有非常重要的作用。

除了技术进步、种植结构调整、气候条件较好、积极防灾减灾等因素外，国家的有关政策是影响粮食生产的重要因素。种粮补贴、最低收购价格、临时收储价格等政策提高了农民种粮收益，稳定了农民的市场预期，调动了农民的种粮积极性，是2004年以来粮食增产的重要原因。2004年，在试点的基础上国家开始实施粮食直补、良种补贴、农机具购置补贴政策，2006年开始实施农业生产资料增支综合直补政策。近年来，"四项补贴"水平不断提高。其中，种粮农民直接补贴、良种补贴、农机具购置补贴分别由2004年的116亿元、28.5亿元、0.7亿元增加到2015年的140.5亿元、203.5亿元、236.45亿元，农资综合补贴资金由2006年的125亿元增加到2015年的1071亿元。国家自2004年开始实施稻谷最低收购价政策，2006年开始实施小麦最低收购价政策。综合考虑生产成本、市场供求、比较效益、国际市场价格和产业发展等多方面因素，国家逐步提高了粮食最低收购价格。2004年，早籼稻（三等）、中晚籼稻和粳稻最低收购价为每50公斤70元、72元、75元，到2015年增加为每50公斤135元、138元和155元。2006年小麦的最低收购价是白麦每50公斤72元，红麦、混合麦每50公斤69元，到2015年增加为小麦（三等）最低收购价每50公斤118元。国家自2008年开始推行玉米临储收购价格政策。收购价格由2008年的每50公斤74~76元提高到2014年的每50公斤111~113元。2015年，在国际粮食价格普遍下跌的背景下，国家下调了玉米临储收购价格，降为每50公斤100元。为调动粮食主产区生产积极性，2005年中央财政出台了产粮大县奖励政策，2014年中央财政安排产粮（油）大县奖励资金达351亿元。

2. 粮食品种结构变化情况

2004~2015年,谷物产量占粮食总产量的比重呈现上升趋势,2004年该比重为87.9%,到2015年上升为92.1%。其中,稻谷产量所占比重呈现下降趋势,由2004年的38.2%下降为2015年的33.5%,小麦产量所占比重变化不大,玉米产量所占比重呈现上升趋势,2012年超过了稻谷产量所占比重,到2015年上升到36.2%。豆类产量和薯类产量占粮食总产量比重都呈现下降趋势,分别由2004年的4.7%、7.7%下降为2015年的2.6%、5.3%(见表1)。稻谷产量所占比重下降的主要原因是稻谷播种面积和单产水平的增长速度都低于玉米。谷物品种结构变化和居民需求变化比较相符,随着生活水平的提高和消费需求结构的转型升级,居民的口粮需求下降,饲料粮需求增加。

表1 2004~2015年分品种粮食产量占粮食总产量的比重

单位:%

年份 品种	2004	2005	2006	2007	2008	2009	2010	2011	2012	2013	2014	2015
谷物	87.9	88.4	90.6	90.8	90.4	90.8	90.8	90.9	91.4	91.9	91.8	92.1
稻谷	38.2	37.4	36.6	37.1	36.3	36.7	35.9	35.2	34.6	33.9	34.1	33.5
小麦	19.6	20.0	21.7	21.7	21.2	21.7	21.1	20.5	20.3	20.3	20.8	20.9
玉米	27.7	28.7	30.5	30.3	31.4	30.9	32.4	33.8	34.9	36.2	35.6	36.2
豆类	4.7	4.6	4.0	3.4	3.8	3.6	3.3	3.3	2.9	2.7	2.6	2.6
薯类	7.7	7.2	5.4	5.6	5.7	5.7	5.7	5.8	5.6	5.5	5.4	5.3

资料来源:2004~2014年数据来自国家统计局网站,2015年数据来自《2015年国民经济和社会发展统计公报》。

3. 粮食生产区域结构变化情况

2004~2015年,粮食主产区粮食产量占全国粮食总产量的比重提高了3.51个百分点,粮食产销平衡区粮食产量所占比重减少了1.49个百分点,而粮食主销区所占比重减少了2.02个百分点(见表2)。这反映了粮食生产越来越向主产区集中,粮食产销平衡区和主销区粮食产量有所下滑。为加强地方政府的粮食安全责任,近两年来,国务院先后出台了《关于建立健全粮食安全省长责任制的若干意见》和《粮食安全省长责任制考核办法》。相关制度的建立对提高粮食安全水平有重要作用。

表2　粮食生产区域格局变化情况

单位:万吨,%

区域	2004年		2015年	
	产量	占全国粮食产量比重	产量	占全国粮食产量比重
粮食主产区	34114.91	72.67	47341.2	76.18
粮食产销平衡区	9381.34	19.98	11490.5	18.49
粮食主销区	3450.7	7.35	3311.8	5.33

资料来源:2004年数据来自国家统计局网站,2015年资料来自《国家统计局关于2015年粮食产量的公告》。

不同粮食品种的生产布局和生产集中程度有一些差异。

从稻谷产量看,2004年排前10的是湖南、江苏、江西、四川、湖北、安徽、黑龙江、广西、广东、浙江,这10个地区的稻谷产量占全国的77.70%。到2014年云南替代浙江跻身前10位,排名前10地区的稻谷产量占全国的比重上升到79.40%。

从小麦产量看,2004年排前10的是河南、山东、河北、安徽、江苏、四川、陕西、新疆、甘肃、山西,这10个地区小麦产量占全国的90.10%。2014年湖北替代山西跻身前10位,排名前10地区的小麦产量占全国的比重上升到93.12%。

从玉米产量看,2004年排前10的地区是吉林、山东、河北、辽宁、河南、内蒙古、黑龙江、山西、四川、云南,这10个地区玉米产量占全国的77.51%。2014年玉米产量排前10的地区和2004年一样,这10个地区玉米产量占全国的比重上升到80.03%。

从豆类产量看,2004年排前10的地区是黑龙江、吉林、内蒙古、四川、安徽、河南、江苏、山东、湖北、云南，这10个地区豆类产量占全国的73.99%。2014年重庆替代湖北跻身前10位，排名前10地区豆类产量占全国的73.38%。豆类生产集中程度变化不大。

从薯类产量看，2004年排前10的是四川、重庆、山东、贵州、河南、云南、内蒙古、广东、甘肃、湖北，这10个地区薯类产量占全国的64.48%，2014年湖南、福建替代河南、湖北跻身前10位，排名前10地区薯类产量占全国的比重上升到68.52%。

总的来说，从2004年到2014年，除了豆类生产集中程度变化不大外，其他粮食品种的生产集中程度都有所提升。分品种看，小麦的生产集中程度最高，排名前10地区的小麦总产量占全国小麦总产量的比重达到90%以上。

4. 粮食生产成本变化情况

从2004年到2014年，粮食生产总成本上涨了170.2%，其中物质与服务费用上涨了108.8%，人工成本上涨了216.2%，土地成本上涨了276.9%；物质与服务费在总成本中的比重由50.6%下降为39.1%，而人工成本占比由35.7%增加到41.8%，土地成本占比由13.7%增加到2014年的19.1%（见表3）。2004年，占总成本比重最大的是物质与服务费用，到2014年所占比重最大的已转变为人工成本。2015年，全国农村居民人均可支配收入11422元，比上年增长8.9%，扣除价格因素，实际增长7.5%；农民工人均月收入3072元，比上年增长7.2%。在农民收入持续增长背景下，2015年粮食生产的人工成本必然也会继续增加。

在粮食生产成本不断增加的情况下，推进粮食适度规模经营将有助于提高种粮收入。2015年，国家开展农业"三项补贴"改革试点，将20%的农资综合补贴存量资金，加上种粮大户补贴试点资金和农业"三项补贴"增量资金，统筹用于支持粮食适度规模经营。2015年国家安排支持粮食适度规模经营资金共234亿元，重点支持专业大户、家庭农场和农民合作社。

表3　2004~2014年三种粮食（稻谷、小麦、玉米）每亩平均成本及结构

单位：元，%

年份	总成本	物质与服务费用	人工成本	土地成本	物质与服务费/总成本	人工成本/总成本	土地成本/总成本
2004	395.5	200.1	141.3	54.1	50.6	35.7	13.7
2005	425.0	211.6	151.4	62.0	49.8	35.6	14.6
2006	444.9	224.8	151.9	68.3	50.5	34.1	15.3
2007	481.1	239.9	159.6	81.6	49.9	33.2	17.0
2008	562.4	287.8	175.0	99.6	51.2	31.1	17.7
2009	600.4	297.4	188.4	114.6	49.5	31.4	19.1
2010	672.7	312.5	226.9	133.3	46.5	33.7	19.8
2011	791.2	358.2	283.1	149.8	45.3	35.8	18.9
2012	936.4	398.3	372.0	166.2	42.5	39.7	17.7
2013	1026.2	415.1	429.7	181.4	40.5	41.9	17.7
2014	1068.6	417.9	446.8	203.9	39.1	41.8	19.1

资料来源：全国成本调查网，http://www.npcs.gov.cn/。

（二）粮食消费情况

在国内经济增长放缓的背景下，2015年粮食需求总体不旺。根据中华粮网的数据，2015年国内稻谷总消费量约为3862亿斤，比上年减少92亿斤。2015/2016年度国内小麦消费量约为2187亿斤，较上年度下降88亿斤。2015/2016年度国内玉米消费量较上年度增加。其中，预计饲用玉米消费量约为2300亿斤，较上年度增加160亿斤；预计工业玉米消费量约为920亿斤，较上年度增40亿斤。预计2015/2016年度国内大豆消费量1692亿斤，较上一年度增加18亿斤。

随着居民收入水平的不断提高，居民不仅要求吃饱，对粮食的安全性、品相和口感也提出了新的要求，对绿色大米、有机大米等高端粮食产品的需求增加，同时也越来越注重粮食产品的品牌。为满足不同收入层次居民的需求，有必要不断改进粮食生产模式，优化粮食生产结构，提高粮食品质，并加强粮食产品的品牌建设。

（三）粮食库存情况

"十二五"期间国家累计托市收购粮食4.2亿多吨，仅2015年，中储粮全年累计收购政策性粮食1.75亿吨。粮食库存过大不仅会加大财政负担，还会因为剩余仓储容量不足而影响下期政策性粮食收购，继而影响到对市场的调控。

国家粮食库存高企主要有五个方面的原因。第一，中国粮食持续增产的同时，国际粮食供求形势也比较宽松；第二，由于生产生活方式改变，农民存粮减少；第三，由于对市场预期没有信心，企业存粮减少；第四，低价进口的粮食挤占了国内粮食的市场空间；第五，全球经济下行，需求疲软，加工用粮数量下降。[①]

在去库存措施方面，2016年《政府工作报告》提出，要引导农民适应市场需求调整种养结构，适当调减玉米种植面积；按照"市场定价、价补分离"原则，积极稳妥推进玉米收储制度改革。另外，通过粮食的深加工和精加工，延长农产品产业链，通过提升农产品的高附加值来去库存也是可行办法。[②]

（四）粮食贸易情况

1. 粮食进口数量变化情况

2004~2015年，全国谷物及谷物粉进口数量呈现先下降后上升的变化趋势，年度间变化幅度比较大。自2008年以来，谷物及谷物粉进口数量不断增加，2012年超过1000万吨，2015年又进一步上升到3270万吨。大豆进口数量总体呈上升趋势，2015年达到8169万吨，除了2004年和2011年进口量有所下降外，其他年份大豆进口量都有所增加（见表4）。大豆进口

[①] 夏晓伦：《农产品为何库存高企？国家粮食局局长详析五大原因》，人民网，2016年3月11日。

[②] 周舟：《国家粮食局局长：中国粮食"去库存"不会推行"贸易保护主义"》，新华网，http://news.xinhuanet.com，2016年3月6日。

数量不断增加的主要原因是国内大豆需求不断扩大而大豆生产量不断下滑。很明显，未来粮食不安全更多表现为粮食流通与贸易问题。[①]

表4 2004~2015年粮食进口数量变化情况

年份	谷物及谷物粉进口数量(万吨)	谷物及谷物粉进口增幅(%)	大豆进口数量(万吨)	大豆进口增幅(%)
2004	974	368.3	2023	-2.5
2005	627	-35.6	2659	31.4
2006	358	-42.9	2824	6.2
2007	155	-56.7	3082	9.1
2008	154	-0.6	3744	21.5
2009	315	104.5	4255	13.6
2010	571	81.3	5480	28.8
2011	545	-4.6	5264	-3.9
2012	1398	156.5	5838	10.9
2013	1458	4.3	6338	8.6
2014	1951	33.8	7140	12.7
2015	3270	67.6	8169	14.4

资料来源：2004~2014年数据来自国家统计局网站，2015年数据来自《2015年国民经济和社会发展统计公报》。

具体看2015年的进口情况，三大谷物中，除小麦增幅较小外，大米和玉米进口增幅都比较大，特别是玉米增幅高达82.0%。此外，大麦进口增幅达98.3%，高粱进口增幅达85.3%（见图2）。2015年稻谷和玉米进口出现较大幅度增加，主要原因是结构性需求和国内外粮食价格倒挂。据国家粮油信息中心监测，2015年底，小麦、大米、玉米三大谷物国内外价差每吨分别为771元、745元、790元。[②] 国内粮食价格偏高，主要原因是粮食生产成本过高，特别是近年来劳动力成本和土地成本都不断增加。

---

① 毛学峰、刘靖、朱信凯：《中国粮食结构与粮食安全：基于粮食流通贸易的视角》，《管理世界》2015年第3期。
② 李慧：《粮食如何"去库存调结构"》，《光明日报》2016年1月14日。

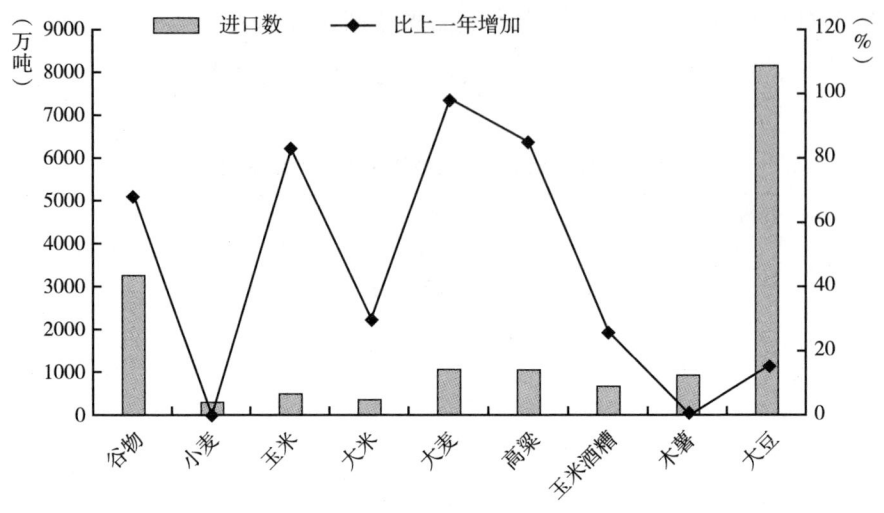

图 2　2015 年粮食进口情况

资料来源：农业部网站。

2. 粮食进口区域结构

从 2015 年 1~10 月粮食进口情况看，除了小麦，其他粮食产品 50% 以上的进口都集中于某个国家；美国是中国重要的粮食贸易伙伴。中国主要从巴西、美国、阿根廷进口大豆，从三个国家进口大豆数量占大豆进口总量的比重分别为 56.6%、26.9%、12.0%；主要从越南、泰国、巴基斯坦进口稻谷和大米，从三个国家进口数量占稻谷和大米进口总量的比重分别为 60.1%、27.8%、7.6%；主要从澳大利亚、加拿大、美国进口小麦，从三个国家进口数量占小麦进口总量的比重分别为 43.1%、31.9%、20.8%；主要从乌克兰、美国、保加利亚进口玉米，从三个国家进口数量占玉米进口总量的比重分别为 83.7%、9.7%、3.4%（见表5）。

从 2015 年 1~10 月的数据来看，粮食进口单价普遍下降，其中大豆、玉米价格的下降幅度比较大。大豆进口单价下降 25.3%，玉米进口单价下降 19.1%。不同来源国的进口单价也存在较大差异，以稻谷和大米为例，泰国进口单价是 520.24 美元/吨，分别比越南和巴基斯坦高 27.7% 和 34.4%，这和从泰国主要进口高品质大米有一定关系。

表5 中国粮食前三大进口国（地区）来源

单位：万吨，百万美元，美元/吨

	2015年1~10月			2015年1~10月比上年同期变化		
	数量	金额	平均单价	数量	金额	平均单价
大豆	6518.06	28333.6	434.69	14.7	-14.4	-25.3
巴西	3692.41	15638.4	423.53	18	-15	-28.0
美国	1751.29	8144.7	465.07	-0.4	-20.2	-19.9
阿根廷	783.70	3306.9	421.96	47.6	10.5	-25.2
稻谷和大米	265.62	1179.7	444.13	31.4	20.6	-8.2
越南	159.63	650.6	407.55	42	25.3	-11.8
泰国	73.80	383.9	520.24	32.1	21.5	-8.0
巴基斯坦	20.10	77.8	387.13	-33.2	-32.8	0.6
小麦	258.16	787.6	305.06	-8.1	-13.9	-6.3
澳大利亚	111.15	326.0	293.27	-15.8	-23.4	-9.1
加拿大	82.30	263.3	319.92	117.1	100	-7.9
美国	53.68	166.9	310.84	-34.2	-38	-5.7
玉米	443.43	1026.4	231.47	167	116.1	-19.1
乌克兰	371.23	841.6	226.70	877.1	710.4	-17.1
美国	43.09	110.6	256.70	-55	-59.3	-9.6
保加利亚	15.16	37.0	244.29	2427.70	2106.10	-12.7

资料来源：商务部网站。

（五）粮食价格情况

1. 生产者价格变化情况

2004~2015年，谷物生产者价格绝大部分年份都同比上涨，只有2005和2015年同比下跌，2015年下跌了1.3%。其中，小麦生产者价格变化情况和谷物相似，2015年下跌了0.8%；稻谷生产者价格一直同比上涨，2015年上涨了1.6%；玉米生产者价格除2005年、2009年、2015年外也都同比上涨，2015年下跌了3.5%（见表6）。

2015年粮食生产者价格下跌主要有以下几个方面的原因。一是国际粮价普遍降低。根据联合国粮农组织数据，由于供需不平衡及美元升值等原因，2015年全球包括大米在内的谷物价格指数比2014年下跌15.4%，国际粮食市场变化对国内市场产生了一定影响。二是国家降低了玉米临时收储价格。2014年在东北地区实行的玉米临时收储价平均为1.12元/斤,其中辽宁为1.13元/斤,吉林为1.12元/斤,黑龙江为1.10元/斤,2015年取消了地区差价,三个地区都降为1元/斤。2015年粮食生产者价格下跌一方面使农民收入减少,并将会影响到农民下一期的种植决策。对下跌幅度比较大的玉米,如果有其他更好的选择,农民可能会调减玉米种植面积。另一方面,粮食价格下跌会降低粮食进口需求,有助于减少进口,从而缓解国内粮食库存压力。

表6　2004~2015年粮食生产者价格变化情况(上年=100)

年份	谷物	小麦	稻谷	玉米
2004	128.1	131.2	136.3	116.9
2005	99.2	96.4	101.6	98
2006	102.1	100.1	102	103
2007	109	105.5	105.4	115
2008	107.1	108.7	106.6	107.3
2009	104.9	107.9	105.2	98.5
2010	112.8	107.9	112.8	116.1
2011	109.7	105.2	113.3	109.9
2012	104.8	102.9	104.1	106.6
2013	103.1	106.7	102.2	100.2
2014	102.7	105.1	102.2	101.7
2015	98.7	99.2	101.6	96.5

资料来源:国家统计局网站。

2. 居民消费价格变化情况

2004~2015年,居民粮食消费价格都有所上涨。上涨幅度最大的是2004年,超过了20%。此外,2010、2011年的上涨幅度也超过了10%。近两年,居民粮食消费价格上涨幅度有所下降。2015年,全国居民粮食消费价格比上年上涨2%,其中城市居民上涨2.2%,农村居民上涨1.7%(见表7)。

表7 2004~2015年居民粮食消费价格指数（上年=100）

年份	居民	城市居民	农村居民
2004	126.4	125.7	127.7
2005	101.4	101.5	101.3
2006	102.7	102.7	102.9
2007	106.3	106.4	106.2
2008	107	107.2	106.7
2009	105.6	105.7	105.5
2010	111.8	111.5	112.3
2011	112.2	112.2	112.2
2012	104	104.1	103.6
2013	104.6	104.5	104.8
2014	103.1	103.2	103.1
2015	102	102.2	101.7

资料来源：国家统计局网站。

二 2016年粮食市场展望

粮食生产方面。考虑到国家要引导调减"镰刀弯"地区[①]玉米种植面积，重点发展青贮玉米、大豆、优质饲草、杂粮杂豆、春小麦、经济林果和生态功能型植物，引导马铃薯产业发展以及继续保持中晚籼稻、粳稻、小麦（三等）最低收购价格和上年保持不变，降低早籼稻（三等）最低收购价格，在假定粮食生产受灾情况、科学技术水平和上一年变化不大的情况下，预计2016年玉米和早稻产量会有所下降，稻谷、小麦产量和上年持平或略增，豆类和薯类产量会有所增加。

粮食消费方面。考虑到2016中国发展的主要预期目标是国内生产总值增长6.5%~7%，在经济增长放缓的背景下，预计粮食需求将继续保持

---

① "镰刀弯"地区，包括东北冷凉区、北方农牧交错区、西北风沙干旱区、太行山沿线区及西南石漠化区，在地形版图中呈现由东北向华北－西南－西北镰刀弯状分布，是玉米结构调整的重点地区。

2015年态势，粮食需求总体不旺。

粮食库存方面。通过实施玉米收储制度改革及加强粮食精、深加工，预计2016年粮食库存压力会减轻。

粮食价格方面。考虑到全球谷物供给形势仍然比较宽松（据联合国粮农组织预测，2016年，全球谷物产量、库存量将继续保持较高水平，分别达25.3亿吨、6.4亿吨），国家继续对稻谷、小麦执行最低收购价格政策，深入推进大豆目标价格改革试点和玉米收储制度改革，预计2016年稻谷、小麦价格相对平稳，大豆、玉米价格会有一定幅度波动，玉米价格下行可能性比较大。

粮食贸易方面。考虑到稻谷、玉米、小麦受关税配额调控（2016年粮食进口关税配额量为小麦963.6万吨、玉米720万吨、大米532万吨），国内稻谷、小麦的生产、消费和价格可能比较平稳，大豆产量可能有所上升，玉米价格下行可能性比较大等因素，预计2016年稻谷、小麦、大豆进口增幅比较有限，玉米及其替代品进口增幅可能会下降。

G.5
2015年经济作物市场分析与2016年展望

韩 磊*

摘 要: 2015年,受农产品市场宏观调控政策调整的影响,中国以棉花、油料和糖料为主的经济作物市场格局发生重大改变。中国棉花和糖料产量继续减产,棉花播种面积减少趋势明显,经济作物种植区位优势进一步提升;经济作物产品消费持续增长,但食糖因供需缺口较大而进口依存度较高;棉花和油菜籽价格大幅下跌,农民种植效益明显下降。综合考虑国际经济环境与国内供需形势,预测2016年中国棉花市场下行压力加大,花生和油菜籽市场趋于分化,食糖供需缺口将继续存在。

关键词: 经济作物 政策调整 供需 市场

经济作物生产在中国农业发展中占有十分重要的地位。经济作物产品不仅为人们提供了最基本的生活资料,也为工业发展提供了重要的原材料,同时,经济作物生产也是农民收入的重要来源。根据《中国农业年鉴》的分类标准,经济作物包括棉花、油料(含花生、油菜、向日葵、芝麻、胡麻等)、麻类(含黄麻、红麻、苎麻、亚麻等)、烟叶、糖料(含甘蔗、甜菜等)和药材。本专题根据数据的可获得性及对宏观经济的影响程度,重点研究棉花、油料和糖料的生产和市场变化情况。

---

* 韩磊,博士,中国社会科学院农村发展研究所助理研究员,主要从事农产品市场领域的研究。

在全球经济复苏仍然缓慢、中国经济发展进入新常态的背景下，中国农业发展也面临前所未有的挑战。随着中国人口增长、收入提高以及城镇化带来的消费结构的变化，农产品的需求仍将保持旺盛的趋势，棉花、油料、糖料等经济作物消费也持续增加，供需形势总体偏紧。近年来，中国不断推进农产品价格形成机制与政府补贴脱钩改革，相继取消了棉花和油菜籽的国家临时收储政策，对当前及今后一段时期的国内农产品市场格局将带来深刻影响。

一 经济作物市场政策环境

2014年和2015年中国农产品市场格局发生了重大变化，经济作物的发展也经历了宏观政策的调整，主要体现在市场价格形成机制的改革上。十八届三中全会提出"发挥市场在资源配置中的决定性作用"，2014年中央一号文件具体要求"2014年，启动东北和内蒙古大豆、新疆棉花目标价格补贴试点"，"继续执行稻谷、小麦最低收购价政策和玉米、油菜籽、食糖临时收储政策"。2015年，国家继续实施新疆棉花目标价格补贴政策，同时取消油菜籽国家临时收储政策，油菜籽收购主体由中央转到地方，地方政府负责组织各类企业进行油菜籽收购，国家财政针对油菜籽种植农民设立专项补贴。

国家对棉花、油菜籽和食糖等经济作物品种实行临时收储政策对于稳定其价格、保护生产者利益起到了积极作用，但其政策缺陷也逐渐显现。一方面，临时收储价格通常过高，不能真实反映市场供需情况，下游企业经营难度加大；另一方面，导致库存增加，财政负担加重；另外，导致国内外产品价格倒挂，进口进一步增加。从而，在国内表现为特定农产品"高产量、高消费、高进口、高库存"的局面。农产品目标价格改革的目的在于充分发挥市场机制在价格形成中的决定性作用，使价格真实反映市场供求。目标价格政策的试点标志着中国在探索推进农产品价格形成机制与政府补贴脱钩的改革方面迈出了关键的一步。

以棉花为例，2014年国家启动新疆棉花目标价格补贴试点，实行棉花目标价格政策后，取消临时收储政策，生产者按市场价格出售棉花。当市场价格低于目标价格时国家根据目标价格与市场价格的差价和种植面积、产量或销售量等因素，对试点地区生产者给予补贴；当市场价格高于目标价格时，国家不发放补贴。综合考虑棉花生产成本收益、市场供求等因素，2015年国家将新疆棉花目标价格定为每吨19100元，相比2014年每吨19800元的目标价格减少700元。考虑到政策的衔接，2014年国家对内地棉花生产给予每吨2000元的补贴，并规定以后年度的补贴标准以新疆补贴额的60%为依据，上限不超过每吨2000元。棉花目标价格政策在稳定种植面积、缩小国内外价差、提高产品国际市场竞争力等方面起到了积极作用。

同时，国家一直强调种植业结构调整和优化产业布局。在主要经济作物发展方面，2015年中央一号文件提出，"启动实施油料、糖料、天然橡胶生产能力建设规划"，2016年中央一号文件又强调优化农业生产结构和区域布局，要求"启动实施种植业结构调整规划"，"制定划定粮食生产功能区和大豆、棉花、油料、糖料蔗等重要农产品生产保护区的指导意见"。以上政策对于促进中国经济作物发展、提高其生产效率和综合效益具有重要意义。

二 经济作物供需形势

（一）经济作物生产分析

1. 棉花和糖料继续减产，油料产量略有增长

2006~2015年，中国棉花产量波动较大，2006~2010年期间棉花产量大幅下降，2011年实行临时收储政策后产量有了较大幅度的增长，但是2013年又经历了大幅下降。受生产成本增加、收益不稳定等因素的影响，2015年全国棉花产量继续降低，总产量为561万吨，比2014年减少9.3%（见表1），根据国际棉花咨询委员会（ICAC）的预测，2015/2016年度印度棉花产量超过中国成为全球最大的产棉国。中国棉花种植呈现"面积减少、

总产减少、品质下降"的局面,棉花产业发展形势严峻。

过去十年间,中国油料产量经历了先下降后上升的波动过程,2008年以来油料产量一直呈现增长趋势。2015年全国油料产量为3547万吨,比2014年增加1.1%(见表1)。中国油料作物以花生和油菜籽为主,2014年全国花生产量为1648万吨、油菜籽产量为1477万吨,分别占油料总产量的47.0%和42.1%。中国是世界油料生产大国,2014年中国花生产量和油菜籽产量分别占世界总产量的第一位和第二位。

与棉花产量波动趋势类似,过去十年中国糖料产量波动比较频繁,在经历大幅增长之后,2009年糖料产量开始下降,2011年以后又经历了先增长后下降的波动趋势。2015年糖料继续减产,总产量为12529万吨,比2014年减少6.2%(见表1)。中国是世界上少数几个既产甘蔗糖又产甜菜糖的国家之一,糖料种植面积约占世界糖料种植面积的6%。中国糖料作物以甘蔗为主,2014年全国甘蔗产量为12561万吨,占糖料总产量的94.0%,是世界第三大甘蔗生产国。

表1 2006~2015年中国经济作物产量变化情况

单位:万吨,%

年份	棉花		油料		糖料	
	产量	比上年增长	产量	比上年增长	产量	比上年增长
2006	753	31.8	2640	-14.2	10460	10.7
2007	762	2.4	2569	-2.7	12188	16.5
2008	749	-1.7	2953	15.0	13420	10.1
2009	638	-14.9	3154	6.8	12277	-8.5
2010	596	-13.0	3230	2.4	12008	-2.2
2011	660	10.7	3307	2.4	12517	4.2
2012	684	3.6	3437	3.9	13485	7.7
2013	630	-15.7	3517	2.3	13746	1.9
2014	618	-1.9	3507	-0.3	13361	-2.8
2015	561	-9.3	3547	1.1	12529	-6.2

资料来源:国家统计局。

2. 单产均略有增长，播种面积下降导致棉花和糖料减产

2015年，除油料作物播种面积比2014年略有增加外，棉花和糖料作物的播种面积均有了大幅的下降（见表2）。2015年全国棉花播种面积5700万亩，比2014年减少630万亩，同比下降10.0%。其中，黄河流域和长江流域主要棉区播种面积减幅较大，黄河流域减少274.4万亩，比2014年下降14.8%；长江流域减少255.8万亩，比2014年下降17.8%。[①] 油料作物播种面积为21090万亩，比2014年增加30万亩，同比增长0.1%。糖料作物播种面积为2610万亩，比2014年减少240万亩，同比下降8.4%。

2015年棉花、油料作物和糖料作物的单位面积产量都有了不同程度的提高（见表2）。2015年棉花单产为每亩98.4公斤，比2014年增加0.8公斤，同比增长0.8%。其中，新疆棉花单位面积产量为每亩122.6公斤，比全国平均水平高24.6%，[②] 比2014年减少2.3%。油料作物单产为每亩168.2公斤，比2014年增加1.7公斤，同比增长1.0%。糖料作物单产为每亩4800.4公斤，比2014年增加112.3公斤，同比增长2.4%。

表2 2015与2014年经济作物播种面积比较

单位：万亩，公斤/亩，%

品种	播种面积				单位面积产量			
	2015年	2014年	2015年比2014年增长		2015年	2014年	2015年比2014年增长	
			数量	比例			数量	比例
棉花	5700	6330	-630	-10.0	98.4	97.6	0.8	0.8
油料	21090	21060	30	0.1	168.2	166.5	1.7	1.0
糖料	2610	2850	-240	-8.4	4800.4	4688.1	112.3	2.4

资料来源：2014年数据根据国家统计局数据库数据换算得到，2015年数据根据《2015年国民经济和社会发展统计公报》中数据换算得到。

---

① 新华社：《播种面积下滑致2015年全国棉花继续减产》，新华网，http://news.xinhuanet.com/fortune/2016-02/09/c_1118016889.htm，2016年2月9日。
② 国家统计局：《国家统计局关于2015年棉花产量的公告》，国家统计局网站，http://www.stats.gov.cn/tjsj/zxfb/201512/t20151218_1292351.html，2015年12月18日。

从播种面积与单位面积产量的变化情况来看，2015年棉花和糖料产量下降的主要原因是播种面积的大幅下降，油料产量小幅增长是播种面积增长与单产提高的共同结果。

3. 种植集中度不断提高，区位优势进一步提升

由于棉花、以花生和油菜为主的油料作物以及以甘蔗为主的糖料作物的生长需要特定的自然条件和气候环境，因此经济作物的生产具有较强的地域性。根据《全国种植业发展第十二个五年规划（2011~2015）》，"十一五"期间，中国深入推进农产品结构调整和产业集聚，经济作物生产集中度不断提高，长江流域、黄河流域和西北内陆三大优势棉区生产集中度达到99%，长江流域油菜优势产区生产集中度达到85%以上，桂中南、滇西南、粤西、琼北甘蔗优势产区生产集中度达到93%以上。

"十二五"期间，中国继续推进农产品生产结构和区域布局调整，从2014年经济作物生产的区域分布情况来看（见表3），棉花生产主要集中在新疆、山东、河北、湖北等省份，其中新疆产量最高，占总产量的59.5%。中国棉花生产逐渐从"三足鼎立"向"二分天下"格局转变。新疆棉区逐渐退出地块小、机械化程度不高的低产低效棉地；黄河流域和长江流域棉区种植结构调整压力较大，棉花种植趋向沿江沿海盐碱地和旱瘠薄地。油料生产主要集中在河南、湖北、山东、四川等省份，其中河南是中国花生产量最高省份，占全国花生总产量的28.6%；湖北是油菜籽产量最高省份，占全国油菜籽总产量的17.4%。糖料生产主要集中在广西、云南、广东、新疆、海南等省份，其中广西是甘蔗产量最高省份，占全国甘蔗总产量的63.3%；新疆是甜菜产量最高省份，占全国甜菜总产量的59.0%。

在目标价格改革试点政策的影响下，2014年新疆棉花产量和播种面积都有了大幅提高，分别达到367.72万吨和2930万亩，分别比2013年增加4.5%和13.7%。根据国家统计局公布的数据，2015年中国棉花生产区位优势进一步提升，新疆棉花产量为350.3万吨，占全国总产量的62.5%，比2014年提高3个百分点；新疆棉花播种面积为2856万亩，占全国的50.1%，比2014年提高3.9个百分点。

表3 2014年中国经济作物产量区域分布

单位：万吨，%

棉花			油料			糖料		
地区	产量	累计比例	地区	产量	累计比例	地区	产量	累计比例
新疆	367.72	59.52	河南	584.33	16.66	广西	7952.57	59.52
山东	66.50	70.28	湖北	341.73	26.40	云南	2110.40	75.31
河北	43.10	77.26	山东	335.89	35.98	广东	1504.67	86.58
湖北	35.95	83.08	四川	300.79	44.56	新疆	471.94	90.11
安徽	26.33	87.34	湖南	233.77	51.22	海南	424.88	93.29
江苏	15.95	89.92	安徽	228.80	57.74	贵州	168.28	94.55
河南	14.69	92.30	内蒙古	170.31	62.60	内蒙古	160.18	95.75
江西	13.37	94.46	河北	150.20	66.88	河北	75.62	96.31
湖南	12.90	96.55	江苏	146.60	71.06	湖南	65.86	96.81
甘肃	6.44	97.59	江西	121.71	74.53	江西	64.52	97.29
陕西	4.22	98.27	广东	105.48	77.54	浙江	62.68	97.76
天津	3.82	98.89	贵州	98.05	80.33	四川	55.84	98.18
浙江	2.48	99.29	吉林	85.70	82.78	福建	53.12	98.57
山西	2.36	99.67	甘肃	72.42	84.84	黑龙江	41.06	98.88
四川	1.24	99.88	云南	64.68	86.69	湖北	30.41	99.11
广西	0.25	99.92	辽宁	63.69	88.50	河南	27.27	99.31
内蒙古	0.15	99.94	陕西	62.30	90.28	甘肃	26.41	99.51
上海	0.12	99.96	广西	61.30	92.03	安徽	19.67	99.66
贵州	0.11	99.98	新疆	59.33	93.72	重庆	10.29	99.73
吉林	0.08	99.99	重庆	56.94	95.34	辽宁	10.14	99.81
云南	0.03	100.00	青海	31.51	96.24	江苏	10.11	99.89
北京	0.01	100.00	浙江	30.66	97.11	山西	8.04	99.95
辽宁	0.01	100.00	福建	29.82	97.96	吉林	6.36	99.99
福建	0.01	100.00	山西	17.32	98.46	上海	0.60	100.00
黑龙江	0.00	100.00	黑龙江	17.15	98.95	陕西	0.15	100.00
广东	0.00	100.00	宁夏	16.52	99.42	青海	0.10	100.00
海南	0.00	100.00	海南	11.57	99.75	山东	0.01	100.00
重庆	0.00	100.00	西藏	6.38	99.93	北京	0.00	100.00
西藏	0.00	100.00	上海	1.28	99.97	天津	0.00	100.00
青海	0.00	100.00	北京	0.67	99.99	西藏	0.00	100.00
宁夏	0.00	100.00	天津	0.52	100.00	宁夏	0.00	100.00

资料来源：产量数据来源于国家统计局，累计比例根据产量数据计算得到。

（二）经济作物产品进出口分析

1. 棉花进口量持续萎缩，食糖对外依存度较大

受全球需求疲软以及国内政策调整的影响，2015年中国棉花进口量持续大幅萎缩，由2014年266.9万吨的进口量缩减为175.9万吨，减少34.1%（见表4）；进口额为27.2亿美元，比2014年减少47.2%。其中，中国棉花进口来源国主要有美国、澳大利亚、印度、乌兹别克斯坦、巴西，其进口量分别占进口总量的35.2%、17.1%、16.5%、11.6%和9.6%。同时，2015年中国纺织品服装出口额比2014年减少4.9%，外销形势不容乐观。

2015年，中国进口食用植物油839.1万吨，比2014年增长6.6%，进口额59.9亿美元，同比减少15.1%。进口食用油籽8757.1万吨，同比增长13.0%，其中大豆8169.4万吨，同比增长14.4%；油菜籽447.1万吨，同比减少12.0%（见表4）。油菜籽的进口来源以加拿大和澳大利亚为主，其进口量占中国进口总量的比重分别为87.2%和10.6%。

随着消费习惯的改变以及食品工业的发展，中国食糖等天然甜味剂消费持续增长，但2015年糖料产量及种植面积均有较大幅度的下降，导致国内产需缺口较大，进口量大幅增长。2015年，中国进口食糖484.6万吨，同比增长39.0%（见表4），进口额为17.7亿美元，同比增长18.7%。食糖进口来源国以巴西、泰国和古巴为主，其进口量占中国进口总量的比重分别为56.5%、12.4%和10.7%。

表4 2015年中国经济作物产品进出口情况

单位：万吨，%

品种	进口		出口（1~10月）	
	数量	同比增长	数量	同比增长
棉花	175.9	-34.1	2.4	111.0
食用植物油	839.1	6.6	12.4	7.3
油菜籽	447.1	-12.0	—	—
食糖	484.6	39.0	5.0	46.5

注："—"表示数据不能获得。
资料来源：进口数据来源于农业部公布的《2015年1~12月我国农产品进出口数据》；出口数据来源于商务部《中国农产品出口月度统计报告》，2015年10月、11月和12月的出口数据在本报告完成时尚未公布。

2. 出口量和出口额均有所增长，出口集中在亚洲国家

2015年1~10月，中国棉花、食用植物油和食糖出口数量和金额比2014年同期都有所增长（见表4）。其中，出口棉花数量为2.4万吨，同比增长111.0%，出口金额为4041.4万美元，同比增长54.4%；出口食用植物油数量为12.4万吨，同比增长7.3%，出口金额为22705.4万美元，同比增长3.4%；出口食糖数量为5.0万吨，同比增长46.5%，出口金额为3163.5万美元，同比增长14.6%。

从地域结构上看，2015年1~10月中国棉花、食用植物油和食糖的出口国家和地区主要集中在亚洲。其中，自中国进口棉花的国家和地区主要是越南、韩国和印度尼西亚，其进口量占中国出口总量的比重分别为58.8%、17.2%和12.1%；自中国进口食用植物油的国家和地区主要有朝鲜、中国香港和日本，其进口量分别占中国总出口量的53.0%、22.2%和2.6%；自中国进口食糖的国家和地区主要有中国香港、菲律宾和美国，其进口量占中国出口总量的比重分别为37.1%、37.1%和6.2%。

（三）经济作物产品供需分析

根据汇易网2016年2月的预测数据，2015/2016年度[①]中国棉花产量约为426万吨，同比减少17.4%；进口量约为196万吨，同比增长16.7%；国内消费量约为648万吨，同比增长1.1%；年末库存预计为1045万吨，虽然同比减少2.7%，但库存压力依然较大；库存消费比为161.0%，同比下降6.2个百分点，但仍然远远高于国际平均水平。根据国际棉花咨询委员会（ICAC）的预测，2015/2016年度，全球除中国以外地区的库存消费比为51%。

根据汇易网2016年2月的预测数据，2015/2016年度[②]中国菜籽油产量约为439万吨，同比减少13.2%；进口量约为60万吨，同比减少3.0%；

---

① 此处指市场年度，时间跨度为2015年9月至2016年8月。
② 此处指市场年度，时间跨度为2015年6月至2016年5月。

国内消费量约为485万吨，同比增长13.0%；年末库存预计为600万吨，虽然同比减少3.3%，但库存压力依然较大；库存消费比为123.8%，同比下降4.2个百分点。根据美国农业部（USDA）的预测，2015/2016年度全球油籽库存消费比为17.3%，同比下降0.34个百分点；食用植物油库存消费比为9.4%，同比下降2.2个百分点。

在中国城镇化快速推进和居民消费习惯不断改变的背景下，近年来食糖等天然甜味剂消费持续增长，但根据汇易网2016年2月的预测数据，2015/2016年度①中国食糖产量约为890万吨，国内消费量约为1513万吨，产需缺口较大。2015/2016年度年末库存预计为722万吨，同比减少27.9%；库存消费比为47.5%，同比下降17.5个百分点。国际主要相关机构预测2015/2016榨季全球食糖市场产不足需，例如摩根士丹利（Morgan Stanley）预测2015/2016榨季全球食糖短缺349万吨。

三 经济作物市场变化

受国储棉去库存政策的影响，2015年中国棉花价格指数（CC Index）3128B级棉花月度销售价格一路下跌，从1月的每吨13539元降到12月的每吨12935元，年度平均价格同比下降22.8%（见表5）。同期，虽然大宗商品供应和产能过剩导致全球经济出现通缩，但国际棉花价格在经历了2014年的大幅下跌之后在全球产量下降的支撑下保持基本稳定。从月度数据来看，2015年国际棉花价格在震荡中略有反弹，但是年度平均价格同比下降8.9%。2015年1月，滑准税下进口棉折到岸税后价每吨13553元，比国内棉价高14元，这是自2011年10月以来国际价格首次高于国内价格，之后的各月中国际棉花价格均高于国内价格，扭转了国内外价格倒挂的局面，且国内外价差呈扩大趋势（见图1）。

---

① 此处指市场年度，时间跨度为2015年10月至2016年9月。

表5 2015年与2014年国内外棉花价格比较

单位：元/吨，%

月份	2015年			2014年			2015年同比增长	
	国内价格	国际价格	国际比国内高	国内价格	国际价格	国际比国内高	国内价格	国际价格
1	13539	13553	0.1	19447	15950	-18.0	-30.4	-15.0
2	13445	13615	1.3	19455	16128	-17.1	-30.9	-15.6
3	13465	13526	0.5	19442	16310	-16.1	-30.7	-17.1
4	13424	13757	2.5	18437	16158	-12.4	-27.2	-14.9
5	13367	13830	3.5	17434	15943	-8.6	-23.3	-13.3
6	13315	13778	3.5	17371	15644	-9.9	-23.3	-11.9
7	13186	13776	4.5	17241	14883	-13.7	-23.5	-7.4
8	13117	13665	4.2	17076	14323	-16.1	-23.2	-4.6
9	13062	13755	5.3	16591	14190	-14.5	-21.3	-3.1
10	13041	13817	6.0	14848	13968	-5.9	-12.2	-1.1
11	12966	13786	6.3	14685	13713	-6.6	-11.7	0.5
12	12935	13888	7.4	13743	13683	-0.4	-5.9	1.5
平均	13239	13729	3.7	17148	15074	-12	-22.8	-8.9

注：国内价格为中国棉花价格指数（CC Index）3128B级棉花销售价格，国际价格为进口棉价格指数（FC Index）M级棉花到岸税后价（滑准税下）。

资料来源：农业部公布的《农产品供需形势分析月报（大农农产品）》，2016年1月和2015年1月。

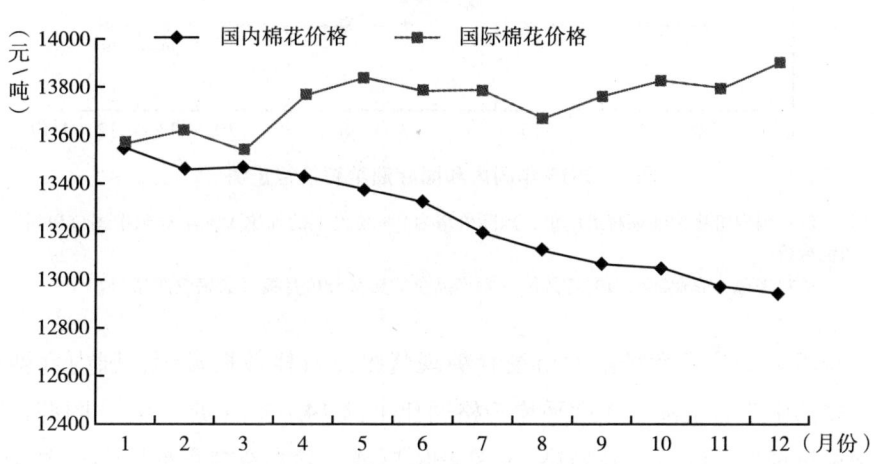

图1 2015年国内和国际棉花价格走势

资料来源：农业部公布的《农产品供需形势分析月报（大宗农产品）》，2016年1月。

2015年，中国取消油菜籽国家临时收储政策，收储主体由中央转为地方。在1~5月期间，新菜籽尚未上市，国内油菜籽价格整体呈现稳定态势。6月18日国家下发《关于做好2015年油菜籽收购工作的通知》以后，收购政策逐渐明朗，但最初农民以及油料加工企业持观望态度，油菜籽市场收购进度慢于往年。受收储政策转变的影响，国内油菜籽价格从每斤2.55元的托市收购价出现断崖式下跌，降到每斤1.76元上下（见图2）。由于收购价格较低，农民惜售情况增加，同时由于收购量达不到开机标准，大企业菜籽油的压榨量锐减，小榨油厂行情较好。2015年，全球油料和食用植物油供需宽松，导致国际油料和食用植物油价格低位震荡运行，受此影响，国内食用植物油价格也呈现稳中下跌的趋势。

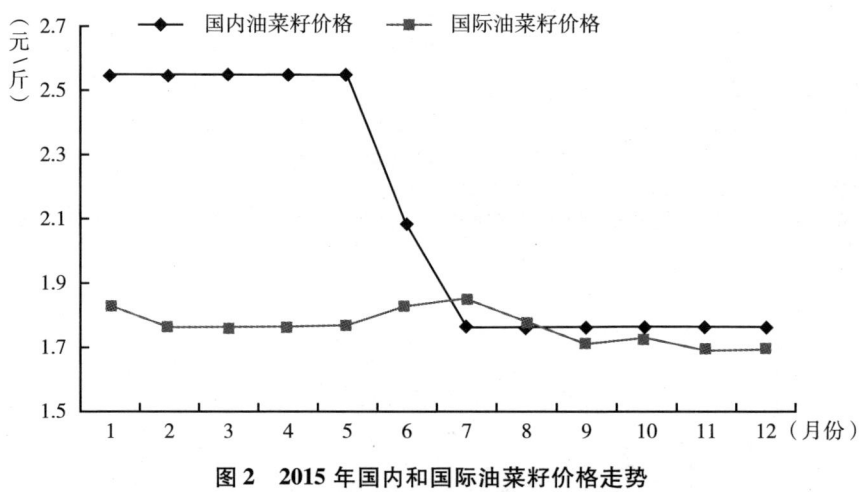

图2　2015年国内和国际油菜籽价格走势

注：国内价格为油菜籽进厂价，国际价格为9%关税下的加拿大油菜籽到中国口岸后的税后价。

资料来源：农业部公布的各月份《农产品供需形势分析月报（大宗农产品）》。

2015年，广西食糖批发市场食糖现货批发价格数据显示，国内食糖价格在震荡中略有上涨，年度平均价格同比上涨14.7%（见表6）。同期，国际糖价呈现先下降后上升趋势，9月开始反弹，并在全球食糖产不足需缺口扩大、原油价格上涨、巴西货币升值等的支撑下连续四个月保持不同程度的上涨，但是年度平均价格比2014年下降15.8%（见图3）。年度内，各月的国内价格均高于国际价格,6月国内外价差达到最大,国内价格比国际价格高40.3%。

表6 2015年与2014年中国食糖价格比较

单位:元/吨,%

月份	2015年			2014年			2015年同比增长	
	国内价格	国际价格	国际比国内高	国内价格	国际价格	国际比国内高	国内价格	国际价格
1	4635	3924	-15.3	4655	3900	-16.2	-0.4	0.6
2	4894	3793	-22.5	4526	4042	-10.7	8.1	-6.2
3	4903	3470	-29.2	4590	4506	-1.8	6.8	-23.0
4	5291	3484	-34.2	4615	4407	-4.5	14.6	-20.9
5	5362	3389	-36.8	4678	4472	-4.4	14.6	-24.2
6	5290	3160	-40.3	4619	4460	-3.5	14.5	-29.1
7	5089	3193	-37.3	4520	4372	-3.3	12.6	-27.0
8	5008	3191	-36.3	4321	4047	-6.3	15.9	-21.2
9	5173	3151	-39.1	3994	3944	-1.2	29.5	-20.1
10	5281	3613	-31.6	4284	4089	-4.6	23.3	-11.6
11	5087	3861	-24.1	4297	3978	-7.4	18.4	-2.9
12	5215	3959	-24.1	4301	3881	-9.8	21.3	2.0
平均	5102	3516	-31.1	4450	4175	-6.2	14.7	-15.8

注:国内价格为广西食糖批发市场食糖现货批发价格的月度均价;国际价格为配额内15%关税的巴西(2013年9月之前为泰国)白糖到珠江三角洲的到岸税后价。

资料来源:农业部公布的《农产品供需形势分析月报(大农农产品)》2016年1月和2015年1月。

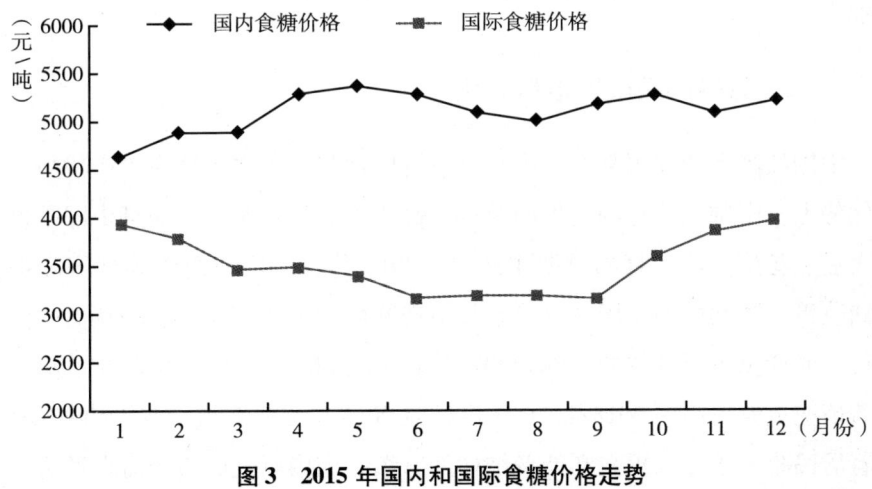

图3 2015年国内和国际食糖价格走势

资料来源:农业部公布的《农产品供需形势分析月报(大宗农产品)》,2016年1月。

四 形势展望与政策思考

2015年，受农产品市场宏观调控政策调整的影响，中国以棉花、油料和糖料为主的经济作物市场格局发生重大改变。总的来看，2015年中国棉花和油菜籽价格大幅下跌，农民种植效益明显下降，棉花播种面积减少趋势明显。油菜籽和食糖的价格普遍高于国际市场，进口替代明显。在资源环境约束趋紧的背景下，如何优化农业生产结构、转变农业发展方式、提高农业综合效益，将是今后中国农业发展面临的现实难题。

（一）棉花市场下行压力加大

受配额从严从紧的政策约束、国内棉花去库存化政策以及下游企业不景气等综合因素的影响，2015年中国外棉进口量大幅下降。2015/2016年度年末库存预计高达1045万吨，国内供需严重失衡，而且由于2016年国内棉花进口关税配额仍然维持在89.4万吨的水平，因此国内棉花市场受国外市场的影响将较小。短期内国内纺织品供需结构性矛盾突出，传统的纯棉产品将维持供应过剩、需求负增长的局面，导致国内棉花市场下行压力加大。

（二）油料产品市场走势分化

中国油料产业在国际竞争中具有自身的优势，主要表现在单产优势和规模优势上，中国油菜籽和花生的单产均高于世界平均水平，而且中国是世界上大豆、花生和油菜籽的重要主产国。2015年，中国取消油菜籽国家临时收储政策，受此影响，国内价格6月出现断崖式下跌并且之后一直保持低位运行。受产量下降的影响，2015年国内花生价格呈现稳中略升的走势。从供需情况上看，中国2015/2016年度油菜籽供需相对宽松，花生供需偏紧。随着居民收入水平的提高和消费结构的升级，国内巨大的市场需求潜力对油料的发展具有重要的支撑作用，但综合考虑国内供需形势及调控政策的转变，预计短期内油料市场将继续呈分化状况，油菜籽价格将继续在低位运行。

（三）糖料产需缺口趋于加大

受城镇化快速推进、农业结构调整以及食糖价格持续走低等因素影响，预计2016年中国糖料种植面积呈现稳中略降趋势。但受生产基础设施条件改善、新品种应用及管理水平提升等因素影响，平均单产水平有望提升，因此2016年总产量变化幅度不会太大。短期内，中国食糖消费需求将持续增加，食糖产需缺口将持续扩大。中国对食糖进口存在刚性需求，由于国内外价格倒挂局面的客观存在，中国将长期面临加大的食糖进口压力，食糖产业安全受到威胁。临时收储政策导致国内食糖高进口和高库存并存，且制糖企业也处于亏损经营状态，因此国家应在统筹产业安全和农民利益的基础上进一步完善食糖价格支持政策。

G.6
2015年畜牧业生产和市场变化与2016年走势分析

刘长全*

摘　要： 本文从畜产品生产、价格和成本效益等角度对畜牧业发展进行分析，并对畜牧业在短期和中长期的发展趋势进行了展望。2015年，肉类总产量和猪肉产量同比下降，牛肉、羊肉、禽肉产量增长速度有所回升，牛奶总产略有增长。主要畜产品供求关系有紧有松，猪肉价格回升、牛肉价格高位稳定、羊肉价格趋于下降、牛奶价格低位徘徊后略有回升。2016年，受经济低迷影响，畜产品消费需求增长乏力，甚至有较大概率出现下降。但是，饲料粮价格下降将有利于提高养殖效益、稳定畜牧业生产。在两方面因素共同作用下，畜产品价格可能整体下降，这对于改善消费需求增长动力不足有一定的积极作用。

关键词： 畜牧业　生产变化　市场变化

一　2015年主要畜产品生产变化

（一）畜产品总产出变化

经济发展过程中，畜牧业生产因居民膳食结构优化需求总体是增长的，

---

* 刘长全，经济学博士，中国社会科学院农村发展研究所副研究员，主要从事农村产业经济、奶业经济、区域经济研究。

但增速趋于下降。从增速和占比的变化趋势看，自2000年前后开始，畜牧业总产值增长速度出现趋势性下降；畜牧业总产值在农林牧渔业总产值中的占比也在2005年前后开始徘徊，当前处于下降通道。2015年前三季度，畜牧业总产值按不变价格同比增长3.0%。2010～2015年，畜牧业总产值增长16.7%，年均增长3.1%；① 2005～2010年，畜牧业总产值增长26.3%，年均增长4.8%；2000～2005年，畜牧业总产值年均增长6.9%。

肉类总产量经过持续快速增长后，2000年前后进入低速增长阶段（见图1）。2015年，肉类总产量为8454万吨，比2014年下降了2.9%。2010～2015年，肉类总产量年均增长1.3%，2005～2010年和2000～2005年两个时期的肉类总产量年均增速分别为2.7%和2.9%。20世纪90年代中期之前，牛奶总产量增长速度趋于下降，之后一直到2008年，增长速度经历了一次大幅的上升和下降波动，最高跃升到年增30%多，2008年之后则因为质量安全事件频发与消费者信心不足，总产量增速在低位徘徊。2015年，牛奶总产量3755万吨，较2014年增长0.8%，2010～2015年期间牛奶总产量年均增幅只有1.0%。

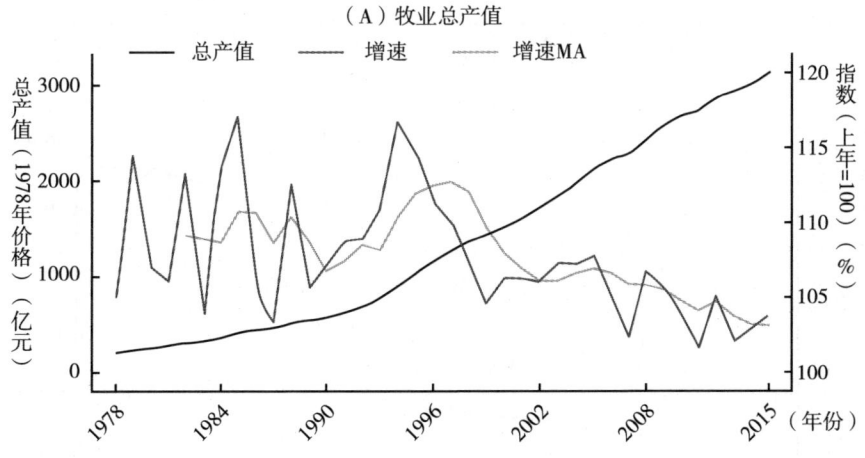

（A）牧业总产值

---

① 2015年全年畜牧业总产值是根据2014年总产值和2015年前三季度累计同比增长速度匡算得出的。

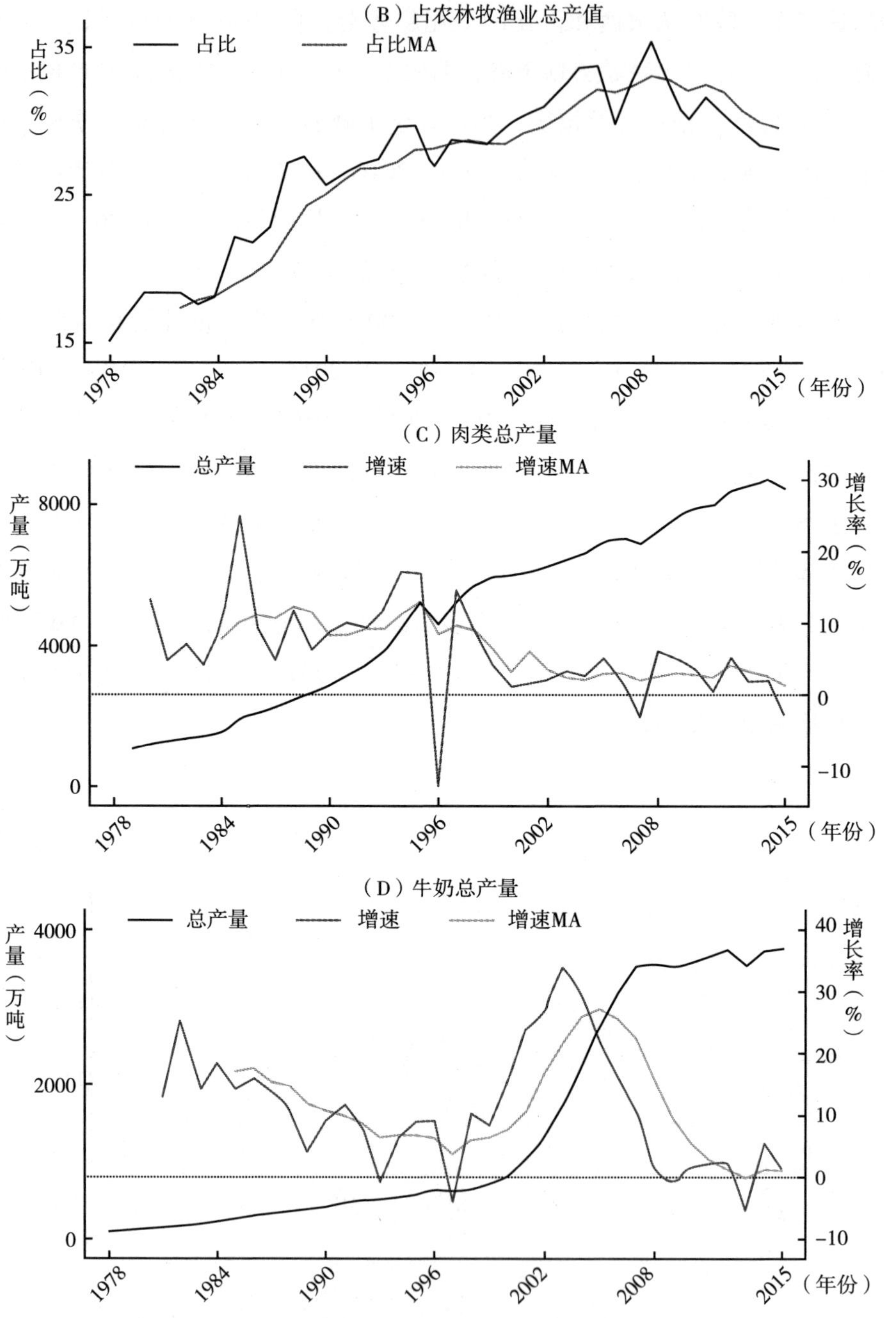

（B）占农林牧渔业总产值

（C）肉类总产量

（D）牛奶总产量

图1 畜牧业生产总体情况及变动趋势

注：MA是当年值和前四年值的五期移动均值。

肉类分品种来看，猪肉、牛肉、羊肉和禽肉总产量在经历了20世纪90年代中期之前的高速增长后增速集体回落，2000年前后陆续进入低速增长阶段（见图2）。2015年，牛肉、羊肉、禽肉产量增长速度有所回升，猪肉产量出现大幅下降。其中，猪肉总产量5487万吨，与2014相比减少3.3%，2010~2015年期间年均增长1.6%；牛肉总产量700万吨，同比增长1.6%，2010~2015年期间年均增速为1.4%；羊肉总产量441万吨，同比增长3.0%，2010~2015年期间年均增长2.0%；禽肉总产量1826万吨，同比增长4.8%，2010~2015年期间年均增长2.0%。

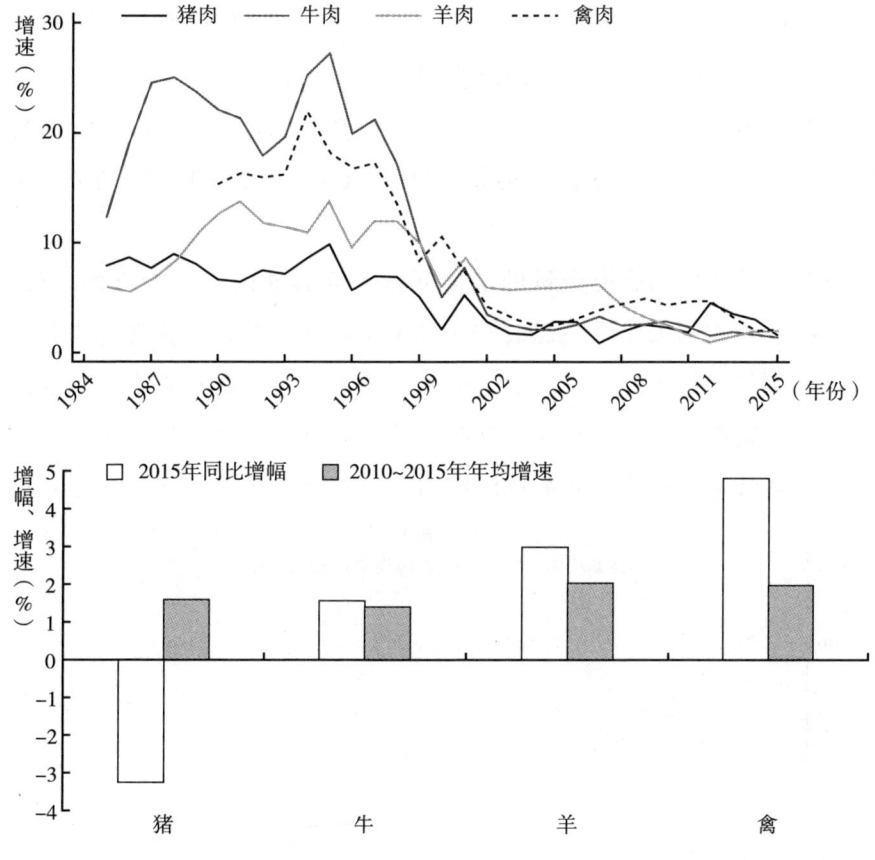

图2 肉类分品种产量增速变化趋势及2015年产量变化

从移动均值变化情况看：①猪肉在肉类总产量中的占比经历了长期的趋势性下降，移动均值从20世纪80年代初期的95%上下降至当前的65%上下，近十多年则基本维持在这个水平。2015年，因产量下降，猪肉占肉类总产量的比重降至64.9%，与2014年相比下降了0.2个百分点。②牛肉产量占比的移动均值在20世纪80年代初期开始逐步上升，20世纪90年代末达到8%的水平，之后在缓慢上升至8.4%上下后又有所下降，当前占到8%上下。2015年，牛肉在肉类总产量中占8.3%，比2014年高0.4个百分点。③羊肉占比在20世纪80年代末至2005年前后经历了长期、缓慢的上升，从略高于3%的水平提高到略高于5%的水平，在此之后比重出现多年下降，移动均值降至5%以下。近年，又有回升。2015年，羊肉产出占肉类总产量的5.2%，比2014年高了0.3个百分点。④禽肉占比虽有波动，但移动均值基本上一直处于上升趋势，从不足10%增长到高于20%。2015年，禽肉产量占肉类总产量的21.6%，比2014年高1.5个百分点（见图3）。

畜牧业总产值和肉类产量的增速回落，究其原因有几个方面。第一，在国家"口粮绝对安全"的粮食安全政策下，政策扶持与资源配置都向粮食生产特别是谷物生产倾斜。给定资源供给的约束，粮食总产实现连续十二年增产，畜牧业发展必然受到限制。第二，进口畜产品的竞争与消费需求低迷对畜牧业生产产生双重挤压作用。一方面，在托市收购价格不断提

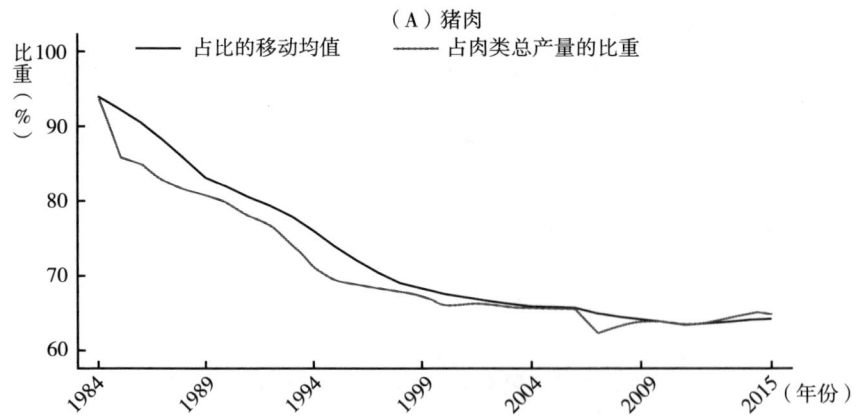

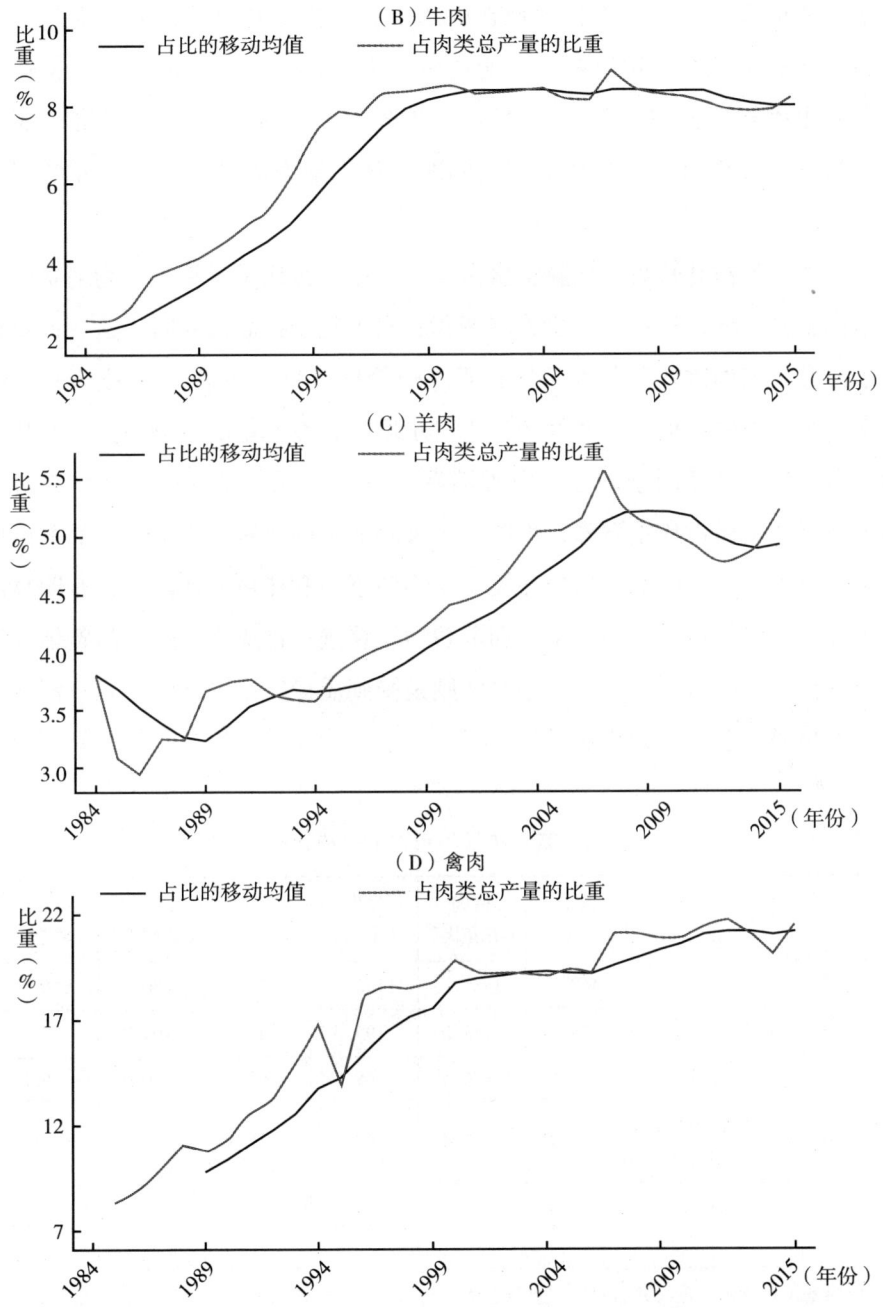

图3 肉类分品种在肉类总产量中的占比及变化趋势

高等因素的推动下，包括饲料粮在内的粮食价格不断上升，大幅提高了畜产品生产成本，低价进口畜产品的竞争压力与日俱增；另一方面，畜产品消费需求因宏观经济放缓增长乏力，甚至因不合理消费持续被挤压而下降。第三，养殖过程中的环境污染问题降低了地方政府发展畜牧业的积极性。

动物源蛋白和热量等在膳食蛋白、热量中所占比重反映了食物消费的营养结构，经济增长过程中，食物消费营养水平趋于提高的同时，这一比重也趋于上升。猪肉因在营养方面具有明显的价格优势（见表1），成为畜产品消费的绝对主体。但是，随着经济进一步增长，在基本的动物源蛋白和热量消费需求得到满足的基础上，肉类消费必然向多元化结构转变。在此过程中，猪肉消费所占比重下降，牛肉、羊肉和禽肉的比重趋于上升，而禽肉因价格优势增长更加明显。牛奶在提供动物源蛋白和热量方面同样具有明显的成本优势，但是，近年牛奶生产和消费增长缓慢，这既受到畜产品整体消费需求增长乏力因素的影响，更重要的则是受到质量安全事件频发导致消费者信心不足对产业发展的负面影响。

表1 膳食热量与蛋白的价格比较

内容		稻米（大米）	猪肉（五花肉）	牛肉（平均）	羊肉（平均）	鸡肉（鸡胸肉）	牛奶（液态奶）
热量（千卡/公斤）		3460	3585	1250	2030	1330	540
蛋白（克/公斤）		74.0	138.0	199.0	190.0	194.0	30
2013年12月	价格（元/公斤）	5.8	26.5	65.7	65.5	20.7	5.28
	热量价格（元/千卡）	1.7	7.4	52.6	32.3	15.5	9.8
	蛋白价格（元/百克）	7.8	19.2	33.0	34.5	10.6	17.6

资料来源：热量、蛋白数据来自《食物营养成分表2004》；价格数据来自《中国价格统计年鉴2014》、中国价格信息网。

（二）区域分布变化

目前，肉类产量最高的地区依次是山东、河南、四川、湖南和河北等省，2014 年，五省肉类产量合计占全国肉类总产量的 36.97%。2010～2014 年，在全国肉类总产量中的占比下降最多的是广东和浙江，分别降了 0.63 个和 0.40 个百分点，其中广东省的占比从第五位降至第七位。上升最多的是云南和湖北，分别提高了 0.29 个和 0.27 个百分点，其中湖北省的占比从第九位升至第六位。以产量排名前五的省（区、市）在全国总产量中的占比来衡量集中度，2010～2014 年期间，肉类生产的集中度基本稳定在 36.5%～37%。可以预期，肉类生产的集中度近年仍将保持稳定，2015 年依然在 37% 左右。

分品种来看，猪肉生产的集中度低于牛肉、羊肉和牛奶，但猪肉的集中度趋于上升，牛肉、羊肉和牛奶的集中度都呈下降趋势（见图 5）。2014 年，猪肉产量最高的四川、河南、湖南等五省猪肉产量合计占全国猪肉总产量的 39.0%，比 2013 年高 0.4 个百分点，延续了 2011 年以来的上升趋势。2014 年，牛肉生产的集中度为 43.8%，比 2013 年低 0.4 个百分点，比 2010 年低 2.6 个百分点。2014 年，羊肉生产的集中度达到 55.8%，与 2013 年相比上升 0.4 个百分点，但是比 2010 年低 0.2 个百分点。2014 年，牛奶的集中度高达 65.6%，比 2013 年低 0.4 个百分点，比 2010 年低 2.7 个百分点。2015 年，集中度基本延续这一变化趋势：猪肉生产集中度小幅上升；牛肉、牛奶趋于下降；羊肉稳中有升。

总体而言，猪肉、羊肉集中度变化幅度很小，布局稳定，而牛肉和牛奶的集中度下降比较明显，布局趋于分散。就牛奶生产来说，2010～2014 年，牛奶产量最高的内蒙古的产奶量下降了 12.9%，产奶量仅次于内蒙古的黑龙江也仅增长了 0.7%，其他大多数地区则因为现代规模牧场的快速发展，产出水平有较大幅度的提高，导致牛奶生产向南发展和整个分布格局的分散化。随着产业资本继续进入，这一趋势还将延续。

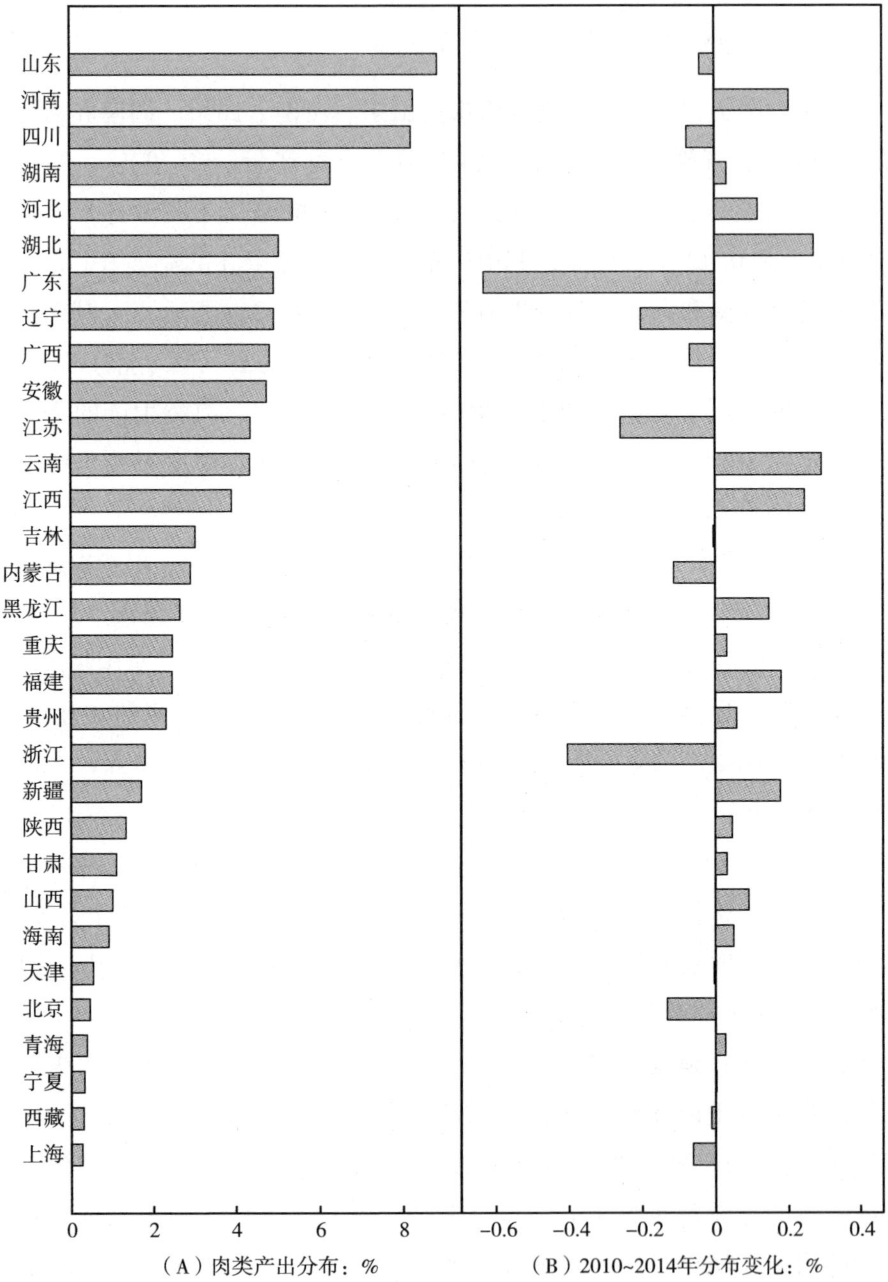

图4 肉类产出分布及变化

资料来源：国家统计局。

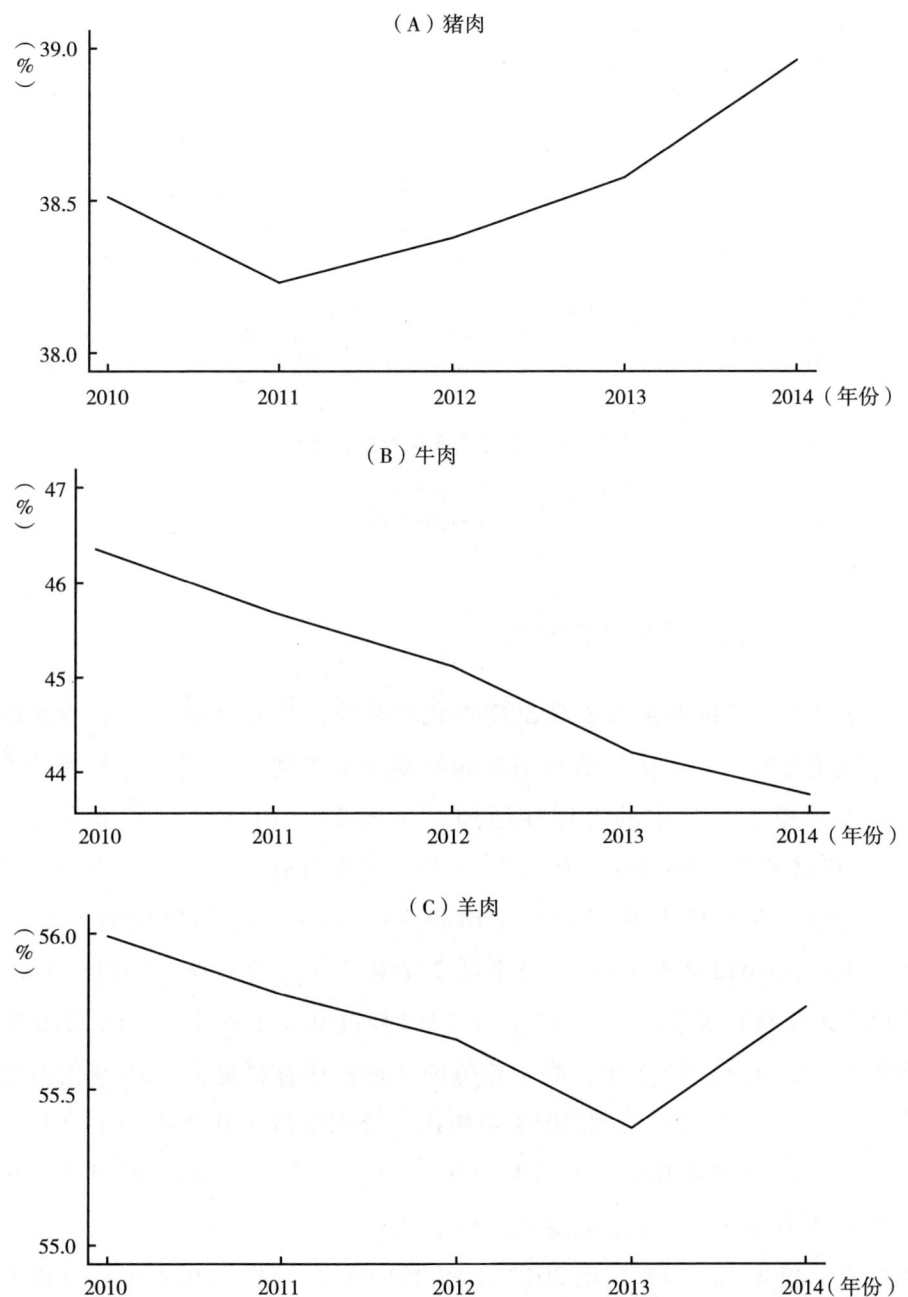

（A）猪肉

（B）牛肉

（C）羊肉

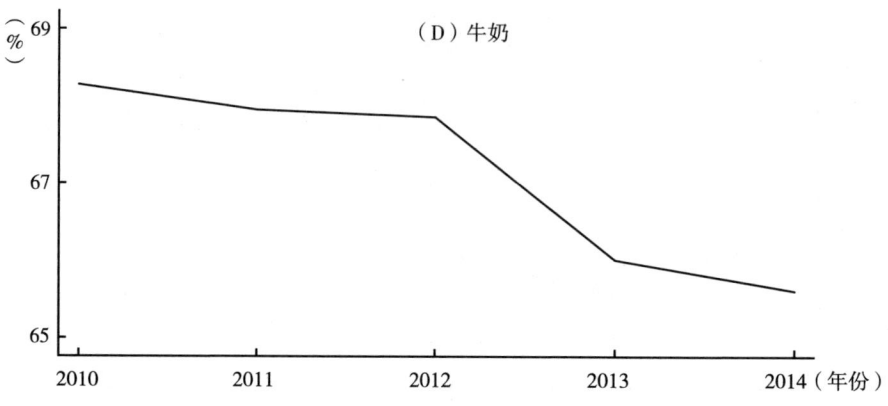

图 5　畜产品生产集中度变化趋势

注：此处集中度指产量排名前五的省份合计在全国总产量中的占比。
资料来源：相关年份《中国畜牧业年鉴》《中国畜牧兽医年鉴》。

（三）养殖户规模结构变化

主要畜产品的养殖都表现出规模化的趋势。散养户退出在羊的养殖中表现尤为突出，生猪养殖与奶牛养殖则主要表现为中规模和大规模养殖户在规模养殖户中的占比在增加（见表2）。2013年，生猪养殖场（户）中散养户占94.8%，比2012年低0.1个百分点，比2010年低0.9个百分点。在规模养殖场中，年出栏30～100头的小规模养殖场占59.7%，比2012年和2010年分别低2个和3.9个百分点；年出栏1000头以上的大规模养殖场占3.3%，比2012年高0.2个百分点，比2010年高0.5个百分点。2013年，奶牛养殖场（户）中存栏量少于10头的散养户占89.8%，与2012年和2010年相比，分别降低了0.2个和1个百分点。在规模养殖场中，存栏10～50头的小规模养殖场占83.1%，比2012年低0.5个百分点，比2010年低4.8个百分点；存栏500头以上的大规模养殖场占1.9%，比2012年和2010年分别提高0.2个百分点和0.5个百分点。

表2 主要畜产品养殖规模结构

品种	年份	散养比重（%）	规模养殖户结构（%）		
			小规模	中规模	大规模
生猪	2010	95.7	63.7	33.5	2.8
	2012	94.9	61.7	35.2	3.1
	2013	94.8	59.7	37.0	3.3
肉牛	2010	99.3			
	2012	99.1			
	2013	99			
羊	2010	91.4			
	2012	89.7			
	2013	83.3			
奶牛	2010	90.8	87.9	10.7	1.4
	2012	90	82.6	15.6	1.8
	2013	89.8	83.1	15.0	1.9

资料来源：相关年份《中国畜牧业年鉴》。

近两年，奶牛养殖除了规模养殖户的构成继续变化，散养户也出现加快退出的趋势。根据调查，除了养殖成本上升、生鲜乳收购价格下降、消费市场低迷等原因，还有政策因素与产业内的歧视性因素交互作用形成的推力，小规模与散养农户在缺乏组织保护情况下的天然弱势性为推力的形成提供了可能。为便于监管、确保乳品质量安全，政府主管部门重点支持的是养殖小区和规模牧场建设。乳品加工企业从乳品质量与经营管理成本角度考虑，更是全面拒收散户的奶。在此情况下，散养户陆续进入养殖小区。这虽然可以解决交奶问题，但是，在企业收购生鲜乳时实施的差别定价制度中，小区内的散养户因缺乏议价能力，处于被歧视的地位。以河北某县为例，加工企业在收购生鲜乳时，将交奶的养殖户分为牧场和小区两类，再进一步将牧场和小区都分为A、B两级。2015年12月，B级小区交奶价格为3.1元/公斤、A级小区为3.4~3.5元/公斤、B级牧场为3.7~3.8元/公斤、A级牧场则达到4.0元/公斤。在这样的安排下，价格差别的主要依据是养殖户类型，而不是乳品质量。散养户进入小区后，喂饲和日常管理虽然是分散的，但是饲料采购、疫病管理、挤奶、销售等都是统一的，乳品质量是有保证的。当地的一些小区转为牧场后，虽然是同样的设施、同一批牛、同等质量的奶，生鲜乳的价格却提高了。面对小区、牧场之间的差价，小区发起人有将小区转为牧场的激励。因为散养户的奶被拒收，在被小区发起人收购和退出养殖小区之间，散养户并没有选择的余地。因此，这样的歧视性差别定价直接加快了散养户的退出。

二　2015年主要畜产品市场变化

（一）猪肉价格变化

猪肉价格变动有明显的季节性，此外，近年还经历了一次明显的长周期变化（见图6）。根据农产品集贸市场价格指数，2010年5月至2012年4月，猪肉价格连续24个月同比上升，其间价格指数经历了先升后降的变化，最高同比上升了66.9%。之后，猪肉价格进入下降期。2012年5月至2013年5月，其间猪肉价格指数连续13个月同比下降，同比降幅最高接近25%。在经历6个月短暂、小幅同比上升或持平后，猪肉价格指数在2013年12月至2015年2月期间又连续15个月同比下降，最高同比降幅也超过10%。2015年3月以来，随着生猪市场供求关系发生转变，猪肉价格再次进入上涨期。截至2015年9月，价格指数连续7个月同比上升，最高增幅接近20%。

2013～2015年，猪肉价格都从年初开始进入或已处于季节性下降通道，最低点都出现在3月底至5月初的消费淡季。2013和2014年年度最高价格都出现在年初，年中价格因季节性消费需求增长而反弹，但是因为整体仍处于长周期的下降期，年中季节性价格高点都低于年初最高价格。2013和2014年，年度最高价格比最低价格分别高25.8%和30.6%，年内价差增大。2013~2014年生猪养殖效益下降，特别是2014年持续深度亏损，推动生猪养殖去产能，2015年猪肉供求关系发生逆转。因季节波动与长周期的上涨期叠加，猪肉价格自2015年3月底开始反弹，最高价格达到28.47元/公斤，比当年最低价格高出34.1%，比2013年和2014年的最高价格分别高6.4%和13.2%。

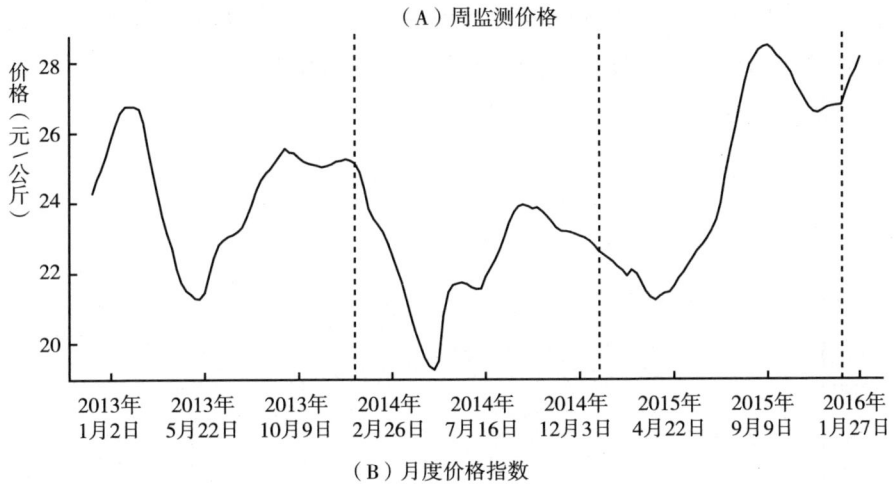

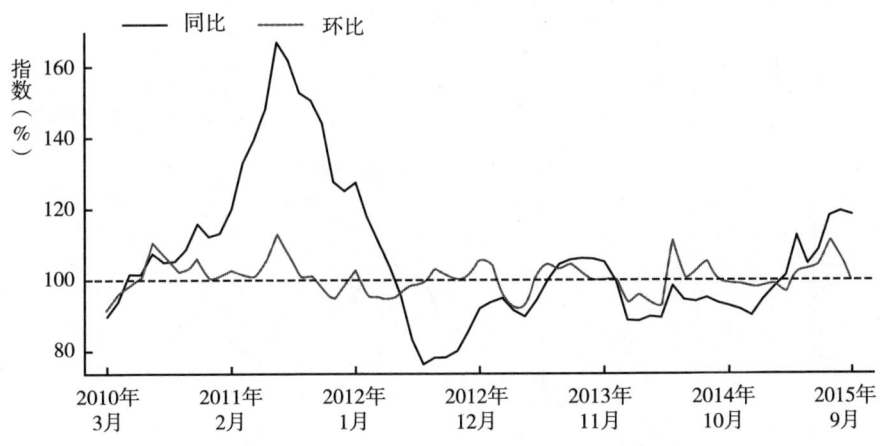

图6 猪肉价格与价格指数变化

资料来源：农业部、《中国经济景气月报》。

（二）牛羊肉价格变化

根据农产品集贸市场价格指数，牛肉与羊肉价格在2014年底之前都完成了一次长周期的上涨过程，但是，2015年以来的变化存在明显差别。在2013年2月之前的三年时间里，牛肉价格同比增幅持续上升，最高达到33.5%。在上涨期的后半阶段，2013年牛肉价格同比增幅依然较大，2014年同比增幅快速缩小。牛肉价格在上涨期结束后没有进入下降通道，表现为价格维持在同比持平的位置。综合来看，牛肉价格水平在2013年底增长到位，剔除季节性波动，2014年和2015年价格保持稳定。

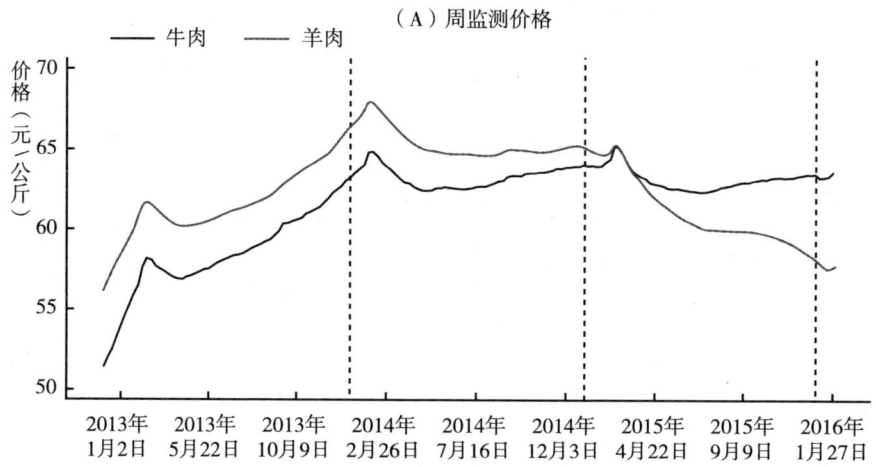

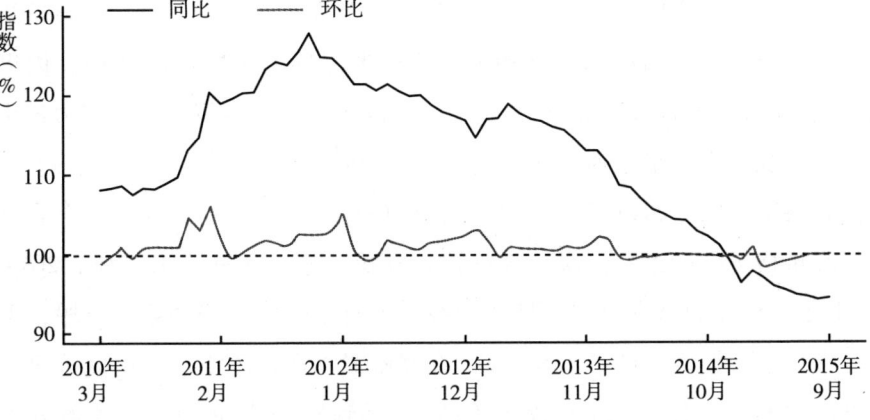

(C)羊肉月度价格指数

图7 牛、羊肉价格与价格指数变化

资料来源:农业部、《中国经济景气月报》。

羊肉价格同比增幅的高点出现在2011年10月,达到27.8%,之后就逐步下降。2014年12月,羊肉价格在连续多年同比上涨后首次出现同比下降,然后继续走低。综合来看,此轮上涨期羊肉价格水平增长趋势延续到2013年底至2014年初,因季节因素与上涨期叠加,在2014年1月底羊肉价格达到68元/公斤的高点。此后,季节因素与下行的周期因素推动羊肉价格走低,2014年底价格为65元/公斤,同比下降1.4%;2015年没有出现春季价格回升,而是全年持续下降,12月底降至58元/公斤,同比下降了11.0%。

(三)牛奶价格变化

作为质优价廉的动物热量与动物蛋白来源,乳品在中国城乡居民食物消费中的占比依然较低,未来仍有较大的增长空间。但是,受到以三聚氰胺事件为代表的质量安全事件的影响,消费者对乳品质量缺乏信心,导致乳品消费增长乏力、乳品供求均衡关系脆弱。近年,生鲜乳价格变化没有表现出类似于猪肉价格和牛肉价格的季节性,而是因为产能波动、供求关系失衡与进口冲击等因素经历了一次很大的波动。2013年5月至2014年2月，生鲜乳价格自3.44元/公斤增长至4.27元/公斤，上升了24.1%。这一阶段价格上涨的重要原因是养殖成本上升和牛肉价格上涨导致牛奶产能波动和供求失衡。之后，在消费需求依然增长乏力的情况下，国内生鲜乳生产能力逐步得到恢复，乳品进口量也因为国际乳品价格走低而大量增加，国内生鲜乳价格又出现快速下跌。2014年2月第一周至2014年12月第二周的10个半月是生鲜乳价格下降的第一阶段，降速相对较缓，累计下跌了12.2%；2014年12月第三周到2015年2月第四周的两个半月是价格下降的第二阶段，下跌速度很快，短期内累计降了8.5%。在养殖成本居高不下、生鲜乳价格大幅降低的情况下，各地纷纷出现了养殖户"倒奶卖牛"的现象，生鲜乳价格在低位徘徊半年多时间。随着国内生产结构调整、积压库存逐步得到化解、国际乳品价格回升，2015年9月初生鲜乳价格再次开始企稳回升。

在终端消费市场，根据国家奶牛产业技术体系产业经济研究室对东北某大型超市多年乳品销售情况的跟踪分析，乳品终端价格变化趋势与生鲜乳收购价格的变动存在明显差异。总体来说，国产乳品价格水平稳定，围绕均衡价格做窄幅波动，进口乳品价格经过长期上升后高位徘徊，消费者进口偏好突出。就奶粉来说，国产奶粉销售均价的移动均值在2008年1月至2009年6月期间持续上升，三聚氰胺事件没有给该指标带来负面影响。2009年6月以来，总体上在16元/公斤至20元/公斤（折成原奶后的均价）之间波动，波幅较小，仅在2014年10月以来出现了一次波幅稍大的波动，2015年1月最低时降至15.8元/公斤，2015年8月最高时升至22.5元/公斤，这也是国产奶粉销售均价的最高水平。进口奶粉均价的移动均值在2013年10月之前都持续上升，从2007年7月的18.2元/公斤升至2013年10月的46.2元/公斤，同样没有受到三聚氰胺事件的影响，甚至增速自2010年初开始有增加的趋势。这反映了消费者对国内乳品缺乏信心、更加偏好进口产品的消费倾向。2013年10月以来，进口奶粉的均价在高位徘徊，基本维持在44元/公斤至47元/公斤。进口奶粉与国产奶粉均价的差距自2009年4月开始就持续上升，从4.3元/公斤增长到2015年1月的28.8元/公斤，这更反映了消

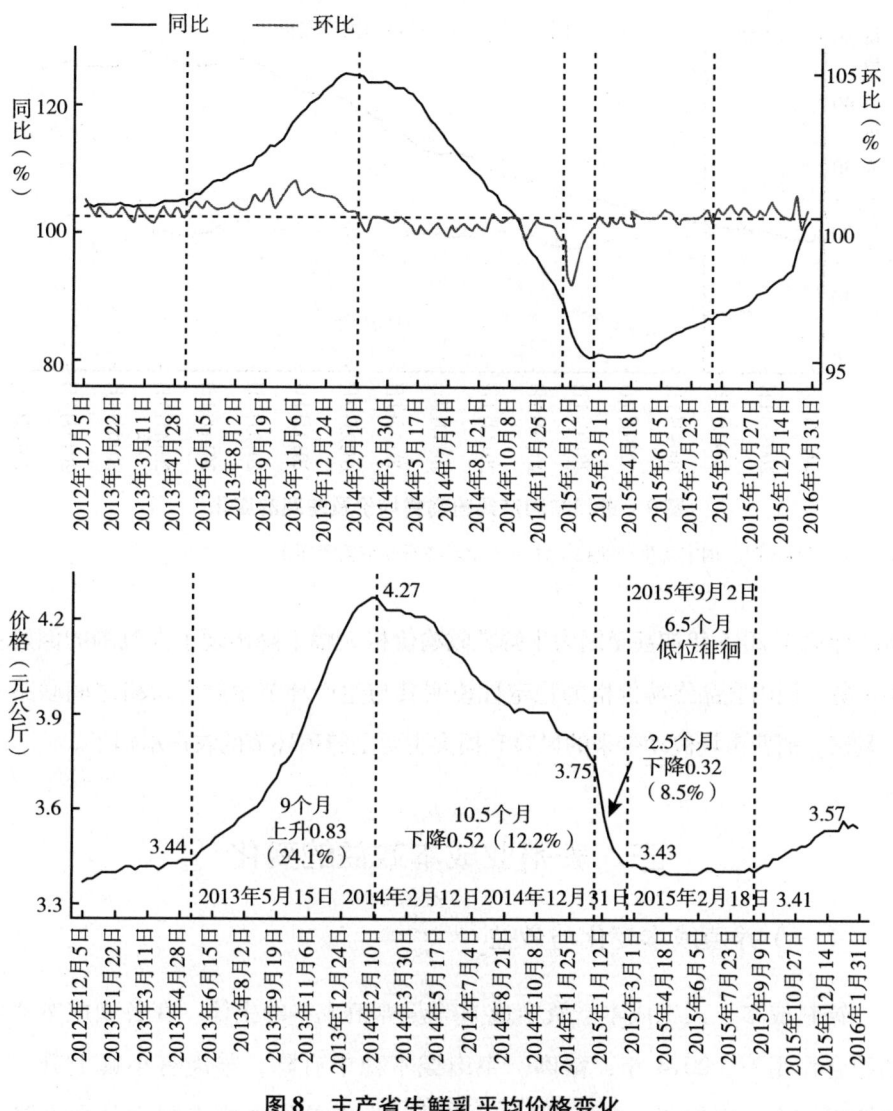

图 8 主产省生鲜乳平均价格变化

资料来源：农业部。

费者对进口奶粉的偏好。2015年1月以来，进口奶粉与国产奶粉均价的差距出现了快速的下降，2015年9月降至22.3元/公斤，之后均价差距又有回升，2015年12月为25.3元/公斤。

考虑到2013年5月以来国内生鲜乳收购价格经历了快速的上升和下降波动，

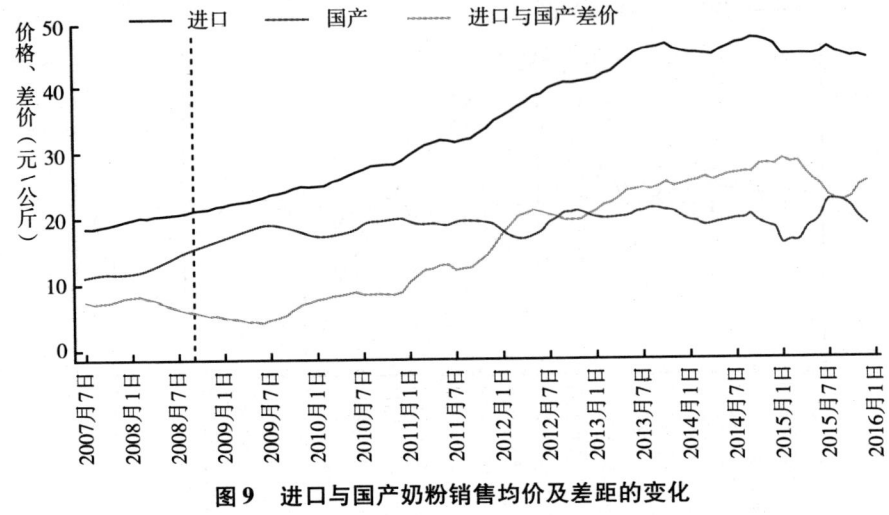

图 9　进口与国产奶粉销售均价及差距的变化

资料来源：国家奶牛产业技术体系产业经济研究室监测超市。

2014年底至2015年初甚至因为生鲜乳收购价格大幅下降出现了大范围的倒奶卖牛现象，国内乳品终端价格的稳定性说明其与生产环节生鲜乳价格之间联系并不紧密，消费市场波动带来的风险和损失主要是养殖环节的农户承担了。

三　养殖业成本效益的变化

（一）养殖成本变化与效益

饲料成本、人工成本、资金成本等是养殖成本的主体。在各项成本变化的综合作用下，2014年，猪肉、牛肉成本稳中有降，羊肉有小幅上升，牛奶增幅较大。以散养为例，2014年猪肉、牛肉单位总成本同比分别下降了1.0%和0.7%，羊肉上升1.6%，牛奶增长了9.6%。但是，与2010年相比，在劳动力成本与饲草料成本上升的推动下，各畜产品的单位总成本都显著上升。仍以散养为例，2010~2014年期间，猪肉单位总成本上升42.0%，牛肉和羊肉分别上升65.6%和66.7%，牛奶上升40.7%。

2015年，利率连续下调及玉米、豆粕等饲料价格大幅下降，对于降低养殖成本起到重要作用。根据农业部监测数据（见图10A），集贸市场豆粕价格自2013年底开始下降，2014年下降了12.6%，2015年进一步下降了18.5%；玉米价格自2015年8月开始下降，截至12月底下降了12.7%。按照饲料成本占生猪头均总成本的50%、占奶牛头均总成本的65%计算，2015年仅饲料成本下降就至少可以降低6%~12%的头均总成本。

综合考虑畜产品和粮食（饲料）价格变化，在这一轮周期的下降期，因猪肉价格持续走低，猪粮比①在2013年3月中旬跌破盈亏平衡线6∶1后继续下降，最低降至5.15∶1，跌破中度亏损线5.5∶1。2013年7月底至2014年1月中旬期间，猪粮比因为猪肉价格的反弹回到盈亏平衡线以上，此后又深度下跌，最低降至4.65∶1，跌破红色警戒线5∶1。2014年3~5月，连续7周猪粮比在红色警戒线以下，商品猪头均亏损程度在近年是最高的。另外，2014年有21周猪粮比在5∶1~5.5∶1之间，22周在5.5∶1~6∶1之间，基本上2014年全年都处于中度亏损或接近中度亏损的状态。2015年，随着猪肉供求关系转变、猪肉价格重新进入上涨期以及粮食价格下降，3月猪粮比从阶段低点再次回升，7月回到盈亏平衡线6∶1以上，经过持续、快速上升于8月突破7∶1，之后虽经历几次小幅波动，但整体上仍在快速上升，并于2016年1月突破8∶1。

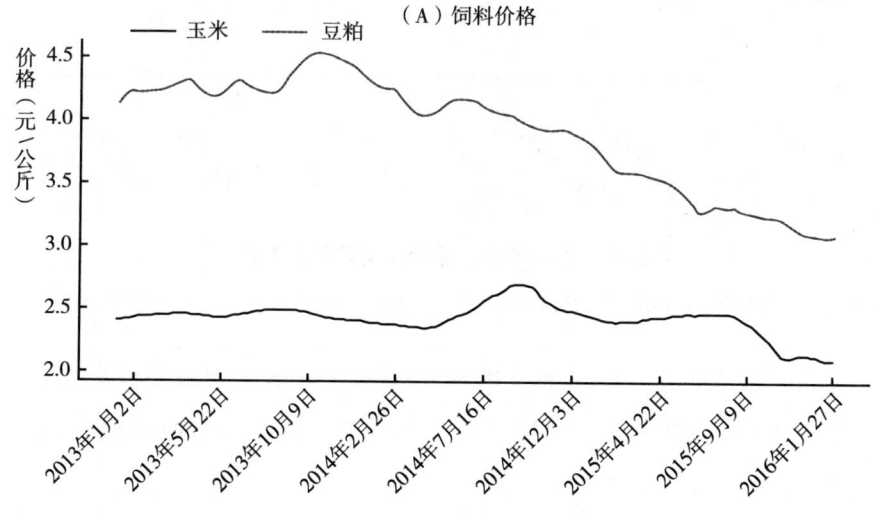

（A）饲料价格

① 根据农业部畜产品与饲料周监测数据的生猪价格与玉米价格计算。

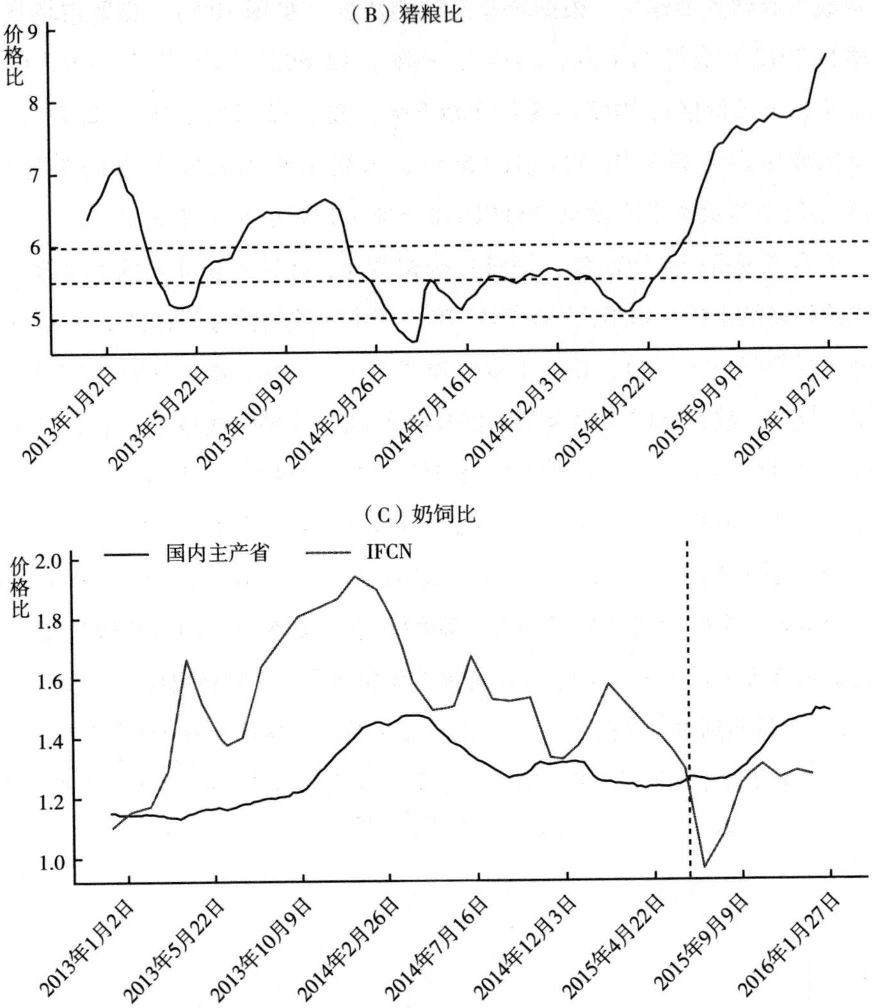

(B)猪粮比

(C)奶饲比

图10 饲料价格、猪粮比与奶饲比变化

资料来源：农业部、《中国经济景气月报》、IFCN（International Farm Comparison Network）。

对奶牛养殖来说，2015年，粮食（饲料）价格下降对于提高奶饲比、改善养殖效益作用明显。① 自2014年2月以来，因生鲜乳收购价格持续快

---

① 饲料综合价格按集贸市场玉米价格和豆粕价格计算，权重参照IFCN标准，分别为70%和30%。

速下降，奶饲比也从1.47∶1的高位快速走低。其间，豆粕价格的下降一定程度上抑制了奶饲比的下降。2015年4月，奶饲比跌至2014年以来的最低点。此后，生鲜乳收购价格虽然仍在低位徘徊，奶饲比却因豆粕价格的下降缓慢回升。自8月开始，因玉米、豆粕价格同时下降，再加上生鲜乳收购价格自9月开始的小幅反弹，奶饲比快速提高。截至12月底，奶饲比升至1.46∶1，接近2014年生鲜乳价格高点时的水平。在国际市场，自2014年1月开始，因为供给过剩奶价一路走低，奶饲比也快速下降，并于2015年4月降到比中国市场奶饲比更低的水平。在价格与奶饲比均大幅高于国际市场的情况下，无论是乳品进口还是奶业产业资本进入，都会给国内市场带来很大压力。

（二）不同养殖规模的成本差异

从不同养殖规模之间的成本比较看，2014年，小规模生猪养殖户猪肉单位总成本比散养户低12%，中规模户和大规模户分别低14%和15%，表明生猪养殖的规模效益明显。但是，奶牛养殖却表现出规模不经济。2014年，小规模养殖牛奶单位总成本比散养户低4%，中规模和大规模养殖单位总成本分别高9%和15%。奶牛养殖的规模不经济与其过快的规模化过程有一定的关系。对于大规模资本进入形成的规模养殖场，高额投资的经济成本与快速折旧都提高了单位成本。对于散养户快速退出后由小区转成的规模牧场，一方面因为基础设施、卫生条件等未能同步改善，另一方面因为牛群管理精细程度下降后规模养殖所需的管理能力、疫病管理能力未能同步提高，导致乳房炎、蹄病、子宫炎等疫病高发，一定程度上提高了单位成本。

动态来看，规模养殖在成本节约方面的作用对生猪和奶牛养殖都是明显的。就生猪来说，与2013年相比，2014年小规模养殖户单位主产品总成本下降2.1%，中规模养殖户和大规模养殖户分别下降2.2%和3.6%，成本下降幅度都高于散养户，即规模越大成本节约越明显；与2010年相比，2014年小规模养殖户单位主产品总成本增加32.8%，中等规模养殖增加29.9%，大规模养殖增加25.0%，成本增长幅度都小于散养户，规模越大成本上升幅度越小。就奶牛来说，2014年小规模养殖户生鲜乳平均成本同比上升6.1%，中规模养殖户和大规模养殖户分别上升7.9%和3.2%，单位成本增幅都小于散养户，大规模养殖户单位成本增幅最小；与2010年相比，小规模养殖户生鲜乳平均成本上升37.8%，中规模和大规模养殖户分别上升31.1%和34.3%，单位成本增幅都小于散养户，中规模养殖户单位成本增长最慢。因为动态的成本节约效应，生猪规模养殖户的成本优势更加突出，奶牛规模养殖户在成本上的劣势趋于缩小。

表3 单位主产品总成本

品种	年份	总成本（元/公斤）				规模养殖/散养		
		散养	小规模	中规模	大规模	小规模	中规模	大规模
生猪	2010	11.1	10.4	10.4	10.7	0.94	0.94	0.97
	2013	15.9	14.1	13.8	13.9	0.89	0.87	0.88
	2014	15.7	13.8	13.5	13.4	0.88	0.86	0.85
肉牛	2010	12.7						
	2013	21.1						
	2014	21.0						
肉羊	2010	14.9						
	2013	24.5						
	2014	24.9						
奶牛	2010	2.1	2.1	2.5	2.6	0.98	1.17	1.21
	2013	2.7	2.7	3.0	3.3	0.99	1.1	1.23
	2014	3.0	2.9	3.2	3.4	0.96	1.09	1.15

资料来源：相关年份《全国农产品成本收益资料汇编》。

（三）成本增长的构成

2010~2014年，生猪、肉牛、肉羊和奶牛养殖的头均总成本都大幅上升，总体而言，成本增量的最主要部分是增加的饲草料投入，规模养殖的成本优势主要体现在劳动节约上，散养户的劳动成本增量明显高于规模养殖户。

就生猪来说，养殖规模越大头均总成本增量越小，而头均饲草料投入的增量基本持平或略低，因而成本增量中饲草料成本占比随着养殖规模的上升显著提高。大规模养殖户头均新增成本的55.6%是饲料成本。散养户头均家庭用工成本（折价的机会成本）大幅增加，甚至超过饲草料成本，占到成本增量的43.7%。随着养殖规模扩大，家庭用工成本增量大幅下降，而雇工费用增量小幅上升，综合来看，劳动成本在成本增量中的占比随着养殖规模的上升而显著下降，体现了规模养殖的劳动集约特征。其他直接费用的增量随着养殖规模增大略有提高，占成本增量的比重明显提高，成为规模经营效益提高的主要障碍。其他方面支出，包括固定资产折价、土地成本、管理费等在成本增量中的占比较低，在不同规模养殖户之间差异也较小。

表4 2010~2014年头均总成本增长构成

单位：元，%

品种		生猪				奶牛			
养殖模式		散养	小规模	中规模	大规模	散养	小规模	中规模	大规模
总成本增长（元）		594	466	419	381	4954	4974	5746	8043
构成	饲草料投入	38.4	47.5	53.3	55.6	53.0	54.3	63.4	63.5
	服务支出	0.4	0.2	0.3	1.1	-0.1	0.5	0.7	2.0
	家庭用工折价	43.7	28.2	16.4	1.2	39.0	28.9	3.0	0.1
	雇工费用	0.0	-0.5	1.8	8.1	1.5	5.1	18.7	13.6
	固定资产折价	0.1	0.3	0.2	0.5	5.7	9.7	11.6	10.3
	土地成本	0.1	0.2	0.1	0.1	0.1	0.3	0.5	0.5
	管理费	0.0	0.0	-0.1	-0.1	-0.1	-0.1	-0.1	1.7
	其他中间投入	-0.2	0.2	0.2	0.2	-0.2	0.2	1.1	2.4
	其他直接费用	17.5	23.6	27.5	33.0	0.5	0.3	0.7	4.6
	其他间接费用	0.1	0.5	0.4	0.3	0.7	0.6	0.9	1.7

注：计算时重新做了归类，其中，饲草料投入包括精饲料和青粗饲料的费用，服务支出包括医疗防疫、技术服务、维修服务和饲料加工服务的费用，其他中间投入包括水费、燃料动力费和工具材料费，其他直接费用包括仔畜、死亡损失和其他直接费用，其他间接费用包括保险费、财务费、销售费等。

资料来源：《全国农产品成本收益资料汇编》。

与生猪不同，奶牛养殖头均总成本的增量随着养殖规模上升而提高。差异产生的原因在于产业发展的成熟程度不同。生猪养殖技术成熟、稳定，生猪头均主产品产量,即头均猪肉产量在散养户与规模养殖户之间没有明显差异,头均猪肉产量随时间的变动在散养户与规模养殖户之间也没有明显差异。奶牛养殖则不同,散养户与规模养殖户在育种、喂饲、管理等方面的技术水平存在差距,并对单产水平产生影响,规模养殖户,特别是中规模和大规模养殖户头均产奶量明显高于散养户。而且,规模养殖户单产水平的增长也更加明显,2010~2014年期间,散养户头均单产水平基本稳定,中规模与大规模养殖户单产水平却有大幅提高。单产水平的提高必然要求饲草料投入的增加,并推动总成本大幅上升。因此,养殖规模越大,饲草料投入在总成本增量中的占比也越高,大规模养殖户甚至达到63.5%。但是,综合考虑单产水平和头均总成本的变化,如前文所述,规模养殖户生鲜乳单位总成本的增长速度更慢,体现出动态规模经济。动态规模经济的来源一个是管理水平的提高和更快的技术进步,另一个就是劳动成本节约。2010~2014年期间,规模养殖户的雇工费用虽然有较大增长,但是,散养户的家庭用工成本增长更快。综合起来,人工成本在大规模养殖户的成本增量中占了14.6%,在中规模和小规模养殖户的成本增量中分别占了21.7%和34.0%,在散养户成本增量中的占比更是超过40%。对奶牛规模养殖成本来说,另一个突出特点是,固定资产折旧在成本增量中的占比较高,包括小规模养殖,反映了奶牛规模养殖的资本密集特征。

(四)不同养殖规模的盈利状况

近年,生猪规模养殖户与散养户在平均出售价格方面基本持平,因为成本上的优势,规模养殖户的盈利水平要明显高于散养户。2012~2013年,生猪散养户处于盈亏持平或小幅亏损的水平,而规模养殖户2012年主产品的净利润仍能够达到1~1.3元/公斤,2013年也在0.6~1元之间。2014年,猪粮比长期在盈亏平衡线以下,散养户主产品平均每公斤亏损超过2元,小规模养殖户每公斤亏损却不到0.5元,中规模养殖户与大规模养殖户则能基本盈亏平衡。2015年,随着猪肉价格和生猪养殖盈利率整体回升,规模养殖户实现更高盈利水平的状况不会改变。

2013年，生鲜乳供求偏紧，生鲜乳价格自下半年开始快速上升，规模养殖户与散养户交奶价格基本持平，散养户因成本优势实现了更高的收益水平。2014年，生鲜乳出现供过于求状况，生鲜乳价格快速下降，小规模养殖户与散养户交奶价格仍基本相当，但中规模与高规模养殖户的交奶价格分别比散养户高5%和15%。在此情况下，虽然规模养殖户单位成本更高，但是，中规模养殖户出售生鲜乳每公斤获得的净利润与散养户持平，大规模养殖户则要比散养户高出13%。因此，2014年奶牛养殖业去产能阶段，受冲击主要是散养户和小规模养殖户，并加快了规模化进程。2015年，在整个市场需求不振、增长乏力的情况下，面临困难最大的依然会是散养户。

四 2016年畜牧业发展展望

2016年，世界经济难有明显起色，中国经济下行压力还在增加。受经济低迷的影响，畜产品消费需求增长乏力，甚至有较大概率出现下降。另一方面，伴随粮食最低收购价格和临时收储政策的调整，饲料粮价格可能明显下降，这有利于改善养殖效益、稳定畜牧业生产。在两方面因素的共同作用下，畜产品价格水平可能整体下降，这对于改善消费需求增长动力不足有一定的积极作用。具体来说，猪肉不具备供给过剩、价格大幅下降的条件，养殖利润仍有望保持在阶段性高位，生猪供应则在下半年恢复增长。羊肉价格继续下降，但下降空间有限，牛肉价格可能小幅下降。牛奶产出能力增长快于消费需求的增长，加上消化库存的压力以及国际市场价格继续低迷、进口压力大的影响，生鲜乳价格大幅回升的概率不大。

中长期来看，畜牧业发展受以下一系列重要因素影响。第一，经济增长过程中动物源营养在膳食营养中的比重还将继续上升，这在一定程度上将促进畜牧业发展，但是，人口增长放缓与人口结构老龄化将制约畜产品消费需求的增长。第二，畜产品消费结构多元化将推动肉牛、肉羊和奶牛养殖业发展。虽然猪肉、禽肉因明显的成本优势是中国肉类消费的主体，但是，牛羊肉和乳制品消费需求将因更高的收入弹性在长期实现更快的增长。第三，农业供给侧结构性改革的推进，对"粮经饲统筹、农林牧渔结合、种养加一体"的强调，将更加有利于畜牧业的发展。第四，劳动力等要素成本的上升、畜产品质量安全与环境安全要求的提高将加快畜禽养殖方式的转变，包括：形成以适度规模养殖为主体的产业组织结构；建立质量管理覆盖全产业链、监管有效的生产体系；建立更加环境友好、种养加一体的养殖模式。

G.7
2015年水产品市场形势分析及2016年展望

韩 杨*

摘 要： 2015年，中国水产品生产总量稳定增长，水产品生产格局与作业方式变化不大；水产品消费呈现波动增加趋势，消费品种结构呈现多元化；进出口贸易总额同比下降，进口鱼粉同比下降，传统出口市场份额下降，东盟出口市场份额有所提升；大宗淡水鱼价格走低，海水养殖鱼类价格平稳，虾类价格回升，蟹类价格保持传统的中间高两头低的态势，贝类及海参、罗非鱼价格持续走低。预计2016年，中国水产品生产总量保持稳定略有增长，受"油价补贴"调整政策影响，海洋渔业生产结构将更加趋于合理化。

关键词： 水产品 市场 养殖 捕捞 油价补贴

一 2015年水产品市场主要调控政策

2015年，渔业油价补贴调整政策正式出台，[①] 为现代渔业建设创造了条

---

* 韩杨，博士，中国水产科学研究院渔业发展战略研究中心，副研究员/副主任，主要研究方向：农/渔业经济与政策，农/水产品市场、价格与食品安全。
① 参见财政部经济建设司《关于调整国内渔业捕捞和养殖业油价补贴政策促进渔业持续健康发展的通知》（财建〔2015〕499号）。

件。作为成品油价格形成机制改革的重要配套政策和保障措施，国内渔业捕捞和养殖业油价补贴政策对促进渔业发展、增加渔民收入、维护渔区稳定发挥了重要作用，但仍存在一些矛盾和问题。为促进渔业持续健康发展，经国务院同意，从2015年起，对国内渔业捕捞和养殖业油价补贴政策做出调整。调整内容如下。

以2014年清算数为基数，将补贴资金的20%部分以专项转移支付形式统筹用于渔民减船转产和渔船更新改造等重点工作；80%通过一般性转移支付下达，由地方政府统筹专项用于渔业生产成本补贴、转产转业等方面。

1. 坚持保障重点，强化对现代渔业建设的支撑

以专项转移支付形式支持渔民减船转产和生态环境修复，以及渔船更新改造等渔业装备建设。

一是支持渔民减船转产和人工鱼礁建设。按照海洋捕捞强度与资源再生能力平衡协调发展的要求，将现有减船补助标准从2500元/千瓦提高到5000元/千瓦，并对渔船拆解等给予一定补助，推动捕捞渔民减船转产。同时，支持开展人工鱼礁建设，促进渔业生态环境修复。

二是支持渔船更新改造等现代渔业装备建设。适应渔业发展现代化、专业化的新形势，在严控海洋捕捞渔船数和功率数"双控"指标、不增加捕捞强度的前提下，逐步淘汰双船底拖网、帆张网、三角虎网等对海洋资源破坏性大的作业类型，对纳入管理的老、旧、木质渔船进行更新改造，有计划地升级改造选择性好、高效节能、安全环保的标准化捕捞渔船，以船舶所有人为对象，设定标准，分类支持，先减后建，减补挂钩，中央财政对完成减船任务的各省份按一定标准给予渔船更新改造补助。同时，支持深水网箱推广、渔港航标等公共基础设施和全国渔船动态管理系统建设，切实改善渔业发展基础条件。

2. 坚持有保有压，优化补贴结构

以一般性转移支付方式，由地方政府统筹用于解决渔民生产成本和转产转业等方面。一是稳定养殖业油价补贴政策，调整相关核算标准和方式。二是国内捕捞业按渔船作业类型和大小分档定额测算（海洋大中型渔船补贴

实行上限控制,并按照船位监测逐步实行按天核算),综合考虑资源养护、船龄等因素,逐步压减国内捕捞业特别是大中型商业性渔船补贴规模,对小型生计性渔船予以适当照顾。上述两类补贴标准和上限由农业部制定发布。除用于上述两类补贴外,一般性转移支付资金由地方政府根据渔业发展实际情况和轻重缓急,实行统筹兼顾,可在中央财政减船转产补助标准基础上加大补助力度,对减船上岸渔民给予就业扶持、培训教育,对渔业资源养护、休禁渔补贴、渔业渔政信息化建设、渔港航标建设、池塘标准化和工厂化循环用水改造等水产养殖基础设施建设给予一定支持。

渔业油价补贴调整政策的出台,有利于发挥价格机制作用,促进渔业资源环境保护;有利于发展现代渔业,促进渔业淡水养殖与海洋捕捞业产业结构调整,提高渔业设施装备能力及渔业"走出去"的发展能力;有利于利用目前国际油价走低趋势,扩大政府对海洋渔业投资,促进渔业经济的稳定增长,逐步形成现代渔业发展的新格局。

二 2015年水产品供求形势分析

(一)2015年水产品生产情况分析

1. 水产品产量及趋势

2015年,中国水产品生产保持稳定增长,全年水产品产量6690万吨,比上年增长3.5%。其中,养殖水产品产量4942万吨,增长4.1%;捕捞水产品产量1748万吨,增长0.5%;渔民家庭人均纯收入达15590元,同比增长8.1%。从新中国建立初期到20世纪90年代初,中国渔业主要"以捕为主,以养为辅";自20世纪90年代以后,中国在保护海洋渔业资源的同时,调整渔业产业结构,大力发展水产养殖业,渔业产量结构逐渐实现"以养为主,以捕为辅",中国水产养殖业也经历了快速增长到稳定增长的态势(见图1)。2015年,中国养殖水产品占全部水产品总产量比重达到73.9%,养殖水产品年增长率虽稳中有降,但养殖水产品产量一直保持持续增长态势。

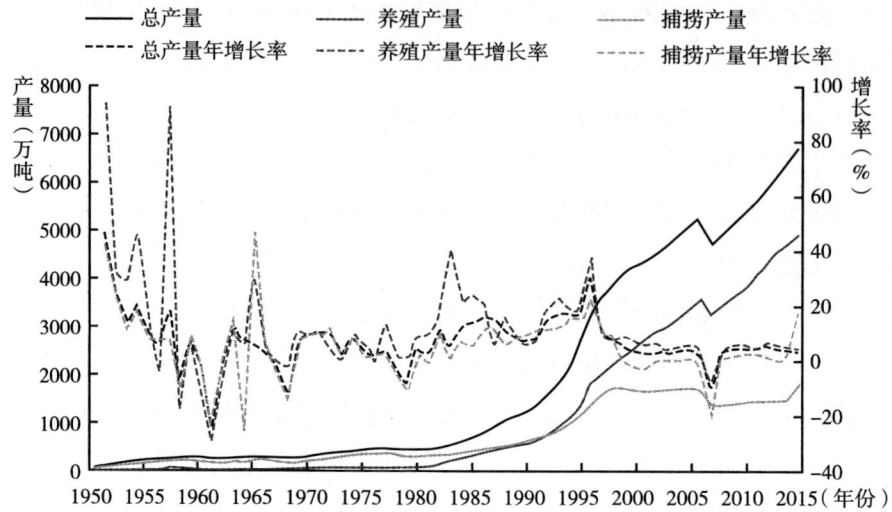

图1 中国水产品产量及年增长变化

资料来源：1978～2015年《中国渔业统计年鉴》，国家统计局《2015年国民经济和社会发展统计公报》。

2015年，中国远洋渔业产量210万吨，同比增加7万吨，增幅为3.6%。远洋渔业在过去若干年中快速发展（见图2），这与近年来国家以加快转变海洋渔业发展方式为主线，坚持生态优先、养捕结合和控制近海、拓展外海、发展远洋渔业的生产方针密不可分。①

2. 水产品生产分布格局

水产品主要来源于养殖水产品和捕捞水产品。根据水产品养殖方式、捕捞作业方式的差异，水产品主产区域也有较大差别。如图3所示，中国主要养殖区域主要分布在东部沿海海洋养殖区域和中部水域相对丰富的淡水养殖区域；捕捞水产品主要来源于海洋捕捞，东部沿海的辽宁、山东、浙江、福建、广东、广西等一直是海洋捕捞渔业大省，其海洋捕捞产量占全国海洋捕捞总量比重高。各海洋渔业大省主要在临近的海区进行捕捞作业。② 浙江与

---

① 参见《国务院关于促进海洋渔业持续健康发展的若干意见》（国发〔2013〕11号）。
② 四大海区。

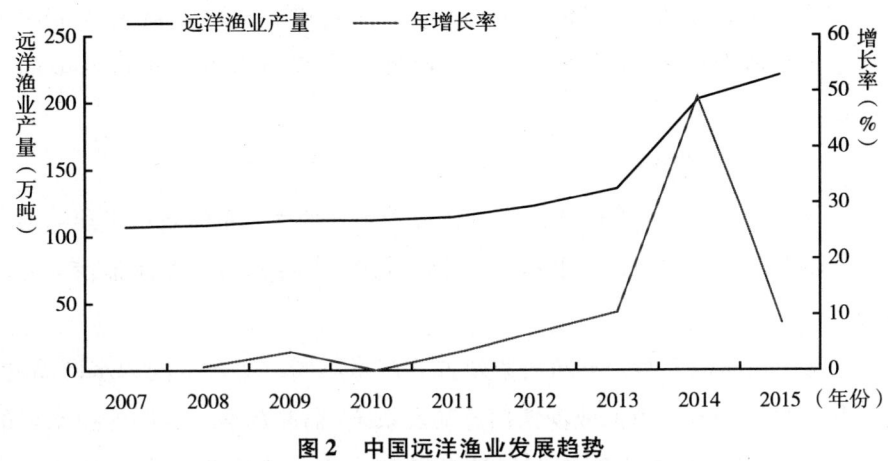

图 2 中国远洋渔业发展趋势

资料来源：2008~2015 年《中国渔业统计年鉴》，2015 年远洋渔业数据来自农业部网站。

辽宁是中国主要远洋渔业大省，这与两省所处地理位置及长期发展海洋渔业、海洋渔业装备水平相对完善有关，与其他区域相比，两省更具有地理和资源优势。

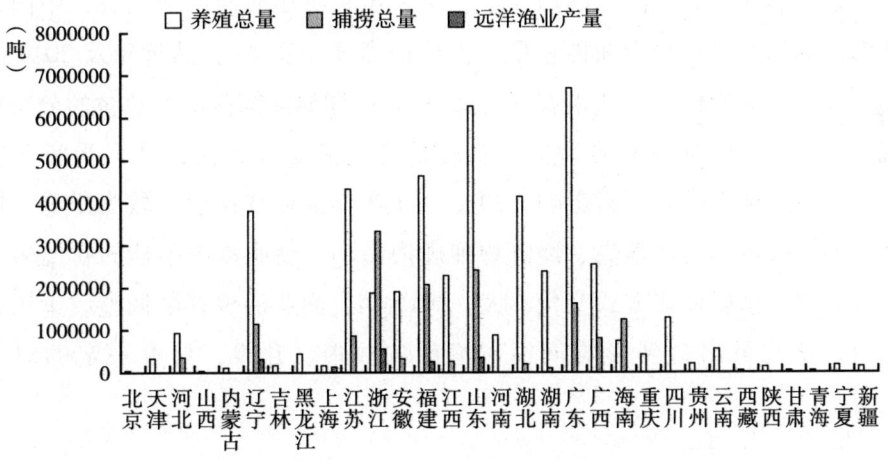

图 3 2014 年中国水产品生产区域分布

资料来源：根据《中国渔业统计年鉴 2015》绘制。

多年来，中国捕捞水产品生产区域已形成比较稳健的发展格局。2015 年，捕捞水产品生产区域格局变化不大。养殖水产品生产区域格局略有变化，主要受资源、环境与养殖成本的约束，一些沿海发达地区渔业养殖项目有向中西部土地广袤、塘租价低、劳动力成本相对低廉的区域转移。

3. 水产品生产方式

长期以来，中国水产品生产方式依靠养殖、捕捞及近年发展迅速的远洋渔业。而水产养殖业分为淡水养殖和海水养殖，捕捞业分为淡水捕捞与海水捕捞。

在水产品养殖方面，不同的养殖方式产量不同，适合不同的水产品种。2015年，根据全国养殖渔业渔情信息动态系统①监测数据，按照养殖水域的差异，淡水养殖②的主产区依旧以池塘养殖为主，池塘养殖水产品产量占水产品养殖总量的70%左右；而围栏、网箱和工厂化等高密度精养的产量占比较低。海水养殖以海上与滩涂养殖为主；按照养殖方式的差异，淡水养殖以工厂化养殖和网箱养殖为主，海洋养殖则以底播、筏式养殖等方式为主，网箱和工厂化等集约化养殖方式所占比重不高。在水产品捕捞方面，捕捞渔业主要以海洋捕捞为主，从近年来海洋捕捞海域来看，中国东海海洋捕捞产量在海洋捕捞总量中占比最高（见图4）；从近年及2014年四大海区的捕捞作业方式来看（见图5），中国海洋捕捞渔船数量的分布情况，海洋捕捞以刺网渔船为主，然后是拖网渔船和张网渔船。受暖冬效应、柴油价格下降等因素影响，2015年上半年渔业捕捞生产较为平稳，但低值渔获物占比总体偏高、经济物种规格偏小、渔业资源不佳的状况未见明显改观，渔船作业方式变化不大。2015年，渔业油价补贴调整政策正式出台，从政策出台到影响渔民对渔船的改造、升级，具有一定的时滞效应。

---

① 受农业部渔业渔政管理局委托，全国水产技术推广总站于2009年起组织开展了养殖渔情信息采集工作。养殖渔情信息主要采集全国16个渔业主产省（区）200个主产县（800多个采集点）的数据，采集范围涵盖企业、合作经济组织、渔场或基地、个体养殖户等经营主体，采集品种涵盖了76个养殖品种、9种主要的养殖模式，并进行全年动态信息采集和监测。

② 淡水养殖主要包括池塘、湖泊、水库等水域粗养和围栏、网箱、工厂化等高密度精养。

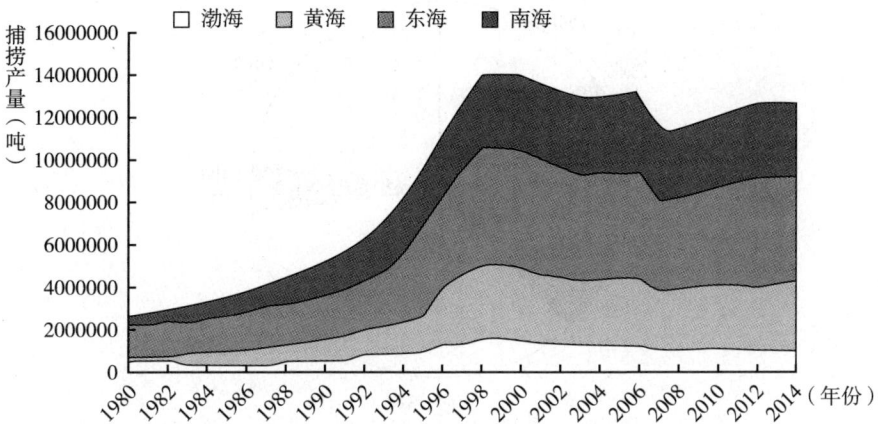

图4 中国四大海区海洋捕捞产量变化

资料来源：1980~2015年《中国渔业统计年鉴》。

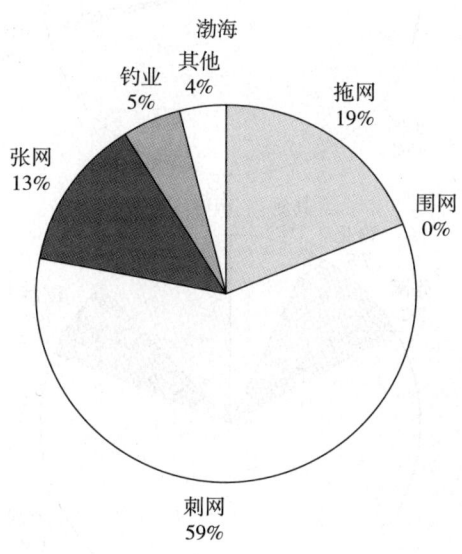

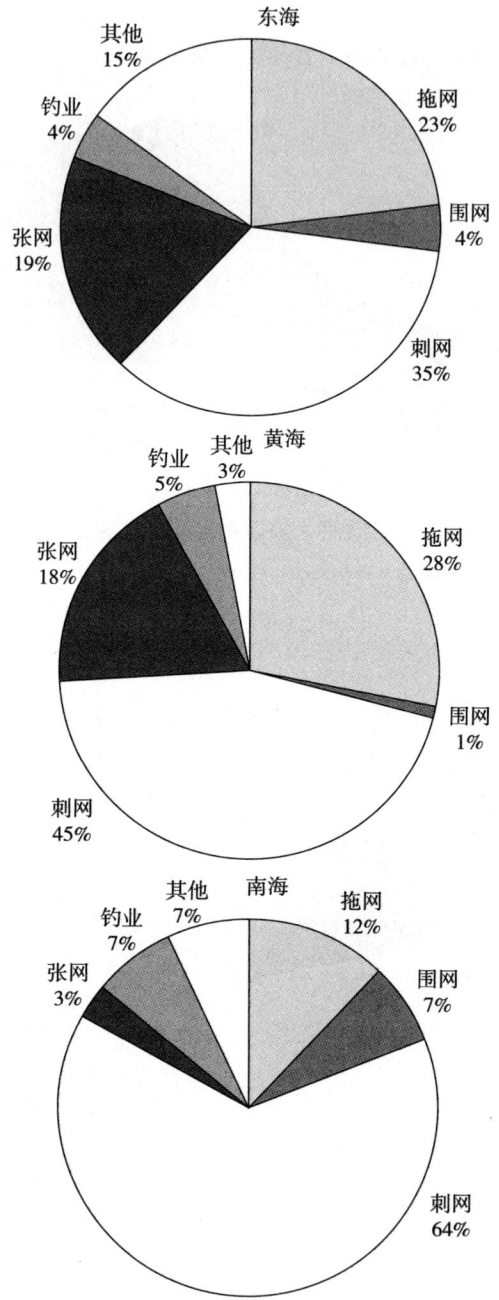

图 5 2014年中国四大海区渔船作业类型比例

资料来源：《中国渔业统计年鉴 2015》。

在生产安全方面,由于水产品生产方式区别于其他农产品,尤其在海水养殖与海洋捕捞作业方面,中国渔业生产受海洋、气候变化等自然因素影响较大。长期以来,渔业安全生产基础设施、渔民安全生产意识和技能、水上交通事故等影响和制约了渔业安全生产。2015年,渔业安全生产总体保持稳定向好态势。据农业部统计,全年共发生渔业船舶水上生产安全事故208起,死亡(失踪)154人,同比减少43起、29人,实现水上生产安全事故起数、死亡(失踪)人数"双下降"。[①]

(二)2015年水产品消费情况分析

1.水产品消费

从水产品消费量来看,随着人民生活水平的提高和对身体健康的日益重视,中国城乡居民肉类膳食结构也在发生变化。由于水产品富含不饱和脂肪酸、蛋白质含量高,城乡居民的食物消费结构逐步向价值高、营养丰富的水产品方向调整,在城镇居民的肉类消费支出中,水产品的消费支出比重日益提升。2015年,受肉类食物安全等因素影响,越来越多的城乡居民也在逐步从猪肉、禽肉的消费逐渐转向食用更多水产品。水产品的消费量增长趋势明显,城镇居民的人均水产品消费量从1985年的7.08千克上升到2012年的15.2千克,农村居民的人均水产品消费量从1.6千克增长到5.4千克,但总体看,目前人均水产品消费水平还较低。城乡二元结构在水产品的人均消费上也有明显的体现,城镇居民的人均水产品消费量远远高于农村居民,但农村居民人均水产品消费的增长速度却大大快于城镇居民。

从水产品消费的品种结构来看,2015年,根据国内水产品批发市场监测数据[②]和全国养殖渔业渔情信息动态系统监测数据,在大宗淡水鱼的消费中,四大家鱼销量偏弱,草鱼、鲢鱼销量跌幅明显,较上年同期分别下跌了约12.4%和13.5%;鲫鱼、鳊鱼销量增长明显,较上年同期分别上涨

---

① 农业部新闻办公室:《农业部全面部署渔业安全生产工作》,中央人民政府门户网站,http://www.gov.cn,2016年2月27日。

② 《中国渔业报》、北京市场协会、新发地批发市场等多家数据监测。

了约18.2%和11.5%。在虾类消费中，白虾、青虾的上市量同比分别下跌了约42.4%、7.7%，而南美白对虾、罗氏沼虾两种大虾的上市量同比分别增长了约69.6%和49.7%；近两年青虾产量持续不高，使得价格一直居高不下，两种虾上市时间提前了半个月左右，收尾时间也拉长。在螃蟹消费中，螃蟹养殖面积增加，但受天气影响，大螃蟹不多，市场成交量有所下滑。在特种水产品消费中，受"三公"消费减少影响，高端餐饮消费市场份额有所减少，中档的特种水产品消费也呈下行走势，2015年市场监测的8种特种水产的销售总量同比减少约1.54%，从销量方面看，除了鲈鱼、鳜鱼销量同比分别增长了约39.4%和10.15%，其余6种特种水产品销量同比均呈跌势，其中，回鱼、甲鱼、鲶鱼、鳝鱼这4个品种的跌幅都超过了20%。

从水产品消费的人群来看，国内消费人群和市场需求在发生显著变化，随着年轻一代成为消费主体，传统的以鲜活产品为主的消费模式正在向产品方便化、功能化、多样化方向转变；从水产品消费的品种来看，水产品消费的品种由传统相对单一的大宗淡水鱼等向海鱼、虾、蟹等多品种消费结构转变；① 从水产品消费的地点来看，受互联网、生鲜电商、物流成本逐步降低等的影响，城市居民家庭消费模式增多，这些变化为水产品加工行业提供了很大的市场和发展机遇。

2. 水产品产业链上下游

从养殖渔业所需要的蛋白饲料来看，鱼粉受市场及价格影响较大。2015年，中国鱼粉进口价格区间多集中在1600~1800美元/吨，相对秘鲁鱼粉价格更高一些，进口量共计约为30.2万吨。如图6所示，2015年上半年除1、6月以外鱼粉进口量比上年同期大幅度下滑，下半年相对有所增加。进口主要渠道仍然是秘鲁、智利等国家，也有少部分从美国、越南等国家进口。秘鲁鱼粉的进口量环比继续呈现下降态势，但并未改变其进口鱼粉主导国地

---

① 中国水产科学研究院渔业发展战略研究中心："中国渔业产业链与水产品质量安全监管机制研究（编号：2014C001）项目组2015年的调研"。

位，形成了进口鱼粉与国产鱼粉的价差，秘鲁海洋渔业捕捞形势对中国进口鱼粉市场、价格都有较为明显的影响。

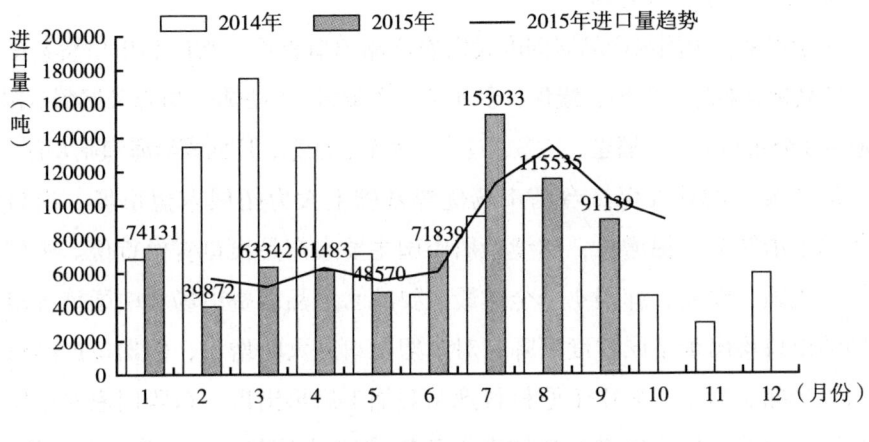

图6　中国鱼粉进口量及变化趋势

资料来源：海关总署网站，http：//www.customs.gov.cn/。

从渔业水产加工方式来看，中国水产品加工目前已形成包括鱼糜制品加工、紫菜加工、烤鳗加工、调味制品、罐装和软包装加工、干制品加工、冷冻制品加工和保鲜水产品加工，鱼粉、海藻食品、海藻化工、海鲜保健食品、海洋药物、鱼皮制革及工艺品在内的现代化水产品加工业，水产品加工业的发展，可有效解决鲜活水产品集中上市与均衡消费的矛盾，为水产养殖进一步挖掘潜力、增加产量拓展了更为广阔的空间。

从水产品加工类型和品种来看，水产品加工类型以简单冷冻加工为主；水产品加工品以海产品居多，其中，以水产冷冻品为主，其次是鱼糜、干腌制品和鱼粉，所占比例也较高。然而，与世界水产品加工率相比，目前中国水产品整体加工率还较低。

2015年，由于劳动力成本、物流成本的提升，资源环境的约束，以及美元坚挺，使加工商在中国的加工成本无形加大，而水产品价格并没有随着经济增长而提高，加工商不得不寻求转向加工成本更为低廉的区域。中国在水产品加工业同业竞争中不再具有鲜明优势，与其他竞争国保持平行的竞争

关系。从水产品加工品种来看,受国外水产养殖业及进口鱼粉价格、市场影响,国产鱼粉、鱼油等加工制品呈现增长趋势。

3. 水产品进出口市场

长期以来,中国水产品居国内大宗农产品出口首位。水产品出口贸易的主要养殖品种有对虾、贝类、鳗鱼、罗非鱼、大黄鱼、小龙虾、斑点叉尾鲖。出口区域主要分布在山东、福建、广东、辽宁、海南、江苏、广西等沿海渔业大省。

2015年,福建在保持台湾市场优势基础上大力拓展东盟市场,出口由上年的下滑转为大幅增长,继续稳居中国主要水产品出口省份首位。中国对日本、美国、欧盟、韩国4个全球最主要的水产品消费市场和中国传统出口市场的出口均出现不同程度下降;对东盟出口虽大幅增长,但出口产品形态以初级冷冻品为主,多用于原材料到东盟加工后再出口,东盟国家对中国水产品加工业的同构竞争进一步加大。鱼粉进口量下降、进口单价大幅提高,给全国水产养殖带来了不利影响。2015年,我国鱼类制品、水产品进口来源国(区域)按照进口量依次是俄罗斯联邦国家、美国、挪威、日本、加拿大、印度尼西亚、韩国、新西兰、朝鲜、印度、智利、越南、泰国、厄瓜多尔、秘鲁(鱼粉主要进口国)等。

据海关统计数据,2015年,中国水产品出口总额203.3亿美元,同比减少6.3%;进口总额89.8亿美元,同比减少2.2%;贸易顺差113.5亿美元,同比缩减9.3%。国际贸易形势不容乐观,主导品种生产形势不佳。上半年水产品进出口总量383.08万吨,同比下降7.48%,进出口总额137.28亿美元,同比下降4.67%。其中,出口量189.28万吨,出口额95.81亿美元,同比分别增长1.52%和下降2.39%,主要出口国家和地区中,对东盟、中国台湾省出口额同比分别增长31.26%和4.43%,对日本、美国、欧盟、中国香港、韩国出口额同比分别下降1.37%、2.49%、5.04%、18.94%和11.67%。进口量193.80万吨,进口额41.47亿美元,同比分别下降14.84%和9.57%,其中鱼粉进口量、进口额同比分别下降43.06%和20.80%。贸易顺差54.34亿美元,同比增长3.91%。2015年,我国鱼类、水产品出口国(区域)按照出口量依次俄罗斯联邦国家、美国、韩国、日本、泰国、挪威、德国、印度尼西亚、菲律宾、加拿大、朝鲜、西班牙、英国、新西兰、马来西亚、越南等国家。

三 2015年水产品价格变化及影响因素

(一)淡水鱼类

2015年,中国主要淡水鱼主要产区不同程度地出现了区域性、结构性、季节性的产品过剩和价格下跌问题。根据全国养殖渔业渔情信息动态系统监测的数据,大宗淡水鱼作为中国养殖量最大的水产品,2015年以来养殖效益下滑严重,如图7所示,除了青鱼年中的出塘价格略有上升,草鱼、鲫鱼、鳙鱼、鲢鱼等其他大宗淡水鱼价格均出现下降,养殖效益普遍降低,部分养殖户勉强保本甚至亏本,严重影响养殖户生产积极性。从全国水产品批发市场价格信息采集系统监测数据来看,2015年1~11月水产品批发市场成交量、成交额同比分别增加8.41%和3.58%。综合价格比上年同期都略有下降。

(二)海水鱼类

中国主要海水养殖鱼类的出塘价格在主要海水养殖产区不同程度地出现了区域性、结构性的下降。如图8所示,除了名贵品种半滑舌鳎的价格处于持续上升,石斑鱼在2015年第四季度价格波动外,主要海水养殖品种大菱鲆、大黄鱼和海水鲈鱼的价格在经过前两年的深幅调整后,2015年略有下降趋势,但总体价格相对平稳。2015年气候变化不大,养殖病害等风险较小,养殖效益虽不及往年,但大部分养殖户都有一定盈利空间。

(三)虾、蟹、贝、藻及海参与罗非鱼

从虾、蟹、贝、藻的平均出塘价格变动情况来看,如图9所示,2015年,虾类平均价格在下半年略有提高外,蟹类平均出塘价格继续呈"两头低、中间高"的传统状态,综合平均价同比比上年略有提升,而贝类平均出塘价格呈现年中与年尾的剧烈波动状态,藻类的平均出塘价格则呈现

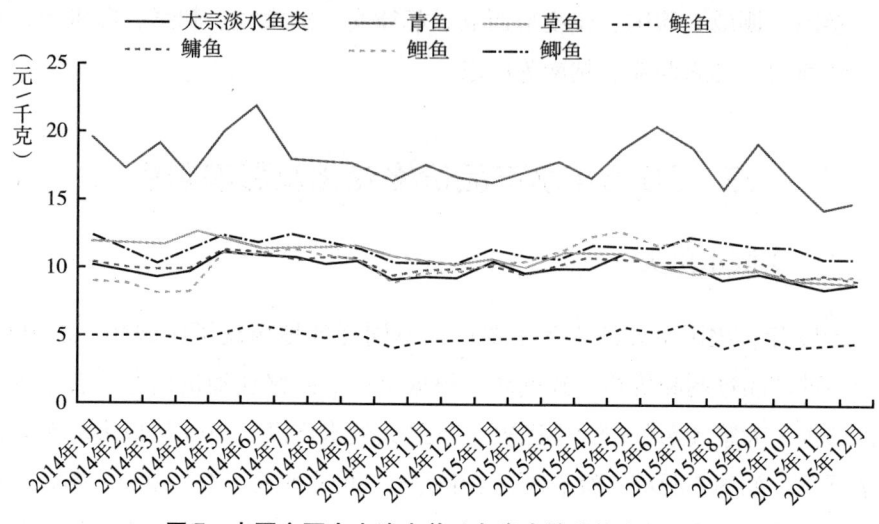

图7 中国主要大宗淡水养殖鱼类出塘价格变化趋势

资料来源：全国养殖渔业渔情信息动态系统。

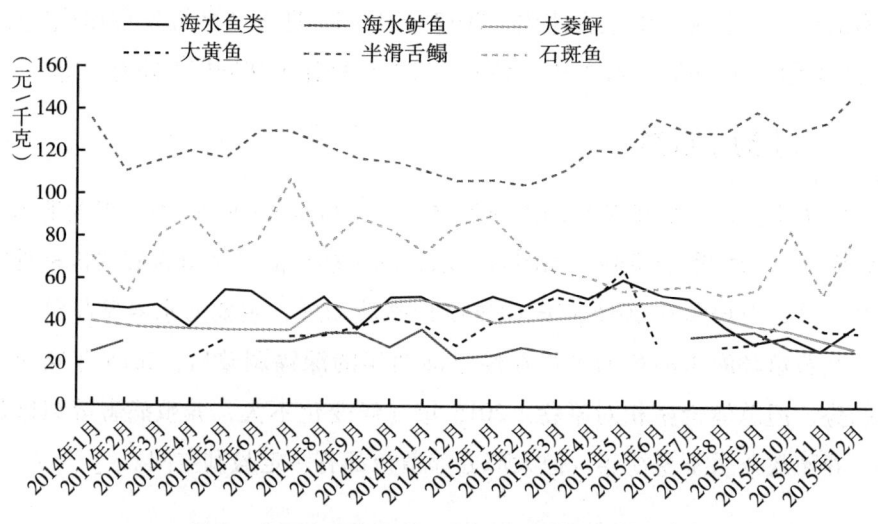

图8 中国主要海水养殖鱼类出塘价格变化趋势

资料来源：全国养殖渔业渔情信息动态系统。

"中间低，两头高"的状态。

由于虾类价格高位略有回调，尽管养虾成本较高，养殖病害风险较大，但市场价格坚挺，养殖户生产积极性普遍较高。

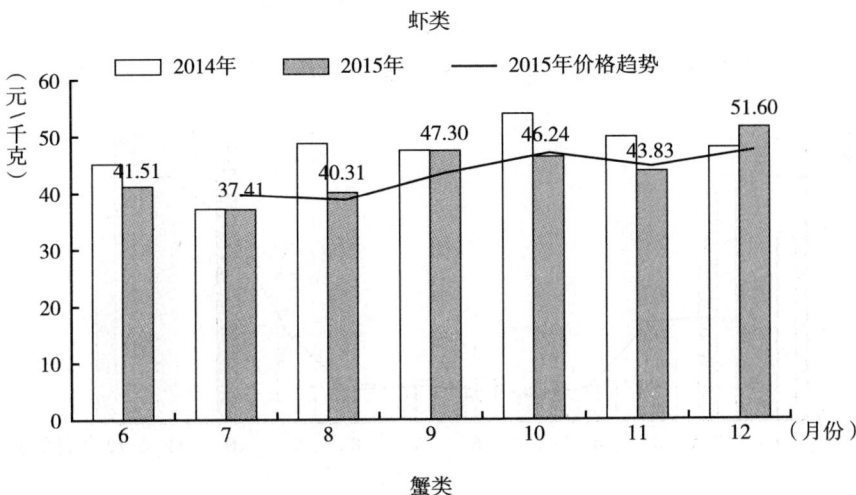

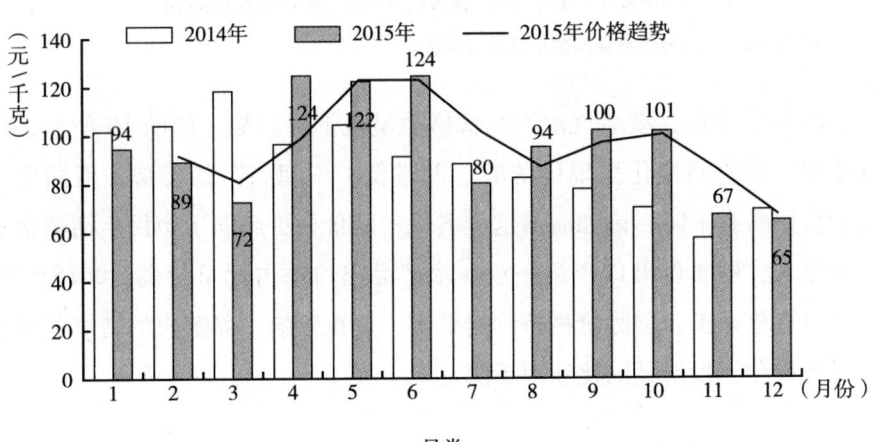

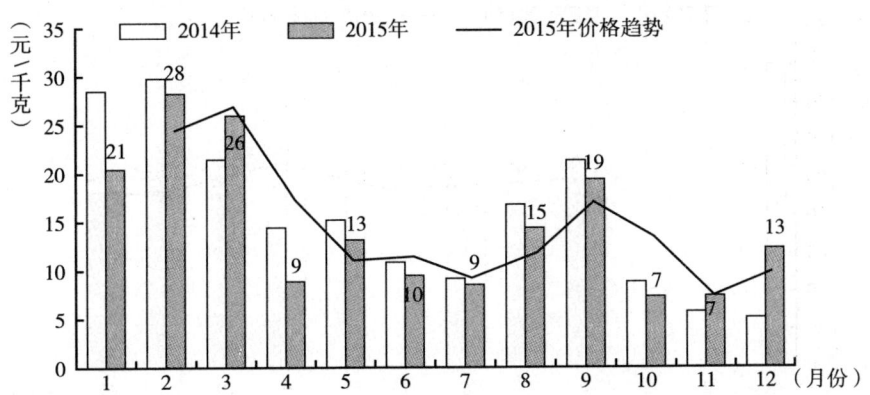

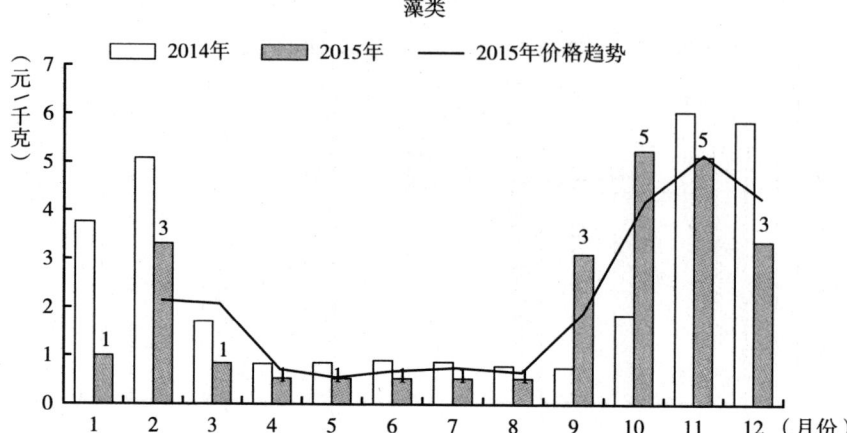

图9 中国虾、蟹、贝、藻类的平均出塘价格变化趋势

资料来源：全国养殖渔业渔情信息动态系统。

2015年，中国主要名优水产品价格也呈现下降趋势。如图10所示，海参的平均出塘价格变化呈现传统的"两端低、中间高"的态势，但同比上年海参价格略有下降，诸如海参这类名优产品价格更趋向于市民生活消费水平。近年来，罗非鱼出口产量一直在水产品出口中占比重较高，2015年罗非鱼出口订单减少、国际价格持续走低等，严重影响了养殖户的持续养殖意愿，导致投种、投苗量同比双双下降。

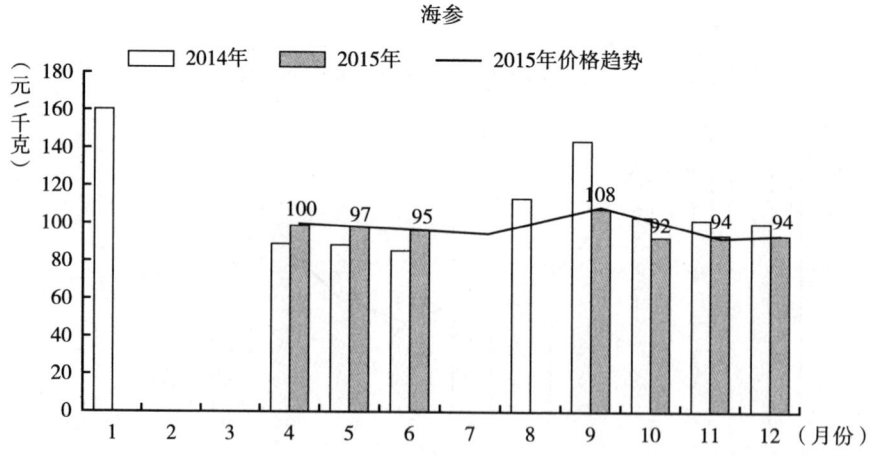

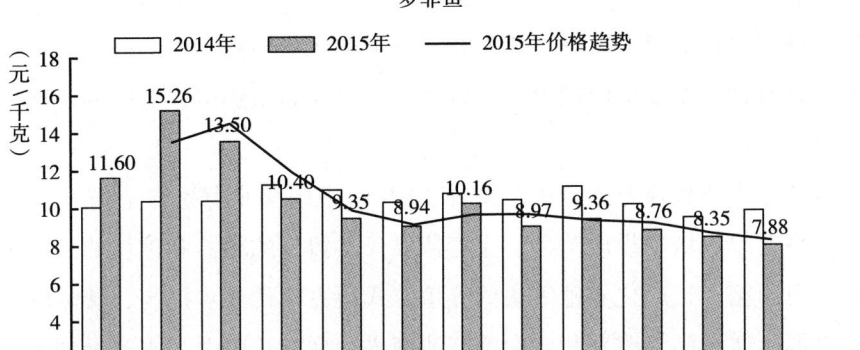

图10　中国名优水产品的平均出塘价格变化趋势

资料来源：全国养殖渔业渔情信息动态系统。

四　2016年水产品市场展望

（一）水产品供求

水产品总量方面，随着水产养殖技术水平的提高和先进技术的逐渐普及，同时，受出口和国内消费需求日益增长的双重拉动，预计2016年，中国水产品产量仍将保持持续稳定小幅增长，以水产养殖为主，捕捞为辅。受渔业油价补贴政策调整、实施的影响，部分捕捞渔民会转产转业、拆船、减船及对船型进行升级改造，因此，预计2016年海洋捕捞总量不会持续增长，可能略有下降；同时，受政策影响，部分原有近海捕捞的渔船将升级为大型海洋渔船，同时近期国际油价持续下跌，利于远洋渔业的发展，预计2016年远洋渔业产量会持续、稳定增长，产业结构处于调整变化中。

水产品生产分布格局方面，预计2016年淡水捕捞渔区格局不会有大的改变，受气候、塘租及劳动力成本影响，水产养殖区域以东部沿海及中部水域丰富的省份为主，但部分渔业产业、项目外延调整，向周边经济发展较为落后、塘租价格低廉、劳动力成本相对低廉的区域转移；水产品捕捞的格局依旧以具有资源禀赋优势的沿海地区为主，但受新政影响，近海捕捞渔业将逐步向外海拓展。

水产品生产作业方式方面，预计2016年中国淡水养殖作业方式仍然以中、小型天然水域中投放苗种、完善依靠天然饵料的粗养和池塘的简单精养为主，但网箱、工厂化养殖等集约养殖方式所占比例逐步提高，伴随渔业科技的发展，通过品种改良和对中低产池塘进行标准化改造，水产品的单产也将逐渐提高。在海洋捕捞的作业方式上，受渔业油价补贴政策调整、实施的影响，东海、南海、黄海与渤海这四大海区的双船底拖网、帆张网等作业船型将开始更新改造，逐步调整原有以张网、底拖网为主的渔业作业方式。受资源状况和气候的影响，渔船安全生产形势严峻，捕捞风险依旧存在，由于渔业保险业的发展及安全生产意识提升，中国捕捞业风险防范、控制及保障能力将逐步提升。

（二）水产品消费需求

水产品消费方面，水产品的营养价值受到越来越多消费者的认知，肉类膳食结构中水产品消费会逐步增加，餐饮行业的蓬勃发展更是进一步提升了水产品的消费总量。持续稳定的大宗淡水产品的较低市场价格及过去价格比较昂贵的海鲜产品价格调整降低，刺激了消费者需求。与此同时，互联网时代、物流成本的降低，使得水产品流通更有效率，由传统的鲜活批发市场、超市购买，到更为便捷的电商渠道，也刺激消费需求。总体上看，预计2016年，水产品消费持续增加，城乡水产品消费量差距缩小。在水产品消费品种结构方面，随着名优等珍贵海鲜产品价格逐步走低，消费结构越来越趋于多元化，预计2016年传统的大众淡水鱼中四大家鱼消费支出持续走低，而海水养殖产品及海洋捕捞产品消费支出略有增加。

渔业产业链方面，2016年，原料鱼粉依旧受秘鲁捕捞渔业资源影响，国产鱼粉的使用量和市场价格则受进口鱼粉影响和冲击，预期用替代品而非鱼粉作为蛋白来源的饲料逐步增加。在水产加工方面，受进口来料加工及劳动力成本提升的影响，原有水产品加工大省出口优势将略有下降。受区域经济、资源禀赋及劳动力成本的影响，水产品加工格局将在水产品主产区内进行结构性调整。

水产品国际贸易方面，预计2016年淡水养殖产品出口市场疲软，传统日韩出口市场因其本国水产品养殖增量及质量标准提高将影响我国出口份额，受"一带一路"战略等综合因素影响，出口东盟产品比例将持续增加，主要以原料冷冻产品为主，罗非鱼受国际市场需求有限及东南亚等国家罗非鱼养殖的同业竞争影响，出口市场疲软；而海洋捕捞产品，出口份额预期会略有增加。进口市场，水产品进口来源国预期略有变化；受劳动力成本及人民币升值影响，水产品来料加工的原料进口量也将出现下降，来进料加工贸易后续增长乏力。

（三）水产品价格变化

水产品价格方面，伴随过去两年大宗淡水鱼消费需求的降低及养殖效益下降，大宗淡水鱼的四大家鱼预计2016年价格很难回升。虾、蟹、贝、藻类价格变化上，虾类中主要青虾价格持续稳定略有增长，而受国内消费需求影响及虾类养殖风险存在，预期2016年南美白对虾、克氏原螯虾等价格稳中有升；而蟹、贝类养殖产品受气候变化影响较大。对于主要的海水养殖品种大菱鲆、大黄鱼和海水鲈鱼的价格及主要海洋捕捞产品价格，预计保持较好态势。

G.8
2015年农产品期货市场运行分析与2016年展望
——以大连商品交易所为例

张秀青[*]

摘　要： 2015年，商品和金融市场波动加大，实体经济避险需求迫切。作为风险管理工具，中国农产品期货市场呈现良好的发展势头，市场规模同比增长19.3%。其中，大连农产品期货市场成交量、持仓量同比分别增长41.5%和25.7%，油脂类期货交易规模继续保持主力板块的地位，玉米类期货交易规模增长幅度是上年的6~7倍，客户总数增长18.7%，整体交割顺畅。同期，大连期货市场的价格发现和套期保值功能发挥水平进一步提高。2016年，随着现货市场和农业政策的调整以及期货市场自身建设的完善，中国期货市场将有能力在更高层次上满足市场主体风险管理需求。

关键词： 农产品　期货市场　大连商品交易所

中国农产品期货市场始建于20世纪90年代初，目前已经发展成为全球主要农产品期货市场之一。近几年，世界经济深度调整、复苏乏力，国内经

---

[*] 张秀青，管理学博士，北京大商所期货与期权研究中心"期货市场运行分析"团队成员，高级研究员，主要研究方向为期货及衍生品市场与政策、农产品市场与政策等。

济处于"三期叠加"新常态。尤其是 2015 年，资本市场异常波动，大宗商品价格持续探底，实体经济避险需求迫切。在此背景下，中国农产品期货市场的广度和深度不断拓展，市场规模显著扩大，品种和投资者结构更为优化，制度安排与规则更为健全，市场功能发挥水平不断提高，服务产业及实体经济的能力再上新台阶。大连商品交易所（以下简称"大商所"）是中国四家期货交易所之一，农产品期货交易规模在国内市场占据半壁江山，① 在世界商品交易所中名列前茅。作为典型缩影，本文将以大连农产品期货市场为例，分析其运行情况、功能发挥情况、业务创新和规则调整以及未来发展情况，力争以小见大，展现中国农产品期货市场的发展图景。

一 期货市场运行情况

（一）市场规模及发展情况

1. 交易规模显著增长

20 世纪 70 年代以来，全球经济发生了深刻变革，市场的作用不断增强，风险管理需求与日俱增，国际期货市场规模持续快速增长。2008 年金融危机之后，期货与期权市场交易量发展平稳，2015 年达到 220 亿手，同比增长 4.8%，逐步接近历史峰值水平，其中期货和期权的交易量分别是 112 亿手和 108 亿手，大致各占市场一半（见图 1）。2015 年农产品期货交易量达 15.4 亿手，同比增长 10%，在整个市场中占 7% 的份额（见图 2）。

伴随国际市场的发展，中国农产品期货市场步入了规范化发展的快车道，2010 年以前成交量以年均 36% 的速度增长，2010 年成交量达到 7.65 亿手。在中国经济增速放缓和经济结构调整的背景下，2011 年成交总规模

---

① 大连商品交易所共有 16 个期货品种，包括 8 个农产品期货（黄大豆一号、黄大豆二号、豆粕、豆油、棕榈油、玉米、玉米淀粉、鸡蛋）、两个林产品期货（胶合板、纤维板）和 6 个工业品期货（焦煤、焦炭、铁矿石、聚氯乙烯、聚丙烯和线性低密度聚乙烯）。本文仅介绍大商所 8 个农产品期货的相关情况。

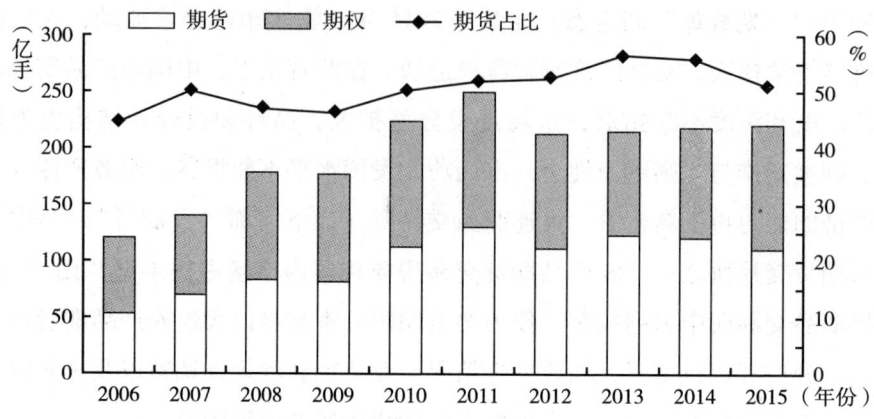

图1　2006～2015年全球期货与期权成交量变化情况

资料来源：美国期货业协会（FIA）。

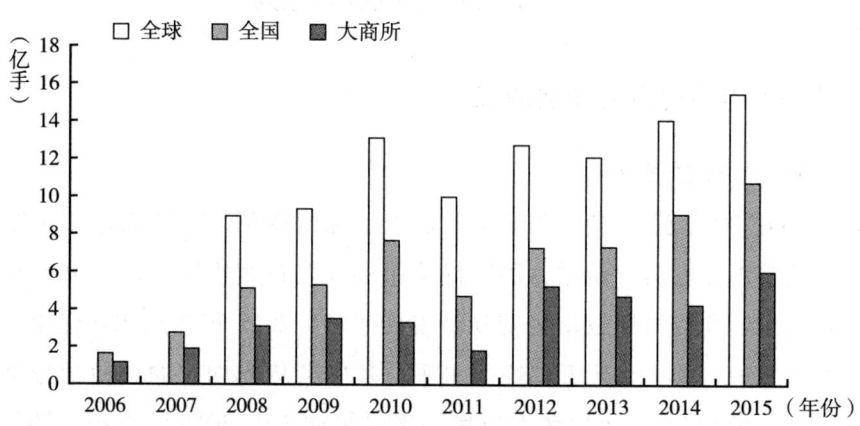

图2　2006～2015年全球、全国及大商所农产品期货成交情况

注：受来源所限，全球数据时间段为2008～2015年。
资料来源：大连商品交易所，美国期货业协会（FIA）。

下降至4.69亿手，降幅38.7%。此后，市场规模逐步回升，2015年成交量达到10.8亿手，同比增长19.3%（见图2）。

2015年，大连农产品期货市场同样呈现良好的增长势头，全年期货成交量达5.96亿手，年末持仓量达343.71万手，较2014年分别增长41.57%和25.74%。根据FIA的统计数据，2015年大商所农产品期货成交量占世界农产品期货市场成交量的38.7%,① 除黄大豆二号以外的其他7个期货品种成交量均进入世界前十名。总体看,大商所农产品期货市场运行稳健,市场规模再上新台阶并处于世界前列(参见图2和图3)。

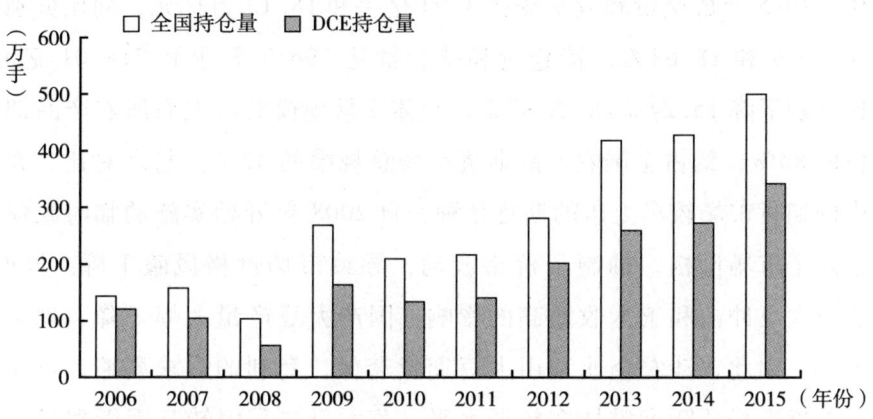

图3　2006～2015年全国及大商所农产品期货持仓情况

资料来源:大连商品交易所。

2. 期货品种创新提速

从国际期货市场的发展历程看,期货合约标的大体上历经了农产品期货,以工业原材料、能源为标的物的期货,再到以利率、外汇、股指为标的金融期货等阶段。目前,中国期货市场以商品期货为主,上市交易的期货品种共50个,其中商品期货45个(含农产品期货21个),金融期货5个。2013年以来,中国农产品期货品种研发创新提速,新增8个期货品种,与之前20年仅上市13个农产品期货品种形成鲜明对比。

以大商所为例,至2015年底,大商所农产品期货品种已经覆盖油脂类(豆粕、豆油、棕榈油)、油料类(黄大豆一号、黄大豆二号)②、玉米类

---

① FIA在2015年的统计范围包括世界78家主要交易所。
② 大豆期货于1993年在大连商品交易所开始挂牌交易,交易标的为"黄大豆",转基因、非转基因大豆均可交割。为贯彻执行国家转基因政策,加强对进口转基因大豆的管理,大商所将黄大豆合约拆分为黄大豆一号合约(2002年3月15日上市,只允许非转基因大豆交割)和黄大豆二号合约(2004年12月22日上市,转基因与非转基因大豆均可交割)。

（玉米、玉米淀粉）和畜牧养殖类（鸡蛋）四个类别。

3. 油脂类期货继续保持领先

油脂类期货都与国际贸易直接相关，是大商所乃至全国市场的主力板块。2015年成交量和成交额达4.94亿手和18.13万亿元，同比分别增长41.38%和18.68%，持仓量和持仓额达196.7万手和718.01亿元，同比分别下降15.24%和15.87%，整体交易规模约占大商所农产品期货规模的80%，约占全国农产品期货市场总规模的32%。与之对比，大豆是中国期货市场较早上市的期货品种，自2008年开始实施的临时收储政策抬高了市场价格，抑制了价格波动，导致市场价格风险下降。同时，受进口大豆冲击和玉米收益高的影响，国产大豆产量大幅下降，现货基础缩小。因此，涉农企业利用大豆期货套保、套利的需求萎缩，黄大豆一号期货市场活跃度维持在较低水平。黄大豆二号因转基因管理条例的限制，进口大豆暂时无法参与期货交割，进而导致黄大豆二号期货一直交易低迷（见图4至图7）。

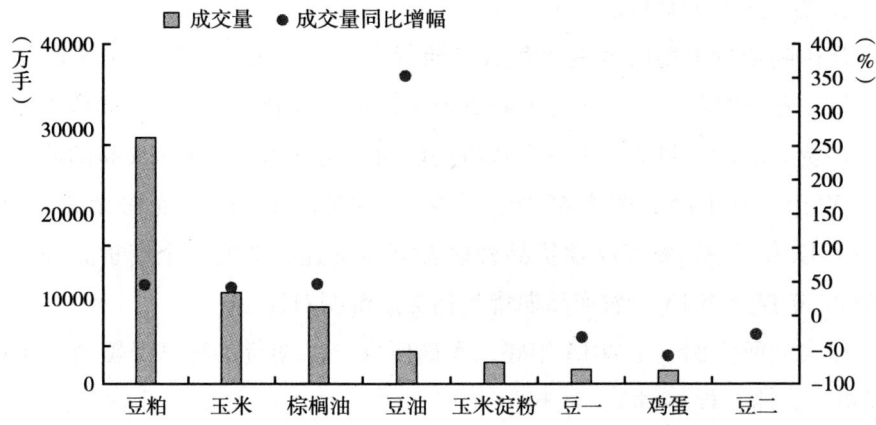

图4　2015年大商所农产品期货成交量及变动情况

注：玉米淀粉于2014年12月上市交易，因此没有计算它的2015年同比增幅数据。

资料来源：大连商品交易所。

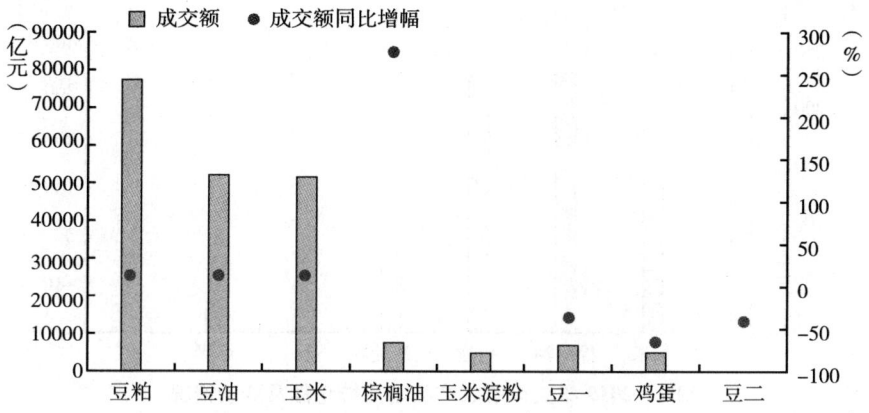

图5　2015年大商所农产品期货成交额及变动情况

注：玉米淀粉于2014年12月上市交易，因此没有计算它的2015年同比增幅数据。

资料来源：大连商品交易所。

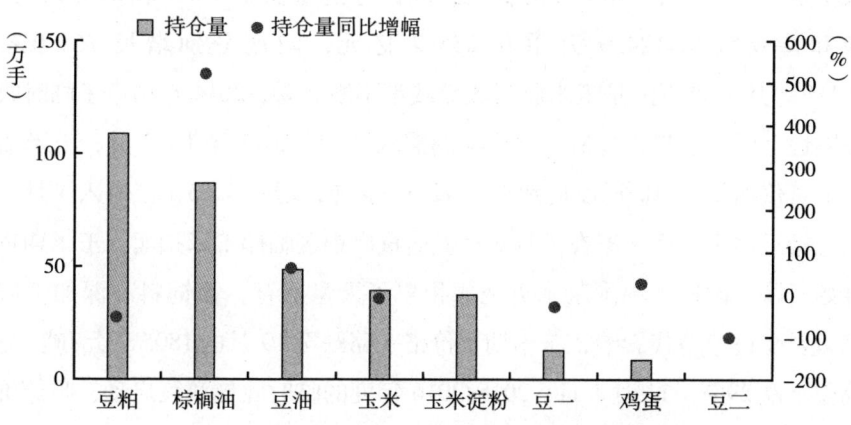

图6　2015年大商所农产品期货持仓量及变动情况

注：玉米淀粉于2014年12月上市交易，因此没有计算它的2015年同比增幅数据。

资料来源：大连商品交易所。

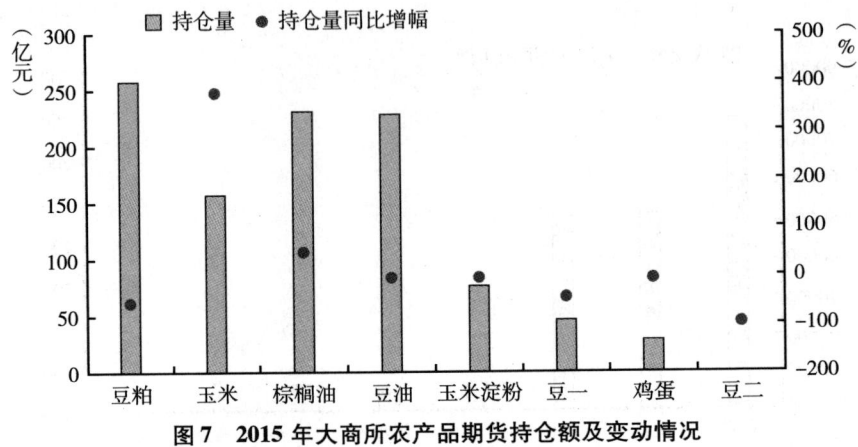

图7 2015年大商所农产品期货持仓额及变动情况

注：玉米淀粉于2014年12月上市交易，因此没有计算它的2015年同比增幅数据。
资料来源：大连商品交易所。

4. 玉米类期货规模显著增长

2015年玉米类期货市场活跃度显著提高，交易规模大幅增长，成交量和成交额达0.69亿手和1.4万亿元，同比分别增长635.4%和531.5%，持仓量和持仓额达124.9万手和235.2亿元，同比分别增长764.0%和576.1%。其主要原因是玉米临时收储政策不断完善，2014年结束了临时收储价格刚性上浮的态势，规避价格风险的需求增加。2015年1~3月，玉米活跃合约期货价格从2420.6元/吨增至2542.8元/吨，增长5.05%。进入4月，临时收储接近尾声，而国家在4月9日提前重启销区临储玉米拍卖，玉米期货价格开始下跌。同期，中国玉米近两年积累了天量库存，而饲料和深加工需求萎缩以及受进口替代影响，玉米期货价格一路跌至10月的1805.7元/吨，较3月高位下跌29%。11月1日，2015/2016年度的临时收储政策启动，临储价格定为2000元/吨，同比下跌约10%，是玉米临时收储实施7年来首次调低，这打破了临储价格刚性上浮的固化思维，为市场带来更多不确定性。

（二）期现货价格运行规律分析

1. 农产品价格全年以下跌为主

2012年9月至今，联合国粮农组织的谷物价格指数从263（1998~2000年=

100)跌至当前的149,跌幅43%。2015年,国内外经济形势面临诸多挑战,农产品供应充足而需求低迷,美元持续升值,同时国内农业政策推进"市场定价、价补分离"的改革试点,国内农产品价格陆续大幅下跌。其中,大连期货市场中的黄玉米、玉米淀粉、鸡蛋、黄大豆一号、豆粕、棕榈油和豆油价格分别下跌26.7%、35.0%、31.4%、18.0%、20.0%、16.2%和6.2%(见图8)。

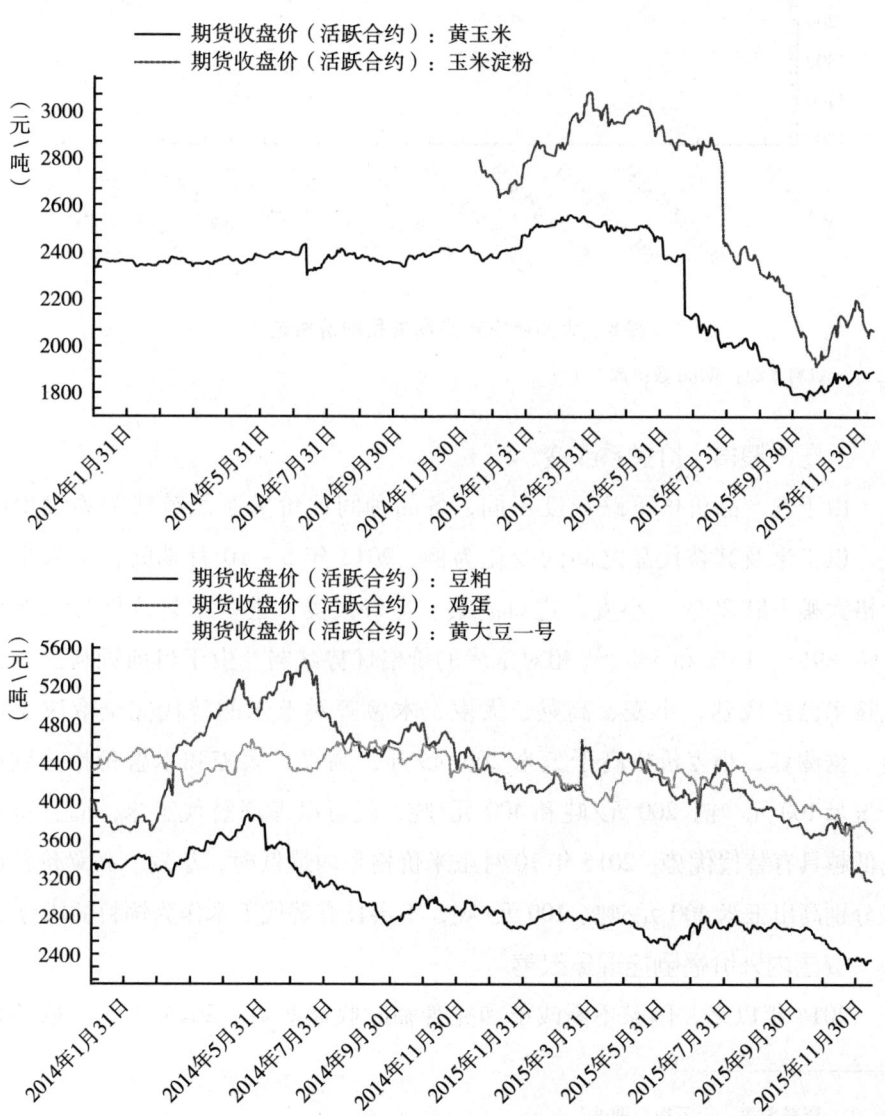

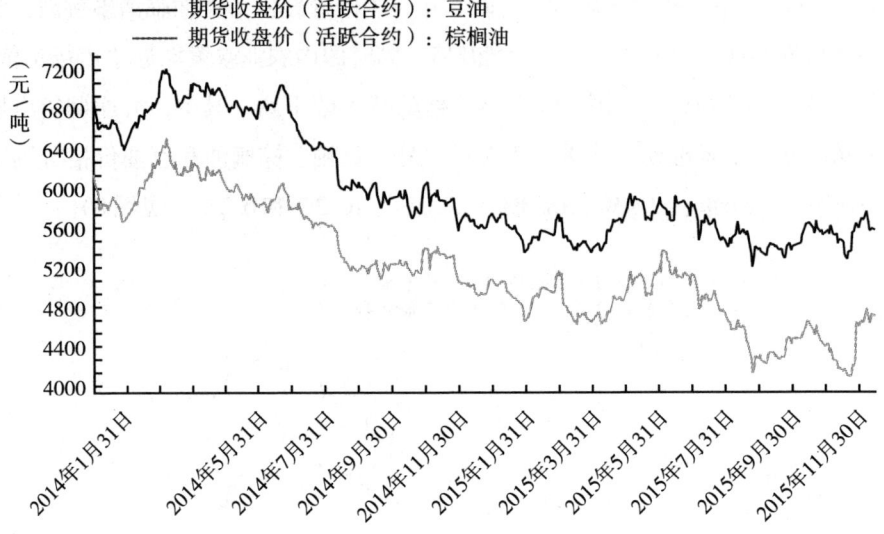

图 8　大商所农产品期货品种价格走势

资料来源：Wind 数据库。

2. 国内粮食比价关系改变

由于农产品价格下跌幅度不同，各品种间比价关系及替代关系发生改变。以玉米及其替代品之间的变化为例，2015 年 5~10 月期间，玉米现货价格大幅下跌 20%，小麦、进口高粱、进口大麦、进口木薯价格分别下跌 11%、9%、15% 和 5%，① 相对玉米的价格优势减弱。由于目前饲料玉米替代技术已经成熟，小麦、高粱、大麦、木薯等对玉米的替代完全取决于价格。据测算，小麦价格高于玉米 200 元/吨，高粱、大麦和木薯价格分别低于玉米 100 元/吨、200 元/吨和 400 元/吨，就可以考虑替代玉米，而且价格越低越具有替代优势。2015 年 10 月玉米价格年内最低时，小麦、高粱价格已经分别高出玉米 400 元/吨、100 元/吨，不再具有替代玉米作为饲料的优势。

3. 国内外价格倒挂现象改善

2014 年以来，国家不断改革和完善临时收储政策，2014 年 5 月取消东

---

① 资料来源：天下粮仓网站。

北大豆临时收储政策转而开展目标价格补贴试点，同年11月首次调低玉米临时收储价格约10%，大豆、玉米结束了延续多年的价格刚性上浮态势，市场价格不仅下跌而且波动加大，国内价格高于国际市场的现象有所改善。2015年底，中国玉米、大豆等农产品价格分别高于国际市场530元/吨、540元/吨，较价差最大时缩小40%～50%，而进口豆油价格已经高于国内250元/吨，结束价格倒挂。

（三）市场结构分析

1.客户总数再创新高，参与更为理性

2015年，大商所客户总数达到236.3万户，同比增长18.7%，再创历史新高。参与交易的客户数达到55.4万户，同比增长26.4%。在大宗农产品价格走低的形势下，企业购入原料并在期货市场做卖出套期保值，通常会在期货市场盈利（高卖低买）而现货市场亏损（高买低卖），期货盈利抵补现货亏损，法人客户参与积极性提高，即便是投机客户也降低换手率，持仓水平大幅增加，期货市场客户整体参与更为理性（见图9）。

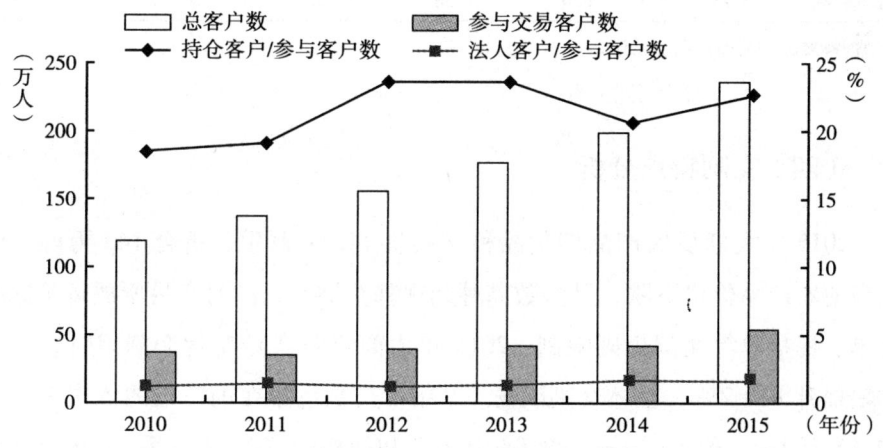

图9　2010～2015年大商所交易客户数及结构变化情况

资料来源：大连商品交易所。

2. 玉米、玉米淀粉期货更具吸引力

在上市品种中，豆粕、豆油、棕榈油一直深受法人客户、持仓客户关注。玉米虽然是中国第一大粮食品种，现货规模和客户基础庞大，但因深陷"政策市"而交易低迷。2015年，临时收储政策改革深入推进，玉米和玉米淀粉价格大幅下跌，企业利用玉米类期货避险的积极性提高，法人客户、持仓客户增长幅度都在80%以上（见表1）。

表1 2015年大商所农产品期货投资者结构

单位：户，%

项目\品种	参与客户数 2015年	同比增减	法人客户数 2015年	同比增减	持仓客户数 2015年	同比增减
豆二	561	22.0	18	0.0	9	-69.0
豆粕	371338	27.5	5698	26.8	32273	7.4
豆一	131076	-2.4	2442	5.7	7715	18.7
豆油	213350	12.8	4628	25.8	16355	16.2
鸡蛋	177693	-18.7	2841	-0.9	11615	-1.7
玉米	160173	103.3	2942	117.6	13243	227.5
玉米淀粉	107365	1891.2	2033	1893.1	11542	1451.3
棕榈油	237137	8.0	4556	28.2	20300	40.3

资料来源：大连商品交易所。

（四）交割特点分析

2015年大商所农产品期货品种交割量14.31万手，折合143万吨。由于当前农产品价格下跌，且多数品种期现基差倒挂，同时交易所放宽了标准仓单、提货单等交割规则限制，2015年大商所农产品期货交割规模较上年大幅提升124.2%，整体交割顺畅。其中，交割量排在前三位的依次是玉米（4.65万手）、黄大豆一号（3.08万手）和棕榈油（2.29万手）。从交割率看，由于成交量较低且交割量较高，黄大豆一号交割率最高，达0.177%（见图10）。

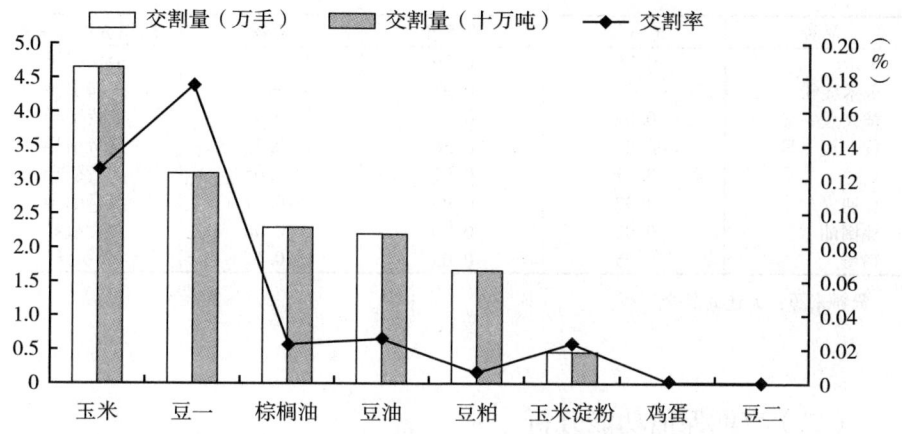

图10　2015年大商所期货品种交割量与交割率情况

资料来源：大连商品交易所。

二　期货市场功能发挥情况

（一）价格发现功能分析

从国际成熟期货市场经验看，期现货价格相关性高，具有长期稳定的期货引导现货的关系，表明期现结合紧密，价格发现功能发挥良好。2015年，大商所农产品期货品种的价格发现功能有升有降，总体相对稳定。在8个期货品种中，期现价格相关系数在0.9以上的期货品种有4个；同时，以玉米和玉米淀粉相关系数提升最为显著。从价格引导关系看，除鸡蛋外，其他7个期货品种均显著存在期货价格引导现货价格或期现价格相互引导的关系（见表2）。目前，在国内油脂油料企业的现货贸易中，70%的豆粕和棕榈油、40%的豆油普遍采用国际市场通行的"基差定价"模式，签订基差交易合同。同时，大豆、玉米、鸡蛋等农产品价格保险开始以期货价格作为定价依据。

表2 2014~2015年大商所各品种期现价格相关系数

品种	2014年	2015年	增减	期现货引导关系
玉米	0.06	0.76	0.7	期货引导
玉米淀粉	—	0.93	—	双向引导
黄大豆一号	0.5	0.1	-0.4	期货引导
黄大豆二号	0.87	0.56	-0.31	期货引导
豆粕	0.87	0.91	-0.04	期货引导
豆油	0.97	0.90	-0.07	期货引导
棕榈油	0.90	0.96	0.06	期货引导
鸡蛋	0.55	0.05	-0.5	无引导

资料来源：大连商品交易所。

（二）套期保值功能分析

目前，已有越来越多的企业利用期货市场进行套期保值，以此提高风险管理水平。以油脂油料行业为例，国内90%的规模以上油脂油料企业（日压榨能力在1000吨以上）、85%以上的棕榈油进口企业参与期货交易，并通过套保、套利、辅助融资等多种方式管理风险。从相关指标看，受国内外经济形势以及国内政策调整影响，2015年大商所农产品期现货价格以跌为主，玉米、豆粕和豆油期货依然延续与上年持平的正基差，基差关系相对稳定。① 多数品种套基保值效率提高或保持稳定，② 套保效率最高的三个农产

---

① 基差是由持仓费构成的，是套期保值成功与否的基础，可以从两个方面来分析。一是基差的正负特征。由于持仓费的存在，基差（现货-期货）应为负值，是套期保值交易的理想环境。但是在一些特殊情况下，基差也会出现正值，通常被称为基差倒挂。二是基差的到期收敛性，这也是套期保值能够实现的基本条件。基差的到期收敛性是指随着最后交易日的临近，持仓费逐渐减少并趋向于零，也就是期货价格接近于现货价格。

② 套期保值效率代表了参与套期保值后收益风险的降低程度。其计算方法：第一步，分别按周、月、季度套保期限以最小二乘法计算当年（周）、最近3年（月）、最近5年（季度）静态最优套期保值比率：$\Delta lns_t = \alpha + \beta \Delta lnF_t + \varepsilon_t$，其中$\Delta lns_t$和$\Delta lnF_t$为t时刻现货价格和期货价格的（周、月、季）对数收益率；斜率β即为所求的最优套期保值比率。第二步，套期保值效率指按照最优套期保值比率对冲风险后期现货组合的风险相对不对冲时现货风险减少的比率：套期保值效率 = $\dfrac{\text{套保前期货收益率方差} - \text{套保后期现组合收益率方差}}{\text{套保前期货收效率方差}}$，分别按周、月、季度套保期限计算当年（周）、最近3年（月）、最近5年（季度）套期保值效率。套保期限越长，期现货价格的同步性越高，套期保值效率也越高。

品期货品种与上年相同,分别是豆粕、棕榈油、豆油。豆一、玉米等品种套保效率较 2014 年明显提升,玉米淀粉自上市以来表现良好,仅鸡蛋的套保效率较上年下降(见图 11)。

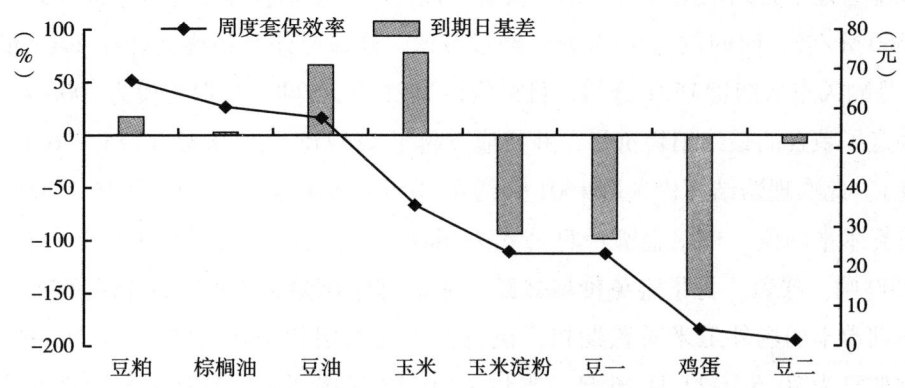

图 11　大商所农产品 2015 年套保效率与基差均值情况

资料来源:大连商品交易所。

(三)市场功能发挥实践

自 2013 年起,在期货交易所和风险管理公司的共同努力下,一些服务"三农"的新模式逐渐发展起来,如"订单+期货""二次点价收粮+期货""期货+保险"等模式。其中,"期货+保险"模式被写入了 2016 年中央一号文件,并明确提出要稳步扩大该项试点。

"期货+保险"模式的基本流程是:第一步,农民、合作社购买价格保险。保险公司设计价格保险产品,设定阶梯形保险目标价格及保费比例。因保险公司具有较高的认可度,农民更容易接受并直接参与进来。农民、合作社根据自身情况选择投保品种、投保规模,支付保费购买保险。如果投保农产品市场价格在到期日低于保险合同约定价格,保险公司须向投保农民、合作社赔付价差款。第二步,定制场外期权。与合作社购买场外期权一样,保险公司向期货公司风险管理子公司支付权利金购买看跌期权,以规避集中于自身的价格下跌风险。第三步,通过期货市场对冲风险。期货公司风险管理子公司在期货市场进行套期保值、风险对冲,得到合理收益。

以玉米价格保险为例。首先,人保财险公司根据投保玉米的历史价格波动率、投保时间段、国家托市政策、地区价格差等要素,同时参考期货公司风险管理子公司的场外看跌期权报价,设定本次玉米投保目标价格为2060~2360元/吨,时间段为5~8月。经过考虑,投保合作社最终选择在2015年8月购买玉米期货1601合约,目标价格为2160元/吨,投保规模为1000吨,锁定了粮食的最终销售价格,并相应支付了115776元的保费(115.776元/吨)。此次理赔结算价选取1601合约在2015年9月16日至11月16日收盘价算术平均值,理赔金额计算公式为 Max(目标价 - 结算价,0)元/吨 × 1000吨。接着,为了避免价格暴跌带来的理赔风险,人保财险公司购买了新湖瑞丰的场外玉米看跌期权,执行价为玉米期货1601合约2160元/吨,到期日为2015年11月16日,支付了96552元权利金,将其玉米价格保险的价格波动风险完全对冲(在价格险的实际运作中,保险公司也可以根据自身对风险、市场价格的判断,择时、分批地对其保单进行看跌期权对冲)。最后,新湖瑞丰通过买卖玉米1601合约来实现 delta 中性的动态对冲。即,随着标的价格的下跌,看跌期权行权的概率增加,因此期货空单也会相应地逐渐加仓;相反如果标的价格上涨,看跌期权行权的概率缩小,期货空单也会相应地逐渐减仓,如此反复,在期货市场中形成了类似追涨杀跌的操作行为。该项目于2015年11月16日结束,C1601在2015年9月16日至11月16日收盘价算术平均值为1918.6元,保险公司需要赔付合作社241400元,新湖瑞丰需要赔付241400元。与保费115776元相比,赔付率达到了108%。①

三 业务创新与规则调整

近年来,中国期货市场不断在业务创新和做深做细已上市期货合约上下

---

① 李北新等:《"期货+保险"探索农产品风险管理新模式》,《期货日报》2015年12月9日。

功夫。以大商所为例,期货市场积极开展业务创新,强化交割、交易等风险防控体系管理,保障市场健康平稳发展。①

(一)业务创新

1. 积极推动农产品期权上市

商品期权是国际重要的风险管理工具,我国现在还处于空白阶段。大商所于2002年开始研究农产品期权,在合约设计、期权业务制度设计、技术系统开发和前期市场培育等方面扎实推进。目前开展期权试点的各项准备工作已经就绪,豆粕期权合约设计基本完成,形成了以业务管理办法为主体和以做市商制度、投资者适当性制度为辅的业务规则框架,完成了系统功能、性能容量和外围系统三个方面的技术升级,以及实施了多层次的市场投资者培育工作。大商所于2012年5月开始豆粕期权仿真交易,为农产品期权正式上市奠定了良好的基础。

2. 以仓单串换为突破点尝试场外市场建设

为了解决期货市场标准化和现货市场多样化的矛盾,自2013年12月开始,大商所创新性地开展豆粕集团内厂库仓单串换试点,即通过最后交割日买入的试点集团所属厂库豆粕标准仓单,客户可申请到该集团其他厂库提取现货(简称"仓单串现货")或者串换为该集团其他厂库的标准仓单(简称"仓单串仓单")。目前,大商所不断增加串换试点品种和集团数量,其中豆粕试点企业增至10家(压榨规模占全国压榨量的61%),豆油5家,棕榈油4家,正在研究筹备大豆、玉米等品种的仓单串换业务。

3. 加强农产品现货价格采集体系建设

为了配合仓单串换业务,大商所于2015年9月在"场外市场综合服务平台"建立了油脂油料现货报价系统,实现了区域价差公布的全年连续化。

---

① 本部分内容主要来源于大连商品交易所已发布的业务通知。其中,农产品期权、仓单串换及现货价格采集体系建设的相关资料来源于大连商品交易所交易部、农业品事业部。

目前，该系统连续发布豆粕、豆油和棕榈油的区域现货平均价格和区域间价差，采集范围涉及包括11家集团和第三方机构提供40多家工厂、仓库的现货成交价格。此外，为了补充现有农产品期货产业链条价格体系，大商所于2015年5月在"场外市场综合服务平台"也建立了猪价采集体系，样本选取长江以北13个主产省的34家规模化企业，搜集和发布白条猪基准价格，同期辅助监测冷冻猪肉价格。

4. 开展并完善期货夜盘交易

为满足市场需求，进一步推进中国期货市场与国际接轨，提升期货市场价格的连续性和权威性，2014年7月4日21:00起正式上市棕榈油和焦炭夜盘交易，12月26日又推出第二批夜盘交易品种，分别是豆粕、豆油、黄大豆一号、黄大豆二号、焦煤和铁矿石。

（二）规则调整

1. 下调部分农产品合约手续费

2015年，为降低市场成本、提升期货市场服务"三农"的能力，大商所分别在3月和11月对部分农产品交易手续费收取标准进行调整。具体看，①豆粕交易手续费标准由2元/手下调为1.5元/手；②减半收取豆油、棕榈油、黄大豆一号当日同一合约先开仓后平仓交易手续费。此次调整自2015年3月9日已经开始实施。

2. 调整部分品种交割仓库及相关规则

2015年4月，大商所对豆粕、豆油、棕榈油、玉米淀粉等品种的部分交割厂库的标准仓单最大量和日发货速度予以提高。8月，大商所调整了部分品种的交割仓库。①对于玉米淀粉，设立1家基准交割厂库，3家非基准交割库；②对玉米、豆粕、豆油、棕榈油，取消3家指定交割仓库，增设3家指定交割仓库，调整1家指定交割仓库为指定交割厂库；③对于鸡蛋，取消两家交割仓库，调整1家指定交割仓库；④对于黄大豆一号，增设两家非基准交割库。

四 期货市场运行展望

目前,中国期货市场还处于发展初级阶段,一是从市场组织者、中介机构和监管者角度看,期货交易所相关规则对套期保值者的需求还不能满足,在防风险与方便套期保值者之间,更多地关注了前者。同时,中介机构的服务模式大部分不能适应套期保值企业的需要,另外监管部门的监管理念、模式和方式还不完全适应市场发展要求。二是产品结构不合理,仍以商品期货为主,金融期货及场外衍生品发展还很不充分。三是投资者结构不合理。法人客户占比较低,主要以散户为主,流动性质量不高,机构投资者和套期保值企业参与度低。四是法规政策对企业利用期货市场的制约较多。产业客户尤其国有企业和金融机构参与交易存在不少体制机制障碍。[①] 2016 年,中国农产品现货市场的进一步完善,国内支持政策市场化调整以及期货市场自身体系和制度优化,都将为农产品期货市场建设带来积极影响。

(一)现货市场与政策调整

2016 年,中央一号文件提出了"改革完善粮食等重要农产品价格形成机制和收储制度。坚持市场化改革取向与保护农民利益并重,采取'分品种施策、渐进式推进'的方法,完善农产品市场调控制度"的基本要求。随着改革深入,中国粮食产销制度将得到进一步完善,农产品市场定价机制进一步加强。鉴于大宗农产品价格出现恢复性上涨可能还需要较长的时间,中国农产品生产和市场风险会有所加大。但是,随着市场化进程的推进,农业领域也会迎来一些积极变化,如国内外价格倒挂逐步消除,下游企业活力逐步恢复,农业产业链条运行效率改善等。[②]

[①] 姜洋:《我国期货市场具备向更高层次发展的基础》,《中国金融》2014 年第 10 期。
[②] 张秀青:《临储价格刚性上浮结束 玉米产业回归市场可期》,《中国粮食经济》2015 年第 1 期。

（二）期货市场建设

2016年，中国期货市场将会在发展商品期货市场、推出商品期权、改善市场投资者结构、推进监管转型等方面做出更多努力，推动期货市场更好地为实体经济服务。大商所坚持围绕服务实体经济这一根本方向，在全方位做好一线监管和风险防范、确保市场安全平稳运行的基础上，扎实做好豆粕期权上市各项准备工作，稳步开展农畜等期货新品种的研究开发工作，积极推进场外市场建设，深入推进"期货+保险"试点。同时，加强已上市期货品种的维护和现有规则制度的完善，推动期货市场与实体产业的深度融合，构建良性、健康、共赢发展的期货市场新生态。

总体看，中国农产品市场正处于变革之中，市场波动加剧不可避免，涉农实体经济迫切需要加强市场风险管理。这对于农产品期货市场既是挑战，又是机遇。随着期货市场不断完善自身建设与加强创新，涉农企业利用期货市场管理风险的需求也将释放出来，投资资金参与期货市场的积极性将逐步提升，2016年中国农产品期货市场功能发挥和定价能力将得到进一步增强，有能力在更高层次上满足市场主体风险管理的需求。

G.9
2015年主要农产品国际贸易状况与 2016年走势分析

翁 鸣*

摘 要： 2015年世界经济增速放缓，国际贸易呈现负增长。同期，中国农产品进出口总额同比下降3.5%，其中，农产品出口额下降1.6%，进口额下降4.6%，这是连续5年增长之后的回落。在农产品贸易逆差下降的情况下，中国农产品贸易逆差值继续收窄。值得注意的是，在国内粮食生产十二连增条件下，谷物进口量同比增长67.6%，其中，玉米、大米、大麦和高粱进口量增长明显。世界经济复苏乏力、消费需求不足和大宗农产品价格下降，是农产品对外贸易额负增长的主要原因。中国粮食进口量不断增长，其主要原因是国内粮食价格持续、刚性上涨，与国际粮食价格较快下跌形成了显著的价差空间。2016年世界经济增长形势依然不容乐观，存在着一系列不确定的因素。

关键词： 农产品 国际贸易 走势分析

2015年世界经济增速放缓，IMF（国际货币基金组织）估计值显示，世界经济增长率为3.1%，比2014年下降0.3个百分点。其中，发达经济体经济增速为2.0%，新兴市场与发展中经济体经济增速为4.0%。[①] 与世界经

---

* 翁鸣，博士，中国社会科学院农村发展研究所研究员，主要研究领域有农产品国际贸易、农村基层民主建设，自2000年起连续多年参加"农村绿皮书"撰写工作。

① 国际货币基金组织：《世界经济展望》，http://www.imf.org/external/chinese/pubs/，2016年1月。

济变化密切相关的全球贸易发展呈现负增长，2015年除极少数国家保持了出口正增长，绝大部分国家和地区出现了出口绝对额下降。国际贸易负增长放缓了全球经济复苏的步伐，增大了贸易保护和货币竞争的风险。同期，中国农产品进出口总额同比下降3.5%，其中农产品出口额下降1.6%，农产品进口额下降4.6%，进出口贸易额负增长成为中国农产品对外贸易变化的重要特征。

一 2015年农产品进出口情况及其特点

（一）农产品进出口基本情况

2015年中国农产品进出口总额为1861.0亿美元，比上年同期（下同）下降3.5%。[①] 其中，出口701.8亿美元，下降1.6%；进口1159.2亿美元，下降4.6%。贸易逆差为457.4亿美元，减少44亿美元。自2000年以来，2015年是除2009年以外农产品进出口额下降的年份。与同期全国对外贸易相比，2015年农产品进出口、出口和进口降幅分别小于4.5个百分点、1.2个百分点和9.5个百分点。农产品进出口贸易额及其减少幅度如表1和图1所示，主要农产品进出口情况如表2所示。

表1 农产品进出口贸易额及其增长

单位：亿美元，%

年份	2006	2007	2008	2009	2010	2011	2012	2013	2014	2015
数额										
进出口	630.2	775.7	985.5	913.8	1208.0	1540.3	1739.4	1850.7	1928.2	1861.0
出口	310.3	366.0	402.2	392.1	488.8	601.2	625.0	671.0	713.4	701.8
进口	319.9	409.7	583.3	521.7	719.2	939.1	1114.4	1179.1	1214.8	1159.2

---

① 该数据来源于商务部，与农业部数据略有出入。

续表

年份	2006	2007	2008	2009	2010	2011	2012	2013	2014	2015
					增长率					
进出口	12.9	23.1	27.8	-7.3	32.2	27.5	12.9	6.4	4.2	-3.5
出口	14.2	17.9	10.6	-2.5	24.7	23.0	4.0	7.4	6.3	-1.6
进口	11.7	28.1	43.1	-10.6	37.9	30.6	18.7	5.8	3.0	-4.6

资料来源：2006~2014年数据摘自历年《中国农村经济形势分析与预测》，2015年数据摘自商务部对外贸易司《中国进出口月度统计报告》（农产品），2016年2月。

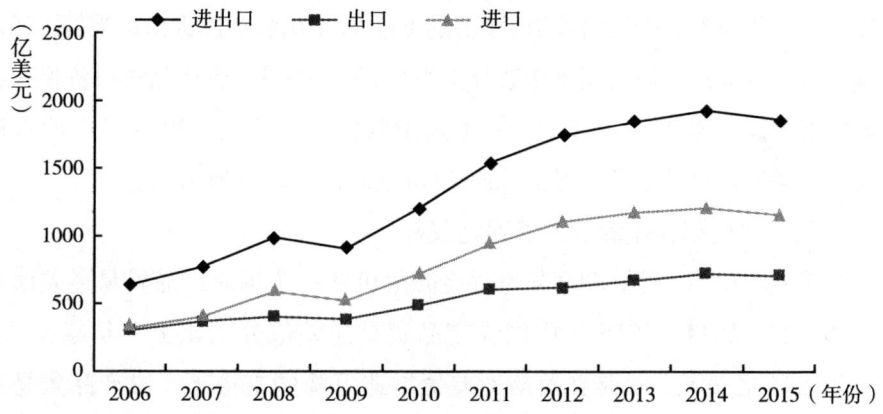

图1 农产品进出口贸易额变化

表2 2015年中国主要农产品进出口

品种	出口	比上年增长（%）	进口	比上年增长（%）
大米（万吨）	28.7	-31.5	337.7	30.9
小麦（万吨）	12.2	-35.8	300.7	0.1
玉米（万吨）	1.1	-44.6	473.0	82.0
大豆（万吨）	13.4	-35.5	8169.4	14.4
棉花（万吨）	3.0	107.4	175.9	-34.1
食用植物油（万吨）	13.7	1.2	839.1	6.6
食糖（万吨）	7.5	63.0	484.6	39.0
蔬菜（亿美元）	132.7	6.2	5.4	5.0
水果（亿美元）	68.9	11.5	58.7	14.7
畜产品（亿美元）	58.9	-14.0	204.5	-7.8
水产品（亿美元）	203.3	-6.3	89.8	-2.2

资料来源：农业部国际合作司，2015年1~12月我国农产品进出口数据，http://www.moa.gov.cn，2016年2月1日。

（二）农产品进出口主要特点

1. 农产品贸易额从连续增长转为降低

2015年国际贸易最大的特点是全球贸易额负增长。从2014年10月开始，世界出口总额出现持续的负增长。[①] 在2015年世界经济增长低于普遍预期、全球贸易额呈现负增长的背景下，中国农产品进出口额均呈现下降走势，这是连续5年增长之后的回落。全球贸易额下降在很大程度上是由于贸易价格下降，即能源和资源产品的价格下跌引起的。以中国农产品进出口为例，2015年农产品出口价格、物量同比指数分别为98.9、100.3，农产品进口价格、物量同比指数分别为85.7、114.0。[②] 上述指数值比较证实：2015年中国农产品进出口额有所减少，但是农产品进出口量总体上却有所增加。

2. 农产品贸易逆差增长继续得到改变

2006~2013年（除2009年世界金融危机外）中国农产品贸易逆差值是连续增长的，2014~2015年中国农产品贸易逆差值分别比上一年减少6.7亿美元、44亿美元，这是在贸易逆差值增速下降的支撑下，农产品贸易逆差增长趋势得到继续改善。基于上述分析，可以认为：在国内外农产品市场供求关系基本稳定的条件下，虽然中国农产品贸易逆差已呈现常态化，但其逆差值持续增长的趋势将发生改变。

3. 农产品进口、出口结构略微有变化

从商品结构上看，2015年农产品出口额居前五位的产品依次为水产品（203.3亿美元）、蔬菜（132.7亿美元）、水果（68.9亿美元）、畜产品（58.9亿美元）、饮品类（19.9亿美元），见图2。与2014年相比，水果出口额由第四位上升至第三位，畜产品出口额则由第三位下降至第四位。

农产品进口额居前五位的产品依次为食用油籽（383.9亿美元）、畜产品（204.5亿美元）、谷物（94.0亿美元）、水产品（89.9亿美元）、食用植物油

[①] 王洛林、张宇燕主编《2016年世界经济形势分析与预测》，社会科学文献出版社，2015。
[②] 商务部外贸司：《中国农产品进出口月度统计报告》，2015年12月，以2014年为100。

(59.9亿美元),见图3。与2014年相比,谷物进口额由第五位上升至第三位,水产品进口额由第三位下降为第四位,食用植物油由第四位下降至第五位。

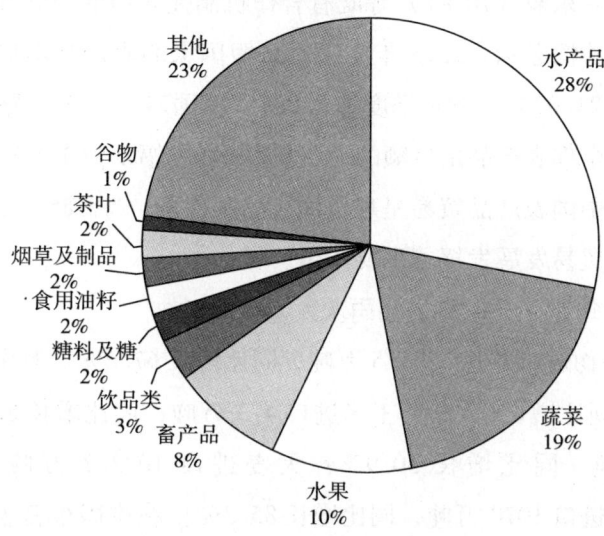

图2 2015年农产品出口结构

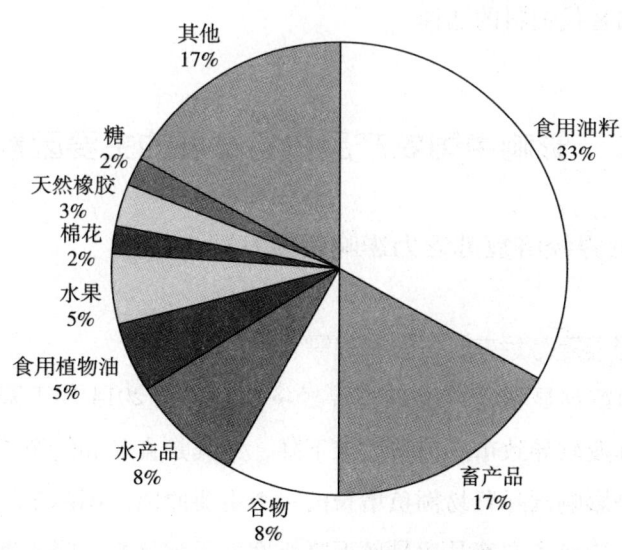

图3 2015年农产品进口结构

4. "一带一路"地区农产品贸易发展较快

"一带一路"作为全方位对外开放战略,有力地促进了农产品贸易发展,并对中国-东盟(10+1)等既有合作机制注入新的内涵和活力。商务部外贸司统计数据显示,2015年中国对东盟国家的农产品出口额占全部农产品出口额的21.02%,增长幅度为9.0%;中国对"一带一路"国家的农产品出口额占全部农产品出口额的31.08%,增长幅度为3.7%。由此可见,在国际贸易和中国农产品贸易呈现负增长的条件下,"一带一路"战略对促进中国农产品贸易发展发挥了重要作用。

5. 继2014年之后,谷物进口再次大幅度增长

2015年谷物进口共达3271.5万吨,同比增长67.6%。其中,小麦进口300.7万吨,同比增长0.1%;玉米进口473万吨,同比增长82%;大米进口337.7万吨,同比增长30.9%;大麦进口1073.2万吨,同比增长98.3%;高粱进口1070万吨,同比增长85.3%。在中国粮食生产十二连增条件下,由于国际粮食价格大幅度下降,同时国内粮食价格持续刚性上涨,进口粮食具有较为明显的竞争优势,尤其是大麦、高粱等低关税粮食品种,无疑成为国内替代饲料的选择。

二 影响中国农产品贸易发展的主要因素

(一)世界经济复苏乏力影响贸易发展

1. 世界经济复苏乏力,导致消费需求不足

IMF预测数据显示,2015年世界经济增长率比2014年下降0.3个百分点。经济复苏疲软导致市场消费需求下降,尤其是食品和能源等大宗商品需求下降,这是影响国际贸易额负增长的一个主要原因。国际市场大宗商品价格普遍下降,造成了农产品贸易额下降幅度大于贸易量下降幅度,这是贸易额负增长的另一个主要原因。2015年农产品出口价格同比指数低于出口物

量同比指数 1.4 个百分点，农产品进口价格同比指数低于进口物量同比指数 28.3 个百分点，① 这一结果证实了上述判断。

2. 国内经济增速下降等导致进口金额下降

2015 年中国 GDP 增长率 6.9%，与上年 GDP 增长率相比，降低了 0.5 个百分点。自 1991 年以来，2015 年是中国经济增长速度相对较低的年份。国内经济增长速度放缓直接影响国内消费，国家统计局数据显示，2015 年中国社会消费品零售总额同比增长 10.7%，扣除价格因素，实际增长 10.6%，与 2014 年社会消费品零售总额同比增长率和实际增长率相比较，分别降低 1.3 个百分点和 0.3 个百分点。② 国内消费需求下降是农产品进口额负增长的一个主要原因。

3. 国内消费趋于理性有利于贸易逆差减小

中国经济快速增长提高了全国人民的生活水平，尤其是促进了国内市场食品和农产品消费水平，在很大程度上，农产品进口增长较快反映了国内消费快速增长的现实需要。但是，随着国内消费不断增长，食品消费的边际效用有所降低，农产品贸易逆差值减小体现了这种变化规律。实际上，影响农产品贸易逆差值变化的重要因素，在于贸易逆差值的增速呈现下降趋势，而这种增速变化源自 2010 年。党中央整治贪污腐败和奢侈浪费，这对农产品进口额增速过快（特别是高档农产品）具有积极的减缓作用。

4. 世界经济不景气导致贸易保护主义抬头

国际贸易与世界经济发展密切相关，一旦全球经济发展缓慢，国际贸易保护主义往往趋于活跃。在全球经济复苏疲软的背景下，美国、韩国等加强对来自中国农产品的检验检疫，例如，2015 年 8 月，国家质量监督检验检疫总局发布《韩国对进口中国荔枝的检验检疫要求》，其中对中国生产地区、批准的果园和包装厂家、有害生物等方面做出了严格规定。2015 年中

---

① 商务部外贸司：《中国农产品进出口月度统计报告》，2015 年 12 月，以 2014 年为 100。
② 国家统计局：《2015 年国民经济和社会发展统计公报》，2016 年 2 月 26 日；《2014 年国民经济和社会发展统计公报》，2015 年 2 月 29 日。

国政府对欧盟提高部分禽肉产品的约束关税，并设定了关税配额，损害了对欧盟出口禽肉的中国企业利益，受损企业向世贸组织争端解决机构提交了设立专家组的诉讼请求。① 2014年11月26日，美国商务部宣布对中国出口到美国的味精征收20.09%~39.03%的反倾销税。②

（二）国内外粮价不同走势形成明显差距

1. 全球大宗商品价格走势正处于下跌周期

近两年，在美国退出量化宽松、主要新兴经济体增速持续降低、原油价格暴跌等因素带动下，国际大宗商品价格明显下跌。联合国粮农组织（FAO）公布2015年全球食品价格指数为164.0，同比下降18.7%，创下该指数2008年以来的最低水平。③ 其中，谷物价格指数为162.4，同比下降15.3%，创下该指数2007年以来的最低水平。上述FAO指数变化显示，全球供应充足、出口市场竞争加剧以及美元走强，继续对国际市场小麦和玉米价格形成下行压力。显而易见，现阶段国际粮食价格处于下跌周期之中。

2. 中国粮价持续上涨形成国内外粮价倒挂

与国际市场粮食价格走势不同，中国粮食价格持续刚性上升。国家统计局有关价格指数表明，2006~2014年中国谷物生产价格呈现持续的刚性上升状态，虽然2015年秋粮价格有所下降，但从总体上讲，中国粮食价格明显高于国际市场价格，自2012年以来，国内外粮食价格差距进一步拉大。上述国内外粮食价格关系变化，使得进口粮食到岸完税价格低于国内批发市场价格，最终形成了国内外粮食价格倒挂现象，这是在国内粮食生产十二连增，以及2015年农产品进口总额下降的情况下，中国连续两年大量进口谷物的主要原因。

---

① 商务部条约法律司：《就我诉欧盟禽肉关税配额案向世贸组织提出设立专家组请求》，http://tfs.mofcom.gov.cn/article/，2015年6月24日。
② 屈冬玉主编《2015中国农产品贸易发展报告》，中国农业出版社，2015，第123页。
③ 世界粮农组织：《食品价格指数》，http://www.fao.org/worldfoodsituation，2016年1月7日。

三 2015年粮食等农产品贸易的特征

（一）主粮自给率高，但需重视潜在问题

主要粮食品种仍然保持较高自给率，现阶段粮食安全是没有问题的。2015年中国粮食总产量62143.5万吨，比2014年增加1440.8万吨，增长2.4%。其中，小麦产量13018.7万吨、稻谷产量20824.5万吨、玉米产量22458.0万吨。[①] 经测算表明，2015年中国主要粮食稻米、小麦和玉米的自给率分别为97.79%、97.74%、97.93%。由此可见，在现有国内粮食生产能力、关税保护水平等条件下，中国粮食安全是有保证的。

但是，2015年国内外主要粮食品种之间价格差距明显扩大。2003年以来，中国主要粮食产品的价格大多高于国际市场主要粮食产品的价格，而且国内外粮食价格差距呈现扩大态势，2015年是中国加入WTO后国内外主要粮食价格差距最大的一年（见表3、图4）。这与国际市场主要粮食价格下跌，特别是与石油价格大幅下跌密切相关，同时也与国内粮食生产成本刚性上涨紧密相关。

进一步分析可知，由于国际粮食价格下降、国际海运费用降低，以及国内粮食生产成本上升等因素，形成了进口粮食到岸完税价低于国内粮食运至同一港口价格的局面，以广州黄埔港为例，2015年全年国内小麦到港平均价格高于关税配额内美国小麦到岸完税平均价格0.12元/公斤，国内玉米到港价格高于关税配额内美国玉米到岸完税价格0.11元/公斤。[②] 这种国内外粮食价格倒挂现象表明，现已存在着影响中国粮食安全的潜在因素，随着TPP等新的贸易规则发挥作用，国际规则和国际市场对中国农业政策的约束

---

① 《国家统计局关于2015年粮食产量的公告》，http://news.xinhuanet.com/politics/，2015年12月8日。
② 根据农业部《农产品供需形势分析月报》有关数据计算。

将进一步增强。如何综合考虑国内外变化因素,确保中国粮食安全的可持续性,仍是一个十分重要的现实问题。

表3 中国与国际市场主要粮食品种价格比较

单位:元/公斤,%

项目\年份	2005	2006	2007	2008	2009	2010	2011	2012	2013	2014	2015
国际小麦	1.15	1.32	1.80	2.40	1.59	1.63	1.89	2.06	1.94	1.87	1.46
中国小麦	1.50	1.44	1.54	1.74	1.84	1.98	2.07	2.15	2.44	2.50	2.79
价差率	30.43	9.10	-14.43	-27.50	15.72	21.47	9.52	4.37	25.77	33.69	91.10
国际稻米	2.10	2.13	2.26	4.21	4.01	3.38	3.43	3.45	3.22	2.56	1.17
中国稻米	2.27	2.30	2.43	2.82	2.92	3.13	3.52	3.80	3.94	4.00	2.08
价差率	8.09	7.98	7.52	-33.01	-27.18	-7.39	2.62	10.14	22.36	56.25	77.78
国际玉米	0.81	0.97	1.25	1.55	1.18	1.30	1.90	1.87	1.61	1.25	1.11
中国玉米	1.22	1.30	1.53	1.62	1.63	1.89	2.16	2.29	2.26	2.33	2.18
价差率	50.61	34.02	22.40	4.51	38.13	45.38	13.68	22.45	40.37	86.40	98.18

注:①价差率=[(中国市场粮食价格-国际市场粮食价格)/国际市场粮食价格]×100%。②小麦、玉米国际价格为美国海湾离岸价格,大米国际价格为曼谷离岸价格;小麦、稻米、玉米国内价格为全国平均批发价格。

资料来源:2005~2014年价格数据摘自中国社会科学院农村发展研究所、国家统计局农村社会经济调查司《中国农村经济形势分析与预测(2014~2015)》,第89页;2015年价格数据摘自农业部《农产品供需形势分析月报》,2015年12月。

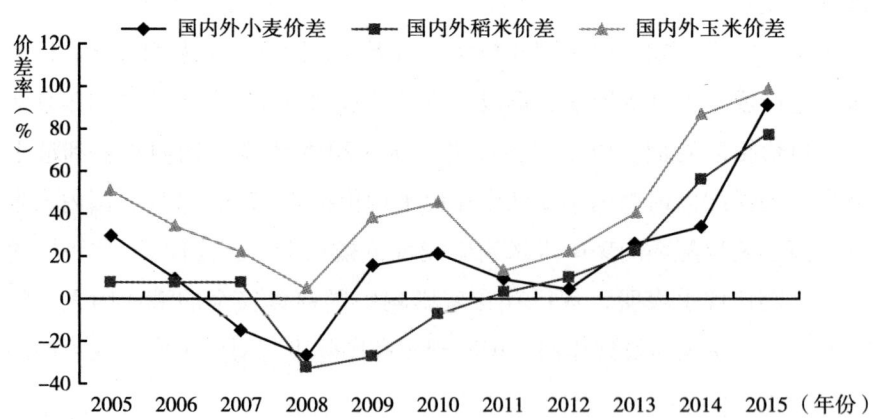

图4 中外主要粮食品种价格差距

（二）棉花、植物油和糖进口有所变化

1. 棉花进口量减少，其自给率有所提高

2015年世界经济复苏乏力，国际服装、纺织品市场需求不旺，导致中国纺织及其制品出口额下降1.3个百分点。因受世界经济的影响，在中国棉花产量561万吨、比上年减产9.3%的情况下，2015年棉花进口175.9万吨、比上年减少34.1%，对外依存度明显下降。中国棉花自给率从2007~2014年平均的64.3%提高至76.1%，但是中国仍然是棉花消费大国和进口大国。根据美国农业部《全球棉花供需预测月报》（2015年12月），在2015/2016年度，中国棉花进口119.8万吨，由此推测中国棉花进口量占世界份额的15.56%。

值得关注的是国内棉花价格明显高于国际棉花价格，农业部《农产品供需形势分析月报》（2016年1月）指出，进口棉价格指数（FC Index）M级（相当于国内3128B级棉花）月均价格每磅70.38美分，1%关税下折到岸价每吨11440元，比国内棉花价格低1205元，滑准税下折到岸价每吨13868元，比国内棉价高1223元。

2. 食用植物油进口增加，其自给率下降

2015年中国食用油料产量3547万吨，增产1.1%；食用植物油进口839.1万吨，比上年增长6.6%；食用植物油自给率不足40%，且有进一步下降趋势。同时，大豆进口8169.4万吨，比上年增长14.4%，折合豆油约1470万吨。美国农业部2016年1月预测，2015/2016年度全球食用植物油贸易量7642万吨，由此推测，中国食用植物油进口量约占世界食用植物油贸易量的11%。

3. 国产糖减少、进口增加、自给率下降

2015年累计生产成品糖1475.3万吨，比上年同期减少7.4%；食糖进口484.6万吨，增长39%；中国食糖自给率为74.9%，比上一年自给率82.7%下降7.8个百分点。2012年以来，国际食糖价格急剧下滑，由于中国食糖进口关税明显低于WTO成员的平均关税，配额外进口食糖完税价格

已低于国产糖含税成本价,① 对于价格优势突出的进口食糖,加工商和贸易商必然将其作为替代国产糖的市场选择。

四 政策思考与2016年形势展望

如何在复杂、多变的国内外形势下,科学地化解国外压力和国内难题,长期、稳定地保证中国人的粮食安全是一个重大的战略性任务。国际市场贸易规则不断变化和创新,国内农业成本不断攀升,"双重挤压"情况日益严重,这要求我们必须从全球视野和整体战略出发,居安思危、开拓进取,调整政策思路和准备应对措施。

(一)政策思考

在全球经济一体化和贸易便利化大趋势下,中国农业再一次面临新的挑战。工业化和城镇化发展过程,促进了国内农产品成本和价格上升。但是,近两年国际农产品价格较快下降,形成了农产品价格"天花板",客观上,要求国内农产品批发价不得高于进口农产品到岸完税价格,否则国外农产品将会大量涌入国内市场,直接冲击中国农业。

由此可见,中国农业发展受到了多种互相牵制的因素的影响,农业政策调整应注重供给侧改革,既要保证农产品生产数量,也要注重农产品的成本和价格,以保证有效的市场供给。从长远来看,粮食安全不仅取决于生产数量,而且取决于国际竞争力。

(1)探索不同经营主体在规模化生产中,降低国内粮食生产成本的路径。例如,一些农民专业合作社采取土地入股方式,而家庭农场、种植大户采取土地转租方式,前者的土地成本远低于后者的土地成本。

(2)借鉴国外有益经验,调整现有的粮食政策。从改革的方向看,坚持粮食价格由市场决定,实行价格和补贴分离、福利性补贴和生产性补贴分

---

① 屈冬玉主编《2015中国农产品贸易发展报告》,中国农业出版社,2015,第44页。

离,生产性补贴应向粮食规模化生产倾斜,既有利于保护农民的正当利益,又有利于降低粮食生产成本。

(3) 加强粮食价格信息发布,通过价格引导农民种粮。各地农业部门应帮助农民了解和掌握粮价信息,并根据粮食价格信号调整农业生产结构。通过粮食收购政策调整,进一步优化粮食品种结构,推进专用型饲料粮品种,使粮食政策调整具有可操作性。

(4) 发挥舆论导向作用,有助于农业政策调整。2016年中央一号文件指出,改革完善粮食等重要农产品价格形成机制和收储制度,按照市场定价、价补分离的原则,调整中国粮食价格持续刚性上涨的格局。专家学者通过阐述科学观点,新闻媒体发挥舆论导向作用,支持中央有关农业政策调整。

(二) 2016年形势展望

2016年"世界经济黄皮书"[①]指出,2016年世界经济增长形势依然不容乐观,世界经济将受到一系列不确定和趋势性因素的影响,包括发达经济体需求管理政策效果能否延续,全球超高债务水平对金融稳定可能带来多大威胁,新兴市场和发展中经济体连续五年经济增速下滑的势头能否得到有效遏制。世界银行发布《全球经济展望》(2016年1月)预测,2016年世界经济增长率将温和回升,从2015年的2.4%增至2.9%。2016年发展中国家预计经济增长率为4.6%,中国经济增长预期将由7%降至6.7%。

近年来国际贸易发展滞后于经济增长,特别是发达国家经济增长对进口的拉动作用下降。WTO预计,2016年全球贸易量将增长3.9%,仍将低于过去20年5%的平均水平。其中,发达国家出口增长3.9%,发展中国家出口增长3.8%。[②]从全球农业来看,FAO预测2015/2016年度世界谷物产量比上一年度略有降低,但是谷物可利用量有所增长。2015/2016年度世界谷

---

① 王洛林、张宇燕主编《2016年世界经济形势分析与预测》,社会科学文献出版社,2015。
② 商务部综合司:《2016年中国对外贸易发展态势分析》,http://zhs.mofcom.gov.cn/article/,2015年11月。

物生产量预测25.34亿吨,比2014/2015年度下降0.9%,但是可利用量增长1.2%。从国际市场农产品价格走势来看,2016年农产品价格仍然处于下降状态。

中国农产品对外贸易变化取决于多种因素的综合影响,包括世界和国内经济形势走势、国内外农业生产和农产品价格变化,农业政策调整和汇率变化等因素。综合考虑多方面因素,2016年中国农产品对外贸易额负增长将有所改善,在国内经济增长率7%、世界经济增长率3%情况下,中国农产品进出口贸易额增长将达3%;在国内经济增长率6.5%、世界经济增长率2.7%情况下,农产品对外贸易额增长将从上一年的-3.5%调至-1%。由于世界大宗农产品价格仍处于低位徘徊,同时中国大宗农产品生产成本仍处于上升过程,除了国际服装及纺织品市场萧条、新型化纤产品具有较强替代性导致棉花进口量下降外,粮食、食用植物油和糖料等大宗农产品进口量仍将增长。同时,由于国际农产品价格下跌原因,农产品进出口逆差将有所收窄。

G.10
2015年林业发展评价与2016年展望

张海鹏 张志涛*

摘　要： 2015年，中国以生态建设为主的林业发展格局进一步强化，造林绿化、防沙治沙、湿地保护，以及野生动植物和生物多样性保护都取得了一定成效。由于受国内外经济形势的影响，木材产量显著下降，林产工业发展缓慢，林业产值和进出口贸易额增速明显放缓。《国有林区改革指导意见》和《国有林场改革方案》发布，国有林区和国有林场改革全面启动。展望2016年，继续深化林业改革，大力开展生态扶贫将是中国林业发展的重要内容。

关键词： 林业　生态建设　产业　改革

自20世纪90年代末期林业"六大工程"实施以来，中国逐步构建起以生态建设为主的林业发展战略。在森林的三大效益当中，生态效益不断得到强化，而经济效益则相对弱化。2015年，生态效益优先的林业发展格局进一步强化，这在年初的中央一号文件中就有明显的体现。虽然一号文件当

---

* 张海鹏，博士，中国社会科学院农村发展研究所副研究员，主要研究领域包括资源与环境经济、林业经济理论与政策、城乡关系。张志涛，硕士，国家林业局经济发展研究中心高级工程师，从事林业重大问题调查研究工作，主要研究领域包括森林资源核算和林业生态建设政策。

中多处涉及林业发展，但其中绝大部分都是林业生态建设的内容。诸如大力推进重大林业生态工程，推进京津冀、丝绸之路经济带、长江经济带生态保护与修复，提高天然林资源保护工程补助和森林生态效益补偿标准，继续扩大停止天然林商业性采伐试点，实施湿地生态效益补偿、湿地保护奖励试点和沙化土地封禁保护区补贴政策，等等。全文关于林业产业建设的内容很少，即便是"发展林产业和特色经济林"的内容，依然被放到了"加强农业生态治理"部分，其目的还是在于强调林业的生态效益。2015年4月，《中共中央国务院关于加快推进生态文明建设的意见》的出台，使林业作为生态建设主体的地位愈发得到重视，可以预期，生态建设在林业未来发展中的地位还将进一步提升。

一 2015年中国林业发展评价

2015年，中国林业发展整体呈现稳步推进的局面，在生态建设优先发展的态势下，产业建设和体制机制改革均有所进展。

（一）生态建设

2015年，中国的造林绿化、防沙治沙、湿地保护，以及野生动植物和生物多样性保护都取得了一定成效。

1. 造林绿化

2015年，中国造林面积继续保持在较高水平。全国共完成造林面积9487万亩，相比2014年增长4.94%。20世纪末期，由于六大林业工程的全面实施，特别是退耕还林工程的正式启动，中国的造林面积从2001年的不足0.75亿亩跃升到2002年的1.17亿亩，增幅达56.89%。2003年，中国造林面积达到历史高峰1.37亿亩，其中退耕还林工程造林面积占到73.36%，林业重点工程造林面积合计更是占到90.6%。[①] 此后，随着林业

---

① 《2003年中国国土绿化状况公报》。

重点工程造林面积的下降，全国造林面积也显著下降，2005年全国造林面积降低到0.55亿亩以下，甚至低于林业重点工程全面实施前的水平。与此同时，非林业重点工程造林面积开始上升，推动全国造林面积缓慢上升；2008年集体林权制度改革正式启动以后，非林业重点工程造林面积迅速提高，全国造林面积也随之明显攀升，多数年份达到9000万亩以上。整个"十二五"期间，中国共造林4.5亿亩，比"十一五"期间增加18%；森林覆盖率提高到21.66%，森林蓄积量增加到151.37亿立方米，是全球森林资源增长最多的国家。① 但是，自2012年开始，林业重点工程造林面积在中国造林面积中的比重已经降到50%以下，各级地方政府、企业和大户造林成为中国造林的主要力量。2013~2015年3年间，非林业重点工程造林面积在全国造林面积中的比重分别约为58%、67%和68%，至此以非国家林业重点工程造林为主的造林格局基本定型。

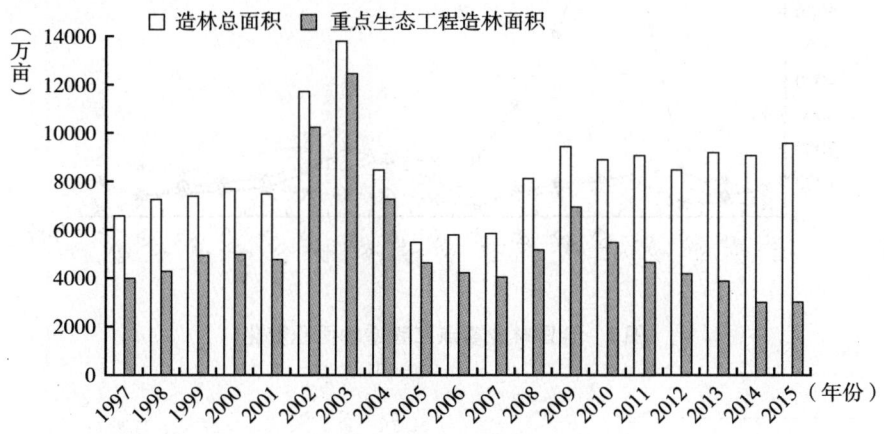

图1　全国造林面积变化

林业重点工程造林依然在中国造林中占有重要地位，提质增效成为新的目标（见图2）。2015年，林业重点工程造林面积相比2014年有所增加，其中，三北、长江、珠江、沿海等防护林体系建设工程共造林2139万亩，较

---

① 国家林业局局长张建龙在2016年全国林业厅局长会议上的讲话。

2014年有所上升。京津风沙源治理工程①造林面积比2014年有所下降，全年造林233万亩。退耕还林工程造林在林业重点工程造林中占有相当大比重，对林业重点工程造林面积变化具有重要影响。2014年，国家启动了新一轮退耕还林工程，②当年安排退耕还林面积500万亩，这一任务在2015年全部完成。2015年，全国共安排新一轮退耕还林还草1000万亩，荒山荒地造林33.3万亩，③任务已经全部落实到县，并且完成造林计划的31.86%。退耕还林工程造林面积的增加，是2015年林业重点工程造林面积上升的主要原因。

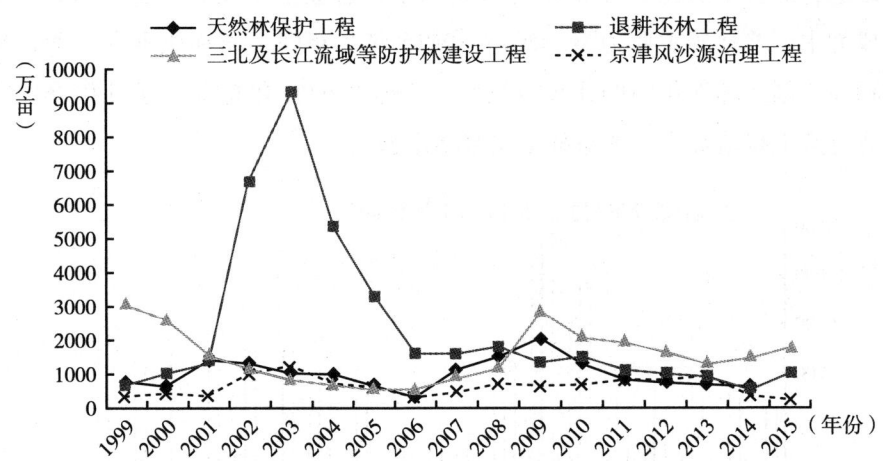

图2　全国林业重点工程造林面积变化

---

① 京津风沙治理一期工程于2012年结束。2012年9月，《京津风沙治理二期工程规划（2013-2022年）》的通过，标志着京津风沙治理二期工程开启。二期工程的范围由北京、天津、河北、山西、内蒙古5个省（区、市）的75个县（旗、市、区）扩大至包括陕西在内6个省（区、市）的138个县（旗、市、区）。二期工程共实施10年，总投资877.92亿元。
② 根据《新一轮退耕还林还草方案》，到2020年，将全国具备条件的坡耕地和严重沙化耕地约4240万亩退耕还林还草。其中包括25度以上坡耕地2173万亩，严重沙化耕地1700万亩，丹江口库区和三峡库区15~25度坡耕地370万亩。新一轮退耕还林的补助标准也发生了变化，国家每亩补助1500元，第1、3、5年分别拨付800元、300元和400元。
③《退耕还林工程简报》2016年第1期（总第198期）。

2015年，国家储备林建设也取得新进展。为了加快解决国内木材供需缺口巨大的问题，近年来中国开始探索建设国家储备林。2013年，《全国木材战略储备生产基地建设规划（2013～2020）》明确提出，到2020年建设木材战略储备基地2.1亿亩。根据规划，基地建成后，预计每年可增加木材供应能力9500万立方米，初步缓解国内木材供需矛盾。2013年当年，中国就建设木材储备基地35.3万公顷，并且在南方7省启动了国家储备林建设试点。2014年，在试点的基础上进一步将建设范围扩大到15个省份，划定国家储备林1500万亩。2015年，国家储备林建设进入快车道。国家林业局出台了《国家储备林制度方案》；国家林业局与财政部联合下发了《关于做好国家储备林建设工作的通知》；首个国家开发银行贷款100亿元国家储备林项目也在广西落地；全年在广西、湖南、福建等15个省（区、市）建设国家储备林1160万亩。整个"十二五"期间，全国累计建设国家储备林和速生丰产林基地2990万亩。[1]

2.防沙治沙

2015年，第五次全国荒漠化和沙化监测[2]结果公布。监测结果表明，中国防沙治沙取得显著成效。与上一次（2009年）的监测结果相比，全国荒漠化土地面积由26237万公顷减少到26116万公顷，减少121万公顷，年均减少约24万公顷。全国沙化土地由17311万公顷减少到17212万公顷，减少99万公顷，年均减少约20万公顷。事实上，中国荒漠化土地和沙化土地面积自2004年以来，已经连续10年保持"双缩减"趋势。

中国荒漠化和沙化程度呈现"极重度减少，轻度增加"的趋势。根据第五次全国荒漠化和沙化监测结果，相比2009年，极重度荒漠化土地减少283万公顷，减少幅度为5.73%；轻度荒漠化土地则增加836万公顷。极重度沙化土地减少748万公顷，减少幅度为7.9%；轻度沙化土地则增加419万公顷。

---

[1] 国家林业局局长张建龙在2016年全国林业厅局长会议上的讲话。
[2] 从1995年开始，中国每5年进行一次荒漠化和沙化土地监测。第五次监测开始于2013年，2015年12月公布监测结果，公布的结果是2014年底的情况。

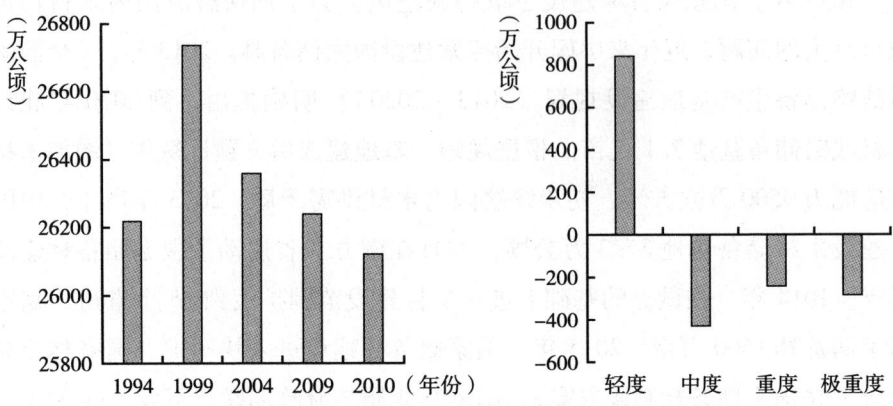

图3 1994~2010年全国荒漠化面积和2014年
与2009年相比荒漠化面积结构变化

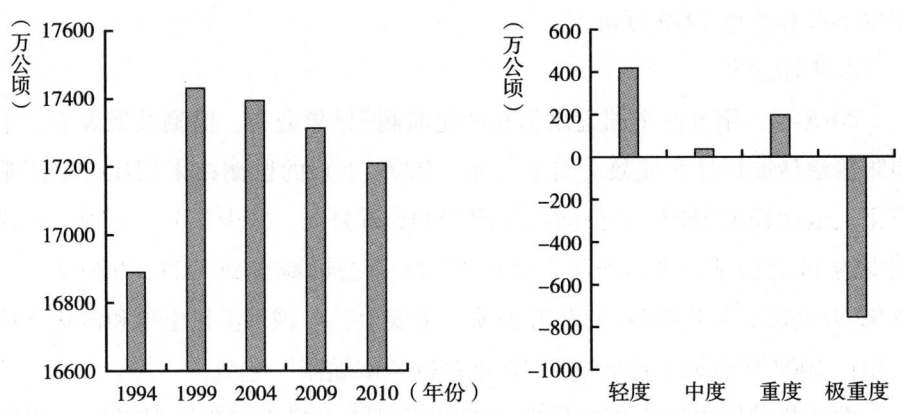

图4 1994~2010年全国沙化面积和2014年
与2009年相比沙化面积结构变化

防沙治沙成效的取得是各种因素综合作用的结果。在过去的几十年当中，中国对于防沙治沙进行了反复的探索，在实践中逐渐总结出一些有效的措施和手段。包括退耕还林、退牧还草等植被恢复手段，舍饲养殖和轮牧休牧等生产方式的改变，以及能源结构、种植业结构的调整，等等。经济发展对于防沙治沙的效应也有所显现，特别是城镇化和农村富余劳动力的输出，降低了土地承载力，也有利于沙区植被的休养生息。同时，气候变化也有利于沙漠化治理。监测显示，近10年来荒漠化主要分布区降水呈现波动增加的趋势，降水量较上一个监测期增加了14.8%，显然这有利于林草植被的建设和生态的自然修复。但是，气候因素的加入，也为以后的防沙治沙带来了更大的不确定性。

国家沙化土地封禁保护区建设取得新进展。2015年7月1日，《国家沙化土地封禁保护区管理办法》颁布实施。国家沙化土地封禁保护区主要针对不具备治理条件的以及因保护生态的需要不宜开发利用的连片沙化土地，与自然保护区及其他已批准设立的保护区不重叠，扩大了沙化土地的保护范围。

3. 湿地保护

最新的湿地资源调查[①]表明，中国单块面积在8公顷以上的湿地共计5360.26万公顷，湿地率为5.58%。"十二五"期间，中国湿地保护面积增加了200万公顷，自然湿地保护率由10年前的30.49%提高到46.80%。截至2016年初，中国自然湿地保护面积达2185万公顷，全国共批准国家湿地公园试点706处，其中通过验收并正式授予"国家湿地公园"正式称号的达98处，指定国际重要湿地49处。[②]

中国湿地分布相对集中。最新的湿地资源调查数据显示，青海、西藏、内蒙古、黑龙江、新疆、江苏的湿地面积较大，这6省（区）湿地面积占全国湿地面积的比重达60.8%；云南、上海、海南、陕西、天津、贵州、重庆、宁夏、山西和北京10省（区、市）湿地面积不足全国湿地面积的5.2%。人工湿地面积的分布也比较集中，江苏、湖北、山东、广东、安徽和辽宁6省湿地面积占全国人工湿地面积的比重达50.8%；四川、海南、贵州、上海、甘肃、山西、宁夏、陕西、北京和西藏10省（区、市）湿地面积占全国人工湿地面积的比重不足6.9%。

---

① 中国最新的一次湿地资源调查是在2009~2013年期间展开，此前于2003年进行了第一次调查。

② 绿文：《中国湿地保有量将稳定在8亿亩》，《国土绿化》2016年第1期。

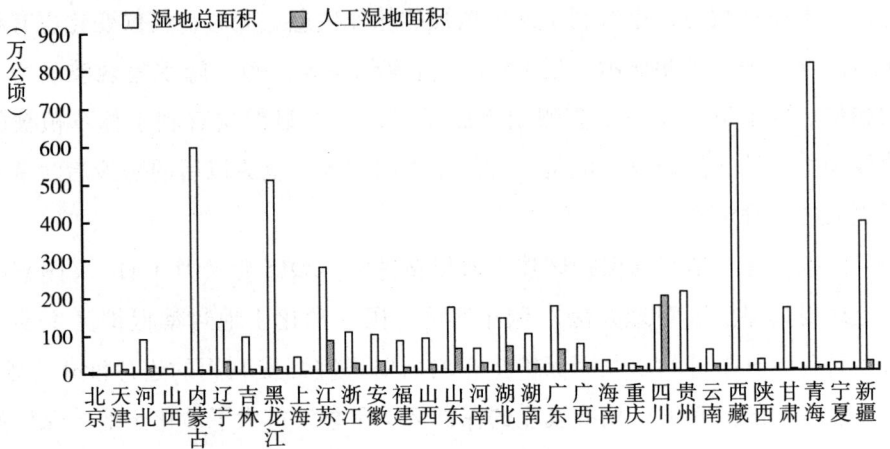

图5 全国各地区湿地面积

湿地保护工程和中央财政湿地补贴协调推进,是"十二五"期间湿地保护工作的一大亮点。5年来,全国完成中央预算内基本建设投资15亿元,实施了湿地保护、湿地恢复与综合治理、可持续利用、能力建设等工程,初步形成了各类湿地恢复的模式。目前,湿地保护已纳入了全国水资源、水污染防治、长江经济带、"一带一路"、京津冀协同发展等战略规划。①

4. 生物多样性保护

野生动植物保护上升到国家战略。2015年4月,《关于加快推进生态文明建设的意见》指出:"加强自然保护区建设与管理,对重点生态系统和物种资源实施强制性保护,切实保护珍稀濒危野生动植物、古树名木及自然生境。"2015年9月,《生态文明体制改革总体方案》指出:"构建保护珍稀野生动植物的长效机制。"2015年12月,《中共中央关于制定国民经济和社会发展第十三个五年规划的建议》进一步强调:"维护生物多样性,实施濒危野生动植物抢救性保护工程,建设救护繁育中心和基因库。强化野生动植物进出口管理,严防外来有害物种入侵。严厉打击象牙等野生动植物制品非

---

① 绿文:《中国湿地保有量将稳定在8亿亩》,《国土绿化》2016年第1期。

法交易。"这一系列文件的出台显示中国的野生动植物保护已经上升到国家战略。

野生动植物保护工作稳步推进。2015年，全国公开销毁662公斤非法象牙及制品，并且对非洲象牙雕刻品和狩猎纪念物象牙进口采取了暂停措施。2015年9月，中国第一个野生动物保护类型国家公园——"西藏羌塘藏羚羊、野牦牛国家公园"开始建设。截至2015年末，中国林业自然保护区总数达2189处，有效保护了野生动植物资源和典型生态系统，珍稀物种野外种群数量稳中有升。

2015年2月，全国第四次大熊猫调查结果发布。根据调查结果，中国大熊猫保护成就斐然。一是野生种群数量稳定增长。全国野生大熊猫种群数量达到1864只。二是栖息地范围明显扩大。四川、陕西、甘肃三省共有大熊猫栖息地面积258万公顷，潜在栖息地91万公顷。三是圈养种群规模快速发展。四是保护管理能力逐步增强。已有66.8%的野生大熊猫和53.8%的大熊猫栖息地纳入了自然保护区网络。

（二）产业发展

1. 林业产值与产业结构变化

林业总产值继续增长，第三产业贡献较大。2015年，中国林业产业总产值达5.81万亿元（现价），相比2014年增长7.6%。相比2001~2014年期间21.96%的平均增速，林业产业产值增速明显放缓。分产业看，第一产业产值1.92万亿元，同比增长3.31%；第二产业产值2.96万亿元，同比增长5.49%；第三产业产值0.93万亿元，同比增长25.87%，第三产业是推动林业产值增长的主要力量。

林业产业结构进一步优化。2015年，林业三次产业的产值比例由2014年的34:52:14调整为33:51:16，第一产业和第二产业所占比重均有所下降，以林业旅游与休闲为主的第三产业所占比重增大。与2010年相比，林业产业结构明显优化，第一产业比重下降，而第三产业比重大幅上升。

表1 全国林业产值与产业结构变化

单位：万亿元，%

年份	总产值	产业结构		
		第一产业	第二产业	第三产业
1998	0.27	69.77	26.26	3.98
2001	0.41	66.10	30.35	3.55
2004	0.69	56.40	37.16	6.44
2007	1.25	44.25	48.14	7.61
2010	2.28	39.05	52.14	8.81
2013	4.73	34.61	52.79	12.61
2014	5.40	34.35	51.98	13.67
2015	5.81	33.00	51.00	16.00

2. 林产品贸易

根据国家林业局的统计，2015年中国林产品进出口贸易额达到1400亿美元，进出口贸易总额跃居世界首位；但是增速明显放缓，仅比2014年微增约0.7%。长期以来，中国都是林产品的净进口国，而且进口数量和金额较大。虽然加入WTO以后，中国林产品出口呈现持久的大幅增长的态势，年均增幅约为30%，[①]但是林产品净进口的格局没有发生变化。直到2013年，中国林产品进出口贸易格局才发生了转变，当年林产品出口额为644.5亿美元，进口额为640.9亿美元，出现林产品贸易顺差。2014年，由于中国林产品出口量较快增长，贸易顺差的状态得以保持。根据国家林业局的数据，2015年上半年林产品出口347.6亿美元，同比增长6.6%；进口321.0亿美元，同比减少9.1%。《木材资源季刊》（Wood Resource Quarterly，WRQ）公布的数据显示，由于国内需求减少，2015年中国林产品进口量大幅下降，原木和锯材进口总额下跌25%。[②]其中，原木进口量减少662.63万立方米，全年进口量为4456.8万立方米，比2014年下降12.94%。

[①] 张寒、聂影：《中国林产品出口增长的动因分析：1997~2008》，《中国农村经济》2010年第1期。

[②] 《2015年中国林产品进口量大幅下降原木和锯材进口总额下跌25%》，中国纸网，http://www.paper.com.cn，2016年2月23日。

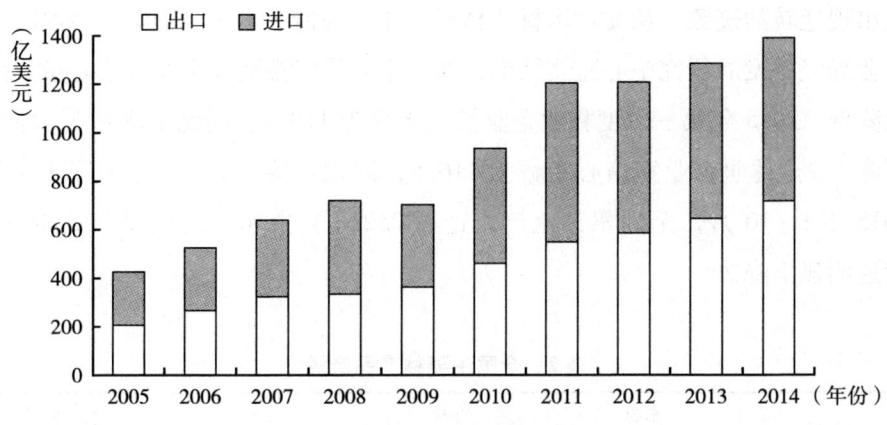

图 6　全国林产品进出口额

在出口方面，带动中国林产品出口贸易增长的依然是传统优势产品，主要包括纸制品、木制品、木家具等。而在进口方面，以往大宗进口产品包括原木、锯材、纸、纸板及纸制品、天然橡胶以及棕榈油进口均呈现减少的态势。①

3. 木材及林产工业发展

2015 年，中国国内木材产量 7000 多万立方米，相比 2014 年显著下降，降幅达 15% 左右，改变了 2002 年以来国内木材产量稳定增长的趋势。木材采伐量的下降，一方面来自于重点国有林区停止天然林商业性采伐政策的全面实施，另一方面，国有林场改革试点地区的木材采伐量也显著下降。统计显示，江西国有林场年均采伐量由 326.7 万立方米减少到 84.6 万立方米，减幅达 75%；湖南由 39.8 万立方米减少到 6.3 万立方米，减幅达 84%；浙江、河北、山东和甘肃也大幅减少或停止了采伐。②

由于受国内外经济形势的影响，2015 年国内木材及林产工业发展缓慢。2014 年，中国木材市场就出现严重供过于求的情况，这一情形在 2015 年并

---

① 《2015 上半年中国林产品进出口总值为 668.6 亿美元》，中国商情报网，http://www.askci.com，2015 年 8 月 24 日。
② 《加强典型宣传推广助推改革顺利实施》，中国林业网，http://www.forestry.gov.cn，2016 年 2 月 29 日。

没出现逆转的迹象,从而对木材及林产工业发展造成了负面影响。根据国家林业局经济发展研究中心监测结果,林业企业景气指数和企业家信心指数持续降低。2015年第三季度林业企业景气指数为118.9,同比下降6.5,环比下降1.9。林业企业家信心指数为116.5,同比下降5.5,环比下降1.4。①2015年1~10月,全国累计生产人造板25216立方米,同比增长5.24%,增速明显下降。

表2　全国主要林产品产量

年份	木材（万立方米）	竹材（万根）	锯材（万立方米）	人造板（万立方米）
1997	6395	44921	2012	1648
1998	5966	69253	1788	1056
1999	5237	53921	1586	1503
2000	4724	56183	634	2002
2001	4552	58146	764	2111
2002	4436	66811	852	2930
2003	4759	96867	1127	4553
2004	5197	109846	1533	5446
2005	5560	115174	1790	6393
2006	6612	131176	2486	7429
2007	6977	139761	2829	8839
2008	8108	126220	2841	9410
2009	7068	135650	3230	11547
2010	8090	143008	3723	15361
2011	8146	153929	4460	20919
2012	8175	164412	5568	22336
2013	8439	187685	6298	25560
2014	8233	222440	6837	27372
2015	7000	—	—	25216

注：2015年人造板产量为1~10月统计量。

① 马龙波、张英豪、毛炎新、崔平：《2015年第三季度中国林业产业监测主要结果》,《林业经济》2016年第2期。

此外，促进林业产业发展的积极因素也在不断涌现。社会资本更加关注林业产业，公司+农户、公司+基地+农户等产业模式促进了生产要素的合理配置，木材及林产工业科技含量不断提升，林产品健康、绿色、天然，特色鲜明受到消费者青睐，产品价值不断提高。

4. 经济林发展

经济林产业是典型的绿色富民产业，涉及国民经济一二三产业多个门类，涵盖范围广、产业链条长、产品种类多，在维护国家粮油安全、促进农民增收、绿化国土和优化居民饮食消费结构等方面具有重要作用。近年来，中国经济林产业发展迅猛，在生态林业和民生林业方面发挥了重要作用。2009年以来，全国每年营造经济林面积近2000万亩。截至2015年，全国经济林总面积已达5.7亿亩，经济林产业总产值突破1万亿元。

中国特色经济林果品产量居世界首位，但是特色经济林果品出口量相对较低，主要原因是优质果率低。当前国际市场干果的优质果率为70%~80%，主要出口国外销优质干果占其总产量的40%~50%，而中国达到出口标准的高档果不足10%。

5. 森林旅游发展

截至2015年，中国各类、各级森林旅游地数量已超过8500处，其中各级森林公园3101处、各级林业系统自然保护区2189处、各级湿地公园979处。

随着公众生态意识、回归自然的需求和休闲能力的不断提升，森林旅游产业蓬勃发展。到2014年底，全国森林旅游游客量已达9.1亿人次，创造社会综合产值达6500亿元，森林旅游游客量第一次突破国内旅游人数的25%，创造社会综合产值第一次突破国内旅游收入的20%。在全国832个贫困县中，仅国家森林公园就有227处，占国家森林公园总数的近29%；有432个贫困县分布有各级森林公园，占贫困县总数的52%。

（三）2015年林业改革进展

1. 国有林区和国有林场改革进展

2015年3月，中共中央、国务院颁布了《国有林区改革指导意见》（以下简称《意见》），国有林区开启全面改革。《意见》提出了国有林区改革的总体目标，并明确提出改革的主要任务：停止重点国有林区天然林商业性采伐；推进国有林区政企分开，形成精简高效的国有森林资源管理机构，创新森林资源管护机制和资源监管体制；妥善安置国有林区富余职工，确保职工基本生活有保障。《意见》指出了改革的总体目标和主要任务，明确了改革的方向，同时也为各地探索适合地方特色的具体实践留出了空间。2015年，内蒙古自治区国有林区改革方案已经得到批复，吉林和黑龙江的改革方案正在审批。在2014年黑龙江重点国有林区停止天然林商业性采伐试点基础上，2015年内蒙古和吉林重点国有林区也采取停伐措施。

2015年初，随着《国有林场改革方案》发布，国有林场改革也全面启动。从总体上看，2015年国有林场改革进展较为缓慢。广东省最早于7月率先上报了全省国有林场改革实施方案，并于9月获得国家批复。此后，北京、内蒙古、山西、宁夏、吉林5省的改革方案陆续获得批复。但是，截至2015年12月初，仍有22个省（区、市）的改革方案还没有上报，8个省（区、市）甚至还没有形成方案初稿。①

2. 集体林权制度改革进展

全国集体林明晰产权、承包到户的改革任务基本完成，已确权集体林地27.05亿亩，发放林权证1.01亿本。林权交易、合作经济以及林地流转发展迅速。截至2015年，全国县级及以上林权交易服务机构达1610个，林业合作组织达16万家，流转林地面积累计达2.28亿亩，占全部确权林地的8.5%。

2015年，全国确定了30个集体林业综合改革试验示范区。集体林业综合改革试验区的主要任务是，在明晰产权的基础上，开展各类改革实验，释放林业发展的潜力。集体林业综合改革试验示范区将为下一步集体林区综合改革提供经验和蓝本。

---

① 张永利：《抓住机遇精心组织打好国有林场改革攻坚战——在全国国有林场改革现场会上的讲话》，中国林业网，http://www.forestry.gov.cn，2015年12月1日。

3. 其他林业改革进展

2015年，林业部门共取消、下放和调整行政审批事项37项，累计已达64项，取消下放比例为67%。

国家公园体制建设加速。2015年1月，《建立国家公园体制试点方案》发布，中国国家公园体制创建进入实质性推进阶段。2015年6月，《中共中央国务院关于加快推进生态文明建设的意见》进一步提出建立国家公园体制。此后，中国在北京、吉林、黑龙江、浙江、福建、湖北、湖南、云南、青海等9省市开展为期3年的国家公园体制试点。

编制林业自然资源资产负债表。2015年，中国在8个试点地区开展了林业自然资源资产负债表填报工作。林地资源、林木资源和湿地资源被纳入自然资源资产负债表编制账户，林业资源增减变动反映在自然资源资产负债表中，可以为领导干部自然资源离任审计提供参考依据。

二　2016年林业发展展望

按照2016年中央一号文件对林业发展的总体要求，并结合中国社会经济发展的现实，展望2016年，中国林业将在制度改革、国土绿化、资源保护和产业发展方面实现重点突破。

（一）林业各项制度改革继续向纵深发展

国有林区和国有林场改革依然是中国林业制度改革的重点。2016年，随着吉林和黑龙江的国有林区改革方案陆续获得批复，下一步如何落实将是国有林区的重要任务。另外，2016年是重点国有林区全面停伐后的第一年，如何应对停伐的各种不利影响也将是国有林区改革的重要内容。对于国有林场来讲，更多省份的改革方案在2016年初已经获得批复，改革进程明显加快，因此，国有林场改革也面临具体落实的问题。为此，国有林场森林资源保护培育专项规划、森林资源监管办法、基础设施建设等规划和支持政策要加快出台。2016年，国有林场也将全面停止天然林商业性采伐，如何应对由此带来的木材供给下降以及国有林场收入下降，也是本年度国有林场改革的重点任务。深化集体林权制度改革的重点依然围绕提高林业经营水平展开，除了继续放活经营和提升社会服务能力之外，鼓励和支持综合改革试验示范区建设，并在此基础上出台综合性意见，更加具有创新价值。

（二）国土绿化的重点转向提质增效

2016年，国土绿化工作将在稳步推进的同时，更加重视提质增效。首先，根据工作安排退耕还林工程将继续扩大规模，但是如何使退耕还林任务得到落实将面临较大挑战。其次，国家储备林建设进程加快。国家储备林建设规划将在本年度出台，同时国家将推动实施一批重大贷款项目，国家储备林面积将进一步扩大。再次，林业重点工程建设与国家重大战略紧密结合。三北防护林建设、京津风沙源治理等林业重点建设工程继续推进，并且围绕丝绸之路、京津冀一体化等国家战略配置建设内容。

（三）资源保护力度进一步提高

在森林资源保护方面，将着力建设国家公园，完善国家公益林管理办法，提高森林生态效益补偿标准；全面保护天然林，扩大天然林保护范围，完善天然林保护政策，并提高补助标准。在湿地保护方面，将开展湿地生态效益补偿试点和退耕还湿试点。在生物多样性保护方面，国家将对东北虎、东北豹和亚洲象等濒危野生动物及其栖息地进行综合保护，开展第二次全国野生动植物资源调查工作，实施新一轮大熊猫保护工程。在防沙治沙方面，将推进沙化土地封禁保护区补贴试点和国家沙漠公园建设，探索建立荒漠生态补偿制度和防沙治沙奖励补助机制。在实施资源保护的过程中，林业部门还将结合林业重点生态工程建设，开展生态扶贫。

（四）加快产业升级推进林业供给侧结构性改革

可以预期，2016年中国林业产业发展将面临更加严峻的形势。虽然，近期林业产业发展的困境与国际和国内经济形势的变化有关，但是更多还是来自林业产业内部,因此非常有必要进行"去产能、去杠杆、去库存、降成本、补短板"的供给侧结构性改革。2016年,中国林业产业将通过产业升级,推进林业供给侧结构性改革。首先,将进一步加快发展绿色产业。实施林业产业建设工程,加快林业传统产业转型升级,着力培育竹缠绕新技术新材料、森林生物质能源、森林生物制药、森林新资源开发利用、森林休闲康养等战略性新兴产业。同时,大力发展特色产业,加快发展特色经济林、林下经济、竹藤花卉等绿色产业,提高农民收入,从而使林业在精准扶贫中的作用得以发挥。完善林产品市场机制,大力发展林产品电子商务,规范林权交易市场,推进森林碳汇交易。推进森林认证,加强森林生态标志产品品牌体系建设,建立重点林产品市场监测预警体系。①

---

① 国家林业局局长张建龙在2016年全国林业厅局长会议上的讲话。

热 点 篇

Highlights Reports

G.11
农村三次产业融合发展情况及推进路径[*]

张红宇　杨春悦[**]

摘　要： 农村一二三产业融合发展是农业产业化经营的升级版。从农业产业化经营基础、产业形态、利益联结机制等维度分析，农村一二三产业融合发展速度较快，多元化特征明显，但总体仍处于起步阶段。还存在融合主体能力缺乏、信贷等金融保险服务不足、生产性用地成为瓶颈、公共服务有效性不强等困难和问题。未来推进农村一二三产业融合发展，应关注

---

[*] 本文运用了中国农村金融论坛内部课题"金融支持农村一二三产业融合发展问题研究"的部分成果。

[**] 张红宇，博士，农业部农村经济体制与经营管理司司长，教授，博士生导师，长期从事农业和农村经济政策、农村产权制度、农村金融保险和农业宏观管理等方面的研究。杨春悦，博士，农业部农村合作经济经营管理总站专业合作处副处长，助理研究员，从事农业和农村经济发展研究。

农业产业化示范基地、产粮大县等重点区域，聚焦龙头企业、农民合作社等关键群体，构建多种方式利益联结机制，建立包括认定扶持联动机制、强化财政支持、多途径保障发展用地、完善公共服务体系在内的政策体系。

关键词： 农村三次产业融合　农产品　推进路径

近年来，中央高度重视促进农村一二三产业融合发展，将其作为农业现代化和新型城镇化战略的一项重要举措，做出总体部署。2015年以来的两个中央一号文件都提出推进农村一二三产业融合发展。党的十八届五中全会强调，推动粮经饲统筹、农林牧渔结合、种养加一体、一二三产业融合发展，走产出高效、产品安全、资源节约、环境友好的农业现代化道路。国务院办公厅印发《关于推进农村一二三产业融合发展的指导意见》，提出了农村一二三产业融合发展的总体要求，就发展产业融合方式、培育产业融合主体、建立利益联结机制、完善产业融合服务、健全推进机制，做出了具体部署。在加快推进农业供给侧结构性改革的背景下，作为一项新的发展战略和重要举措，在实践中进展怎样、还存在哪些问题、下一步走向如何，需要密切关注。

一　农村一二三产业融合发展现状

国家发改委将推进农村产业融合界定为：以市场需求为导向，以完善与农户利益联结机制为核心，以制度、技术和商业模式创新为动力，以新型城镇化为依托，延伸农业产业链，拓展农业多种功能，培育农村新型业态，形成农业与二三产业交叉融合的现代产业体系、惠农富农的利益联结机制、城乡一体化的农村发展新格局。[1]

---

[1] 徐绍史：《推进农村一二三产业融合发展》，《经济日报》2016年1月23日。

本报告将农村一二三产业融合发展内涵界定为：一种以农业农村经济发展和新型城镇化为基本依托，以第一产业为基础延伸产业链条，拓展到第二、三产业，打通一二三产业界限，发展新兴业态，促进现代农业发展和农民增收的发展思路和方式。从外在表现上看是产业融合，第一产业扩展到第二、三产业，形成了新兴产业形态，开发了农业多种功能；从内在属性上看是价值提升，获得技术进步和产业融合红利，关键是让农业、农民和农村在价值链提升中更多受益。

（一）农村一二三产业融合发展基础

农村一二三产业融合发展涉及形成完整产业链条，着眼于带农惠农、促进农民增收致富，与农业产业化经营一脉相承，是农业产业化经营的升级版。作为农业新理念新技术的实践者，龙头企业、农民合作社等农业产业化经营组织蓬勃发展，与农民的利益联结关系不断密切，为产业融合发展提供了组织准备。这样的联结关系和机制自身也成为产业融合发展的重要内容。据调查，到2014年底，全国各类农业产业化经营组织达到35.4万个，辐射带动农户1.24亿户。

1.农业产业化经营组织蓬勃发展

（1）农业产业化龙头企业日益壮大。2014年全国龙头企业达12.6万家，销售收入达8.64万亿元，同比增长9.9%。年销售收入超过1亿元的龙头企业近2万家，超过100亿元的龙头企业达到70家，在境内外上市的国家重点龙头企业113家，涌现出了新希望、双汇、蒙牛、伊利等大型龙头企业。近90%的国家重点龙头企业建有专门研发中心。省级以上重点龙头企业销售收入与主要农产品原料采购总额之比达到2.48∶1，来自订单和自建基地的采购额占采购总额的2/3，建有专门质检机构的占68%。

（2）农民合作社快速发展。到2015年底，全国农民合作社达153万家，成员1亿户，占农户总数的42%。从事种植业、畜牧业和服务业的农民合作社分别占50.6%、25%和8.2%。在从事服务业的合作社中，农机合作社达5.4万家，植保合作社达1.1万家。据抽样调查，3%的合作社吸收农民以资金、土地经营权、交售农产品入股发展加工流通。①

（3）农业社会化服务组织逐步发育。目前，全国各类农业公益性服务机构超过15万个，经营性服务组织超过100万个，提供农机作业、代耕代种代收、病虫害统防统治、肥料统配统施、集中育种育苗、灌溉排水、贮藏保鲜等专业化服务，使农民专注于农业生产、企业专注于农产品加工和流通。

（4）家庭农场方兴未艾。目前，全国30个省（区、市，不含西藏）共有家庭农场87.7万个，经营耕地面积1.76亿亩，占全国承包耕地面积的13.4%。

2. 农业产业化经营利益联结不断密切

农村一二三产业融合发展追求农户分享产业融合红利，农业部经管司组织的农业产业化经营组织调查，为考察这一问题提供了良好视角。

（1）合同式普遍推行。这种模式市场化程度高，是目前普遍实行的一种利益联结方式。到2014年底，这种模式占总量的57.4%。主要有两种类型：一是购销型合同制，只在销售环节确立买卖双方较为稳定的购销价格，企业通过收购合同与合作社或农户交易，相互之间的经济联系在一定生产周期内保持稳定，维系契约关系的核心是合同保护价；二是购销服务型合同制，在确定购销价格的基础上，还约定了企业为合作社、农户提供无偿或低价的生产经营服务。

（2）合作式加快发展。这种模式主要集中表现于农民合作社，占总量的25.7%。农户以资金、劳动和技术等生产要素自愿组建合作社，既参与生产经营，又参与民主管理。还有的合作社与企业签订合同，按企业要求组织农民进行生产，企业或合作社为农户提供服务。

（3）股份式刚刚起步。这种模式正处于发展起步阶段，占总量的15.8%。农户以土地经营权、劳动、资金和技术等生产要素入股组成农民合作社或公司，还有的是入股农民合作社后再入股公司。农民成为股东，以分

---

① 农业部农产品加工局：《关于我国农产品加工业发展情况的调研报告》，2015年5月14日。

红的形式直接获得产业链增值收益，由仅获得生产环节的利益分配，转变为共享经营全过程的增值。

（二）农村一二三产业融合发展类型

农村一二三产业融合发展涉及多个主体、多个产业，各地的实践丰富多彩，可以从多个维度进行观察（见表1）。从融合的主体看，有农户主导、农民合作社主导、企业主导、村集体经济组织主导、地方政府主导等不同类型。从融合的方向和动力看，一类是后向延伸，从第一产业向后拓展到第二、三产业的加工、流通、服务等，比如四川御胜家庭农场的实践；一类是前向延伸，从第二、三产业向前延伸到第一产业，或将第二、三产业的新理念新技术应用到第一产业，比如四川江油百合产业园的发展。从融合的格局看，包括增量融合和存量融合。增量融合是在原有产业和资源基础上通过开发新产业、新业态、新业务，实现产业融合发展，比如黑龙江五常市王家屯现代农业合作社的探索；存量融合是在原有产业基础上，通过建立健全各种利益联结机制，把分散经营、孤立发展的产业相关主体联系在一起，形成产业融合发展，比如云南锦苑花卉公司的做法。从融合的产业业态看，包括农产品加工、休闲农业、工厂化农业、农业电子商务等类型。从融合的利益联结方式看，包括合同制、合作制、股份制等多种形式。

表1　按主体分农村一二三产业融合发展类型及做法

类型	典型代表和做法
农户主导型	四川御胜家庭农场以养殖梅花鹿为主业，开发鹿茸、鹿血等初级产品加工销售，还以梅花鹿为主题发展农业观光。
农民合作社主导型	黑龙江五常市王家屯现代农业合作社以稻鸭共生种养模式为起点，水稻加工后以"乔府君道"品牌销售，核心种植基地供游人或大米消费者观光休闲。
企业主导型	云南锦苑花卉公司是国家重点龙头企业，在发展鲜切花加工、经营花卉拍卖市场的同时，变"雇农民生产"为"建花卉大棚承包给农户"，农民从"工人"变成了"小老板"，每户年收入6万元，密切了公司与农户关系，也更好地稳定了花卉生产基地。

续表

类型	典型代表和做法
村集体经济组织主导型	北京延庆县八达岭镇小浮沱村依托村民发展的蔬菜种植产业和合作社,在蔬菜大棚周边建设了1.8万立方米的蓄水池,在村里建起了2600平方米的主题街心公园,发展休闲采摘、垂钓观光。
地方政府主导型	四川江油市政府通过帮助流转土地、制定发展规划、支持建设基础设施、地方融资平台出资等措施,引导四川松花岭农业公司在百合种球研发销售基础上,与该市大康镇及周边农户合作建设百合产业园,开发了百年好合爱情谷主题公园,开展百合种植、百合产品加工销售、生态农业观光、百合文化推广。

(三) 农村一二三产业融合发展主要产业形态

农产品加工业、休闲农业、农产品电子商务等农业相关产业,是农村一二三产业融合发展的重要形态。有的地方还探索了工厂化农业、社区支持农业等业态。

1. 农产品加工业不断发展壮大

农产品加工业近几年步入了发展的快车道,主要表现在以下几个方面。

(1) 实力明显提升。2015年全国拥有规模以上加工企业7.8万家,大中型企业比例达到15.5%。2003~2015年,规模以上农产品加工业主营业务收入从2.6万亿元增加到19.4万亿元;加工与农业产值比值从2003年的1:1提高到2014年的2.1:1。

(2) 产业加速集聚。农产品加工业逐步向优势主产区和城市近郊区集聚。2014年,河南方便食品已超全国四成,山东、河南等10个畜禽大省的肉类加工总量占到全国的80%,形成了湖南辣味、安徽炒货等一批区域集中区和品牌。

(3) 促农增收明显。据统计,农产品加工业从业人员中70%以上是农民,全国农民人均纯收入的9%以上直接来自农产品加工业工资性收入。据抽样调查,每亿元加工产值吸纳107人就业,高于制造业的57人。

(4) 融合步伐加速。将"互联网+"等信息技术向农业渗透,发展电子商务、社区支持、加工体验和中央厨房等新业态,模糊产业边界,缩短供求距离。据对100家规模企业问卷调查,80%的企业已引入电子商务,销售收入成倍增长。①

2. 休闲农业取得积极进展

近年来,休闲农业发展速度很快,主要表现如下。

(1)产业规模日趋壮大。目前,全国休闲农业与乡村旅游经营主体超过180万家,其中农家乐超过150万家,规模以上休闲农业经营主体超过4万家,年接待人次和经营收入保持15%以上的增幅。

(2)产业类型丰富多样。各地以城市郊区、景区周边、山水牧区、民族地区和传统农区为重点,在农家乐、民俗村等形式基础上不断创新发展,形成了休闲农园、休闲农庄等多种类型。

(3)发展方式逐步转变。各地形成了一批功能衔接、特色互补和更加注重休闲体验的产业区、产业带。体现休闲、教育、体验等多种功能,分布在更多适宜区域,呈现集群分布、多主体集约经营等特征。

(4)品牌建设不断推进。云南罗平油菜花节、江西婺源油菜花节、浙江余姚杨梅节、贵州村寨游、上海都市农业游和安徽美好乡村体验游等品牌,影响力不断提升。②

3. 农业电子商务呈现燎原之势

传统的农业生产及流通越来越受到互联网的深刻影响,农业电子商务呈现出加快发展的态势。

(1)农产品电商,以初级农产品或加工品进城流通为主。虽然整体上农产品网络交易额占流通总额的比重不大,但近年来交易规模翻番增长。2014年,中国涉农类电商企业达到3.1万家,农产品电子商务交易额超过1000亿元。

(2)农资电商,以种子、化肥、农药、饲料等生产资料下乡流通为主。阿里巴巴、京东集团等大型电商企业正在加速布局,逐渐成为农资电子商务

---

① 农业部农产品加工局:《关于我国农产品加工业发展情况的调研报告》,2015年5月14日。
② 本部分内容参考了农业部农产品加工局局长宗锦耀2014年10月11日在全国休闲农业经验交流会上的讲话。

的主力军。2015年,阿里巴巴专门建立淘宝农资频道,让农民可以"一站式"购买生产资料,并获得科学的农业生产技术指导。

4. 工厂化农业等新兴业态成长迅猛

工厂化农业大幅提高了农业生产的集约化水平,社区支持农业丰富了农产品的销售服务模式,引发了农产品流通环节的"裂变"和"聚变",积聚了促进农村一二三产业融合发展的动能。

(1) 新型生产——工厂化农业。工厂化农业是一种机械化、自动化技术高度密集型生产方式,综合运用现代科技、先进设备和科学管理方法,在人工环境中进行全过程连续作业,摆脱自然环境的束缚制约,实现周年性、全天候、反季节的规模化大批量农产品生产。在种植方面,目前全国设施蔬菜已覆盖茄果类、瓜类、豆类、甘蓝类、白菜类、葱蒜类、叶菜类、多年生类、食用菌类等上百个品种。2014年蔬菜设施园艺面积为5793万亩,其中70%以上是日光温室和塑料大棚,环境调控水平较高的连栋温室超过100万亩。在养殖方面,生猪、家禽的工厂化规模养殖水平越来越高,生猪规模化养殖率已超过40%,特别是易受自然条件影响的水产养殖,近年来工厂化步伐明显加快。

(2) 新型销售——社区支持农业。社区支持农业是生产者与消费者结成紧密型合作关系的一种生产经营模式。农场承诺不使用化肥、农药或生长激素等,利用自然的生态循环系统进行种植和养殖。消费者成为农场的用户,承诺在整个生长季节给予支持,支付预定款或提供劳动,接受农场按期提供的新鲜当季农产品。消费者可以省去中间环节,买到更加安全、健康、放心和高品质的农产品;农场主可以按照订单有计划地组织生产,且有较丰厚和稳定的利润回报。近年来,出现了一些尝试该模式的农场。比如宁波天胜"四不用"农场,不用化肥、农药、除草剂、增长素,实现了蔬菜、水果种植和畜牧养殖的农业内部循环;会员客户可以在农场就餐、进行农事体验,定期获得农场配送的新鲜农产品。类似的还有小毛驴市民农园等,正逐步受到城市中高端消费者的认可。

此外,一些地方出现的间套种、种养结合、循环农业、智慧农业、

农社对接、农产品直供直销等,也都是农村一二三产业融合发展的新业态。

二 农村一二三产业融合发展过程中存在的关键问题

中国农村产业发展虽呈现加快融合态势,但水平不高,尚处于起步阶段。第一产业形态单一,发展方式较为传统,还处于单纯生产农产品、提供原材料的地位。各产业之间关联互通不够,孤立发展、联结松散的局面仍然存在。这既是发展过程中的阶段性、规律性问题,也体现出从业主体认识和能力的不足,还与资金、生产性用地等制约有关。

(一)产业融合主体能力缺乏

从产业融合发展的从业主体看,能力有待提高。其一,传统农户经营规模小,经营面积在30亩以下的农户仍占农户总数的96%。大部分传统农户自身缺乏足够的意识和能力发展新兴业态。其二,家庭农场、农民合作社的经济实力还不够强。延伸产业链条的能力比较有限,面临技术、市场、资金等多方面困难。据对2689个家庭农场的调查,2014年每个家庭农场平均纯收入仅为18.65万元。① 其三,企业在产业融合发展中还不能妥善处理与农民利益关系,与农民共享增值收益。农民还没有充分受益,产业融合发展红利对农村繁荣的拉动作用体现不够。

(二)缺乏信贷支持

目前信贷对产业融合发展的支持力度不足,主要表现在三个方面。一是信贷供给总量不足。大量的农业经营主体仍然面临信贷资金短缺情况。据调查,860家国家重点龙头企业贷款满足度在70%左右,省级龙头企业贷款满

---

① 农业部农村经济体制与经营管理司、中国社会科学院农村发展研究所:《中国家庭农场发展报告2015年》,中国社会科学出版社,2015,第12页。

足度在50%左右。二是长期大额贷款较少。从农业企业获得贷款的期限结构看，短期贷款占全部贷款的80%，中长期贷款比重仅为20%。大多数家庭农场主希望贷款额度提高到20万元以上。① 三是金融产品创新力度不够。传统的农村贷款业务，品种单一，贷款条件苛刻，缺乏针对性强的信贷产品。一些金融机构开发了一些新的信贷营销品种，但仅仅作为尝试，没有持续实行。

（三）多元化金融保险服务供给不足

产业融合发展需要全方位金融服务，对于直接融资、套期保值、规避风险都有旺盛需求。目前这方面的供给还显不足。一是直接融资规模仍然偏小。2014年农业类上市公司64家，占A股上市公司总数的2.5%，农业企业直接融资规模与农业产值占GDP的比例很不相称。据对河南30个面业集群的调查，80%的企业面临资金短缺问题，河南本土企业没有一家上市。② 二是期货市场作用尚未充分发挥。只有少数经营主体利用期货市场进行套期保值，期货品种仅限于粮棉油糖等大宗农产品，生猪等鲜活农产品期货还是空白。期货交割仓库和现货市场布局不匹配，期货市场机构投资者较少，期货价格起伏较大。三是农业风险保障水平较低。适应全产业链、产业融合发展需要的农业保险产品不足，农业保险保障水平低，大灾风险分散机制尚不健全。

（四）生产性用地成为瓶颈

发展规模经营、从事产品加工储藏、提供餐饮休闲等服务，需要获得相对稳定的土地经营权、农业设施用地以及部分建设用地。但用地难已成为制约产业融合发展的突出瓶颈。一是流转土地费用高且不稳定。部分从业主体需要流转土地建设种植基地，以形成稳定可靠的产品渠道。但在流转过程中

---

① 马天禄：《金融支持新型农业经营主体发展的思考》，《金融时报》2014年6月9日。
② 李丽：《河南面业集群发展调查报告》，《经济要参》2015年第35期。

普遍面临签订合同时间短、租金高等问题，不利于长期规划和投资。在调研中了解到，不少地方一亩地的年租金都超过了1000元。二是农业设施用地缺乏。发展产业融合，需要进行分拣加工、烘干储藏，还需要进行产品的展示展销，离不开一定数量的农业设施用地。尽管国土资源部和农业部出台了相关政策，但从各地反映情况看，部分地区由于用地紧张，难以落实。三是建设用地获取困难。发展休闲观光，提供餐饮、住宿等服务，是依托第一产业促进产业融合的重要内容。但这类从业主体用地由于亩产税收少、投资强度弱，一般难以拿到用地指标。[1]

此外，对农村一二三产业融合发展的公共服务还缺乏有效性和针对性。有的地方政府领导对于促进产业融合的政策还不了解甚至没有看到，有的地方对于促进产业融合还不够重视。有的地方存在把产业融合泛化的倾向，认为"产业融合是个筐，什么都可以往里装"，没有理解产业融合的内涵和实质，把已有工作换个名字，就作为产业融合进行推动。有的地方更多提供规划产业园区、帮助从业主体建设基础设施、加大招商引资政策优惠力度等"硬件"层面的服务，对于创建区域品牌、维护市场秩序、提供创新环境等"软件"层面的服务，还较为缺乏。

三 农村一二三产业融合发展推进路径

促进农村一二三产业融合发展，要明确发展的重点区域、关键群体，不断加大政策扶持和公共服务力度。

（一）农村一二三产业融合发展的重点区域

中国地域广阔，东西南北资源禀赋、基础条件等方面差异较大，推进农村一二三产业融合发展不可能一个模式、齐头并进。需要把生态文明理念贯彻农村一二三产业融合发展全过程，按照农业现代化水平、经济社会发展程

---

[1] 农业部农产品加工局：《关于我国农产品加工业发展情况的调研报告》，2015年5月14日。

度、生态资源环境禀赋状况,对产业融合发展进行合理空间布局。

按照国土区域生态资源特征和经济发达程度,可将中国分为生态脆弱区、生态资源丰富区、农业优势主产区和沿海与都市区,分类推进农村一二三产业融合发展(见表2)。①

表2 农村一二三产业融合发展空间推进格局

区域	特点	发展路径
生态脆弱区	经济发展水平较低,生态资源有制约性短板,如高寒地区的主要限制性生态资源是积温,西北地区水资源短缺是发展农业的主要障碍因子	以环境资源保护性挖掘和开发为重点,发展具有区域特色农产品加工业,发展休闲、旅游和观光农业。既有利于区域环境保护和生态安全,又能充分利用当地的生态资源提高农业生产效益
生态资源丰富区	光、温、水、土、气以及生物资源等生态资源较为丰富,生态环境优良,自然景观优美,但往往因为交通、区位等因素制约了经济发展,经济欠发达	开发优势景观资源,发展生态休闲农业,把农业生产和农产品加工业、休闲观光有机结合,形成第三产业联动第一、二产业的模式,实现生态资源保护和经济协调发展,推动传统农业向生态农业的转型
农业优势主产区	农业生产基础条件好,经济相对发达。应在发展适度规模经营的基础上,提升农产品质量	重点发展农产品加工业,以企业为主导,联结新型经营主体和普通农户,推动产地加工,通过第二产业带动第一、三产业的融合发展
沿海与都市区	农业生产基础设施良好,交通便利,经济发达。农业发展具有功能多样化特征,已向生态、旅游、休闲、教育、科普等多种服务功能转变	结合农业多功能性的实际需求,大力发展观光采摘、生态餐厅、旅游休闲、保健养生等以服务为主要功能的现代都市农业,融城镇化和现代服务农业为一体,拓展现代生态农业发展空间,提升核心竞争力

在农村一二三产业融合发展上,需要因地制宜,抓住农村一二三产业融合发展的重点地区,给予重点扶持,包括农业产业化示范基地、产粮大县、休闲农业与乡村旅游示范县、一村一品示范村镇。

---

① 王健、张正河:《空间布局应依据资源禀赋和发展水平 "十三五"农村产业融合如何规划设计?》系列报道,《农民日报》2015年10月10日。

1. 农业产业化示范基地

在农业产业化经营快速发展的情况下，产业化龙头企业集群集聚发展，逐步形成了农业产业化示范基地。示范基地依托农产品加工、物流等各类农业园区，既发展加工也发展流通和服务，培育龙头企业集群，打造区域优势品牌，增强辐射带动能力，是引领中国农业产业化发展的"高地"，更有条件成为当前农村一二三产业融合发展的"样板区"。农业部从2011年开始启动了农业产业化示范基地创建工作，到目前为止共认定了3批209个国家农业产业化示范基地，集聚各类龙头企业7000余家。

2. 产粮大县

中国的产粮大县多是贫困县、财政穷县。在粮食主产区特别是这些产粮大县，积极发展粮食加工、流通，培育形成具有较强竞争力的主导产业，实现粮食就地加工转化，把增值收益留在本地，改变产粮越多越穷的尴尬局面，是实施农村一二三产业融合发展战略的题中之义。根据《全国新增1000亿斤粮食生产能力规划（2009~2020年）》，目前产粮大县共有800个。

3. 休闲农业与乡村旅游示范县

大中城市和名胜景区周边、依山傍水逐草的自然生态区以及少数民族地区，资源要素得天独厚，基础条件较好。依托当地资源，积极建设休闲农业园区、农业主题公园、观光采摘园和休闲农庄，是促进农村一二三产业融合发展的重要着力点。农业部、国家旅游局于2010年联合启动了全国休闲农业和乡村旅游示范县创建活动，到目前先后认定了5批、总计186个全国休闲农业和乡村旅游示范县。这些示范县产业优势突出、政策扶持力度较大、行业管理规范、发展成效显著，在休闲农业和乡村旅游的行业发展方面处于引领地位。

4. 一村一品示范村镇

坚持一村一品、一县一业发展理念，充分利用资源和区位优势，集聚各类资源要素，整村整乡推进优势资源开发，念好"山海经"、唱好"林草戏"、打好"果蔬牌"，深入挖掘农业的生态保护、休闲观光、文化传承等功能，大力推行农业规模化、标准化、集约化生产，打造特色优势品牌，是促进农村一二三产业融合发展的有效实践。农业部从2011年开始启动了"一村一品强村富民工程"，在5.5万个专业村镇基础上，已认定5批共计1606个全国一村一品示范村镇。

（二）农村一二三产业融合发展的关键群体

农村一二三产业融合发展与农业产业化经营内涵高度契合，都是通过发展让农业、农村、农民分享到产业链延伸和产业融合的红利。农业产业化经营组织以及其他让农民得到利益的农业经营主体，是推进农村产业融合发展需着力培育的关键群体。

1. 聚焦开展产加销一体化经营的农业产业化龙头企业

龙头企业与一般工商企业、农业企业存在着根本区别：通过合同契约、保护价收购、股份分红、利润返还等多种形式，把农产品加工、流通环节的部分利润返还给农民，与农民形成风险共担、利益共享的经济共同体和命运共同体。龙头企业的兴衰和起伏，一定程度上关系农村产业融合的增值效益能否让农民获得。要支持其建设农产品原料基地，开展农产品精深加工，大力发展冷链物流、直营直销、电子商务、物流配送等新业态。

2. 扶持从事农产品加工流通的家庭农场、农民合作社

目前，在政策支持、市场拉动、自身努力的多重推动下，一大批家庭农场、农民合作社成长迅速，经营管理逐步规范，规模和实力逐步增强，具备了延伸、拓展产业链条的基础条件。特别是农民合作社开展农社对接，到城市社区开设直销门店，使农民通过合作社这一组织载体，直接把农产品销售给城市消费者，是典型的农村一二三产业融合发展实践。到2014年底，2.13万家合作社在城市社区设立了2.79万个直销店（点），覆盖社区3.21万个，销售额340.8亿元。农业部门联合其他部门评定的县级以上合作社示范社已达13.5万家，还评定了一批示范家庭农场，这些示范社和家庭农场已经获得政府部门认可的相应资质和条件，可以给予优先扶持。

3.发展新兴农业业态的新农民

近年来,一批城市白领借生态农业、电子商务的兴起,成为新农民。仅在淘宝等平台上从事农产品销售的卖家就超过100万,其中一部分通过自建基地或与普通农户、家庭农场、农民合作社合作等多种形式,推行绿色化生产,并向消费者实时展示生产过程,从农产品电子商务领域开始向农业生产领域延伸,带动了农业生产方式变革。新农民的实践,对转变农业发展方式、培育新兴业态、促进农村一二三产业融合发展具有重要作用,假以时日,将成长为产业融合发展的关键群体。

此外,基于农业农村资源要素,积极开发农业的生态保护、休闲观光、文化传承等功能,发展以净化环境、涵养水源为主的环保农业,以弘扬民俗文化、传承农耕文明为主的文化农业,以吃农家饭、干农家活为主的体验农业,潜力巨大,前景广阔,也是促进农村一二三产业融合发展的重要增长点。其中,省级以上的休闲农业和乡村旅游示范点,基础较好、发展空间大,可以重点扶持。目前全国有示范点483个,三星级以上休闲企业达731个。

(三)农村一二三产业融合发展的利益联结机制

农村一二三产业融合发展,本质上要在各产业融合过程中,在各从业主体间建立完善的利益共享与联结机制。一是土地经营权入股。农民以土地经营权入股企业或合作社,可以在享受土地收益基础上获得产业融合红利。二是"反租倒包"。企业将生产基地、养殖小区规划建设完善后再"反租倒包"给农户经营,或企业经营一段时间后无偿或低价转让给农户,改善农户生产经营的基础条件。三是分季共享。企业与农户合作开展生产经营,企业与农户分别种植一季,农户在获得土地流转收入的同时还能获得一季的种植收入。四是财政资金量化入股。企业或合作社吸收量化到农户的财政资金、扶贫资金,作为农民股份,与其他股份同股同权,增加农民财产性收益。五是组建合作社。企业与农民共同组建合作社,决策一人一票,利润按交易量和股金分配,成为合作社中地位平等、利益共享的成员。六是形成产业联合体。企业组织合作社、家庭农场、农户等组建经营共同体、产业联合体，理顺产业环节各主体关系，形成互利共生的经营格局。通过这些机制，可以使从业主体从松散型关系，逐渐转变为合作、合股、合体等紧密型关系，让农民成为产业价值提升的"局内人"。

（四）农村一二三产业融合发展模式

促进农村一二三产业融合发展，可以发展组建农业产业化联合体、农产品产地加工转化、以农民为主体发展休闲农业、农产品网上订购销售等模式。①

1.组建农业产业化联合体模式

安徽省建立以龙头企业为核心、合作社为纽带、专业大户和家庭农场为基础，以契约形成要素、产业和利益的紧密联结，集生产、加工和服务为一体化的新型农业经营组织联盟，称为农业产业化联合体。这种模式串联了农业生产环节，覆盖了从原料基地到加工、流通各产业，推动了农村一二三产业融合发展。目前全省已有各类联合体近700个，产值占全省农产品加工产值的20%左右。

这一模式有机整合了相关主体，打通了一二三产业界限，是在农业产业化基础上，进一步密切各主体间关系的有益实践。推广运用的重点在于理顺各主体间的利益关系，让农民占据主导地位，分享生产以外各环节增值收益。

2.农产品产地加工转化模式

河南省着力用工业化理念改造农业，立足于资源禀赋，发挥农产品原料丰富的优势，积极发展农产品初加工和精深加工，让农民从加工和流通环节更多受益。截至2014年底，全省规模以上农产品加工企业6976家，销售收入1.8亿元；从业人员198万人，辐射带动全省从事种养业的农户占全省农

---

① 参考了安徽省农业产业化办公室《发展现代生态农业产业化 推动一二三产业融合发展》、程郁、王宾、邵建成《引导休闲农业向以农为本方向发展——湖南休闲农业调查》，《国务院发展研究中心调查研究报告》2015年第77号。

户的五成以上。"地产地加"效应明显,向外省调出的400亿斤粮食中,制成品食品占150亿斤,把产业增值收益留给了本省。

这一模式对于缓解主产区"有粮无钱"、粮食库存压力大、财政负担重等问题具有积极作用和现实意义。关键是要坚持以市场为导向,通过加强市场营销、品牌推广实现经济效益上的可持续,并让农民在农产品加工中受益。

3. 以农民为主体休闲农业模式

湖南省在发展休闲农业过程中坚持让农民受益,探索了以土地股份合作社保障农民增值收益、以统一规划为基础支持农户自主参与经营、以合作社连接农户建立产销一体化农业观光基地、以企业全产业链发展带动建设无围墙农庄等四种典型做法。到2014年底,休闲农庄发展到4226家,联结种养基地100万亩,带动相关产业产值150多亿元,直接安置农民就业25万人。

这一模式注重用服务业思维拓展农业功能,变生产资源为景观资源,大力发展创意农业、乡村旅游,能让农民尽享农业多功能带来的收益。其核心是以农业为根本、以农民为主体,让农业和农民真正得到更多收益。

4. 农产品网上订购销售模式

浙江省遂昌县等地以互联网为支撑,挖掘当地特色优势资源,构建或者依托电子商务平台,拓宽农产品的销售渠道。遂昌县以本地化电子商务综合服务商作为驱动,形成"电子商务综合服务商+网商+传统产业"模式,带动县域电子商务发展,促进农业及农产品加工业电子商务化。2014年,全县以农林产品为主的电商交易规模已达5.3亿元,充分获得了电子商务发展红利。

农村一二三产业融合发展,需要顺应"互联网+"深入推进的大趋势,积极借鉴运用互联网的理念、技术和生产经营方式,让农村一二三产业融合发展和"互联网+"紧密结合。提高农民互联网相关知识和技能,让农民熟练掌握并运用是这种模式的关键。

(五)农村一二三产业融合发展的政策选择

促进农村产业融合发展,离不开有针对性的政策扶持。

1. 建立认定扶持联动机制

识别和认定产业融合发展主体及其行为,是实现精准扶持服务、体现政策意图的基础。一是建立认定机制。可以由独立机构或组织认定产业融合从业主体,但更应充分发挥各地农业部门尤其是农经部门对农业经营行为和方式较为熟悉的优势,把发展产业融合,并真正让农业增效、农村受益、农民得利的从业主体识别出来,建立名录。二是实行动态管理。结合企业年度报告公示,发挥社会公众监督的力量,对已认定的产业融合主体进行监测,确保其有效运行、名副其实,让农民持续受益。三是重点支持经过认定又亟须扶持的主体。把获得农业农经部门或其他组织、机构认定作为申请政策支持的重要资格和前提条件,按照不破坏市场公平竞争原则进行重点支持。

2. 强化财政支持

统筹安排各类涉农资金,加大财政投入。一是将中央预算内投资、中小企业发展专项资金、农业综合开发资金等列出一定比例,并建立增长机制,专门支持产业融合发展。鼓励支持从业主体承担相关涉农项目,并将财政资金形成的资产折合成股份,量化给参与的农民。二是中央和各地都应设立产业融合发展基金,以财政注资作为先导,并鼓励吸引社会资金和金融资本投入。综合运用股权投资、投贷结合等方式支持产业融合主体。三是发挥已有的中国农业产业发展基金、小微企业发展基金作用,列出一定比例,专门用于农业产业化龙头企业、小微企业发展产业融合。四是借鉴美国发放"食品券"、杭州发放"旅游消费券"的做法,由中央财政出资向城镇低收入群体和农村贫困人口发放可替代现金使用的加工农产品购买券,由有条件的地方政府向城镇居民发放需要搭配一定现金使用的休闲农业消费券,并加强对消费券的监管。

3. 多途径保障发展用地

发展农产品加工、销售、休闲观光等二三产业,土地是重要的物理依托。第一,在国家及各省(区、市)年度建设用地指标中强制单列一定比例,专门用于产业融合主体发展农产品加工、仓储物流和乡村旅游住宿。第二,加大开发利用农村废弃建设土地力度,通过农村闲置宅基地整理、空心

村整治等新增的耕地和建设用地,优先支持农村产业融合发展。第三,对现存老旧工业建筑进行重新整治和改造利用,采取分时、分类、分段、分栋、分层等灵活的用地、厂房出租和转让制度,适时收回低效利用土地,提高产业融合主体土地利用的弹性。① 第四,适当放宽设施农用地管理限制,对发展经营性粮食存储加工、农机存放维修场所、生活用房,经营以农业为依托的休闲观光度假场所、各类庄园,发展工厂化农产品的生产加工和农产品展销用地,按照农用地进行管理,并适当扩大配套设施用地面积。

4. 完善公共服务体系

提供全方位服务对促进农村一二三产业融合发展具有关键作用。第一,加强质量安全监管。加强对产业融合从业主体的指导和服务,充分发挥其开展标准化生产的示范引领作用。② 坚持替消费者把关、给生产者激励理念,加强对各类认证的管理、规范、整合和后续监管,强化认证机构连带责任。第二,加强区域品牌建设。鼓励各地制定区域农业品牌发展规划,开展区域农业品牌策划设计,深化区域农业品牌内涵。有条件的地方可以申报注册农业集体品牌,保护区域农业品牌知识产权,建设公共营销渠道。第三,维护市场公平竞争秩序。依法惩处假冒伪劣和虚假标示等扰乱市场秩序行为,严厉惩处市场垄断和不正当竞争行为。组织引导从业主体建立健全行业组织,强化自主管理和自律规范。③ 第四,提供多类型服务。开展研发设计、检验检测、技术咨询、市场拓展等行业综合服务以及信息、资金、法律、知识产权、财务、咨询、技术转移等专业化服务。发展壮大第三方物流、节能环保、电子商务、服务外包、人力资源服务、售后服务、品牌建设等生产性服务业。④

---

① 对盘活老旧工业园区用地的政策建议参考了唐燕《"新常态"与"存量"发展导向下的老旧工业区用地盘活策略研究》,《经济体制改革》2015年第4期。
② 参考了国务院办公厅《关于加强农产品质量安全监管工作的通知》(国办发〔2013〕106号)。
③ 参考了国务院办公厅《关于印发贯彻实施质量发展纲要2015年行动计划的通知》(国办发〔2015〕19号)。
④ 参见国务院办公厅《关于发展众创空间推进大众创新创业的指导意见》(国办发〔2015〕9号)、农业部办公厅《关于加强农民创新创业服务工作促进农民就业增收的意见》(农办加〔2015〕9号)。

G.12 农村集体产权制度改革：进展、问题与政策建议[*]

崔红志[**]

摘 要： 本文对中国农村集体产权制度改革的进展情况进行了描述，指出了农村集体产权制度改革面临着与农村集体所有制之间存在矛盾、改革的成本分摊政策和机制尚不完善以及顶层设计滞后等方面的问题，提出了进一步推进农村集体产权制度改革的对策，分别是：探索以户为单位实现农民成员权与财产权的统一、进一步厘清农村集体产权制度改革的范围和重点、积极探索和完善不同类型农村集体资产的改革举措、扎实推进农村集体产权制度的改革试验。

关键词： 农村集体产权制度 改革 政策建议

一 农村集体产权制度改革的进展

农村集体产权制度是深化农村改革的重点领域。农村集体产权制度改革的目标是建立"归属清晰、权能完整、流转顺畅、保护严格"的农村集体

---

[*] 本文参考、吸收和引用了中国社会科学院农村发展研究所"农村集体产权制度改革研究"课题组的相关研究成果，该课题为2014年度中国社科院交办课题，课题主持人：张晓山；主要参加人员：苑鹏、崔红志、陆雷、刘长全等。
[**] 崔红志，管理学博士，中国社会科学院农村发展研究所研究员，农村组织与制度研究室主任，主要研究方向是农村组织与制度。

产权制度。农村集体产权制度改革的类型主要涉及农用地、宅基地、集体经营性建设用地和集体非土地经营性资产等四个方面。

(一)开展农村土地承包经营权确权登记颁证工作

自 2008 年以来的中央一号文件都提到农村土地承包经营权确权登记颁证工作。中共十七届三中全会和十八届三中全会的决定,明确要求搞好农村土地承包经营权确权登记颁证工作。2013 年,中央一号文件提出用五年时间基本完成农村土地承包经营权确权登记颁证工作。

在实践探索层面,早在 2009 年,中国一些地区就开始了土地承包经营权确权登记颁证试点。2014 年农业部选择了山东、安徽、四川 3 个省的 27 个县开展农村土地承包经营权确权登记颁证工作。2015 年,新增了湖南、湖北、江西、江苏、甘肃、宁夏、吉林、河南、贵州等 9 个省份整省试点。2016 年国家安排河北、山西、内蒙古、辽宁、黑龙江、浙江、广东、海南、云南、陕西等 10 个省份开展整省试点,整省试点省份已达 22 个,超过全国的 2/3。到 2015 年底,试点范围达到 2323 个县(市、区)、2.4 万个乡镇、38.5 万个行政村,完成确权面积近 4.7 亿亩[①]。

2014 年中央一号文件提出确权登记颁证工作经费纳入地方财政预算,中央财政给予补助。中央财政补贴的标准为 10 元/亩,共安排了 181.4 亿元专项补助。全国已有 25 个省份明确了省级财政补助标准,其中 20 个省份每亩补助 5~10 元。山西、广西、青海省级补助标准较高,为 15 元/亩;北京市按山区每亩补助 50 元、平原每亩补助 25 元[②]。

有关资料显示,农村土地承包经营权确权登记颁证工作解决了长期以来承包地块面积不准、四至不清等问题。在土地承包经营权确权登记颁证的基础上,各地积极引导土地有序流转,鼓励农民以出租、互换、转让、股份合

---

① 农业部:《陈晓华副部长在全国农村经营管理土地承包经营权确权工作会议上的讲话》,《农业部情况通报》第 12 期,2016 年 3 月 4 日。
② 农业部:《陈晓华副部长在全国农村经营管理暨土地承包经营权确权工作会议上的讲话》,《农业部情况通报》第 12 期,2016 年 3 月 4 日。

作等形式流转承包地，推动了土地资源的优化配置。2015年12月，十二届全国人大常委会第十八次会议提出拟在北京市大兴区等232个试点县（市、区）行政区域，暂时调整实施《物权法》《担保法》中关于集体所有的耕地使用权不得抵押的规定，允许以农村承包土地（耕地）的经营权抵押贷款。

（二）改革完善农村宅基地制度

农村宅基地，是农村的农户或个人用作住宅基地而占有、利用本集体所有的土地。中国农村有集体建设用地2.5亿亩左右，其中80%以农民的宅基地形式存在。中国农村宅基地制度形成于农村集体化时期并一直延续至今，其主要内容是：集体所有、农户使用、一户一宅、无偿分配、限制转让、不能抵押担保。

改革开放之后，随着工业化、城镇化进程的推进，城乡统筹、基本公共服务均等化战略举措的逐步落实，农村宅基地制度所依托的经济社会基础先后发生了变化，改革完善农村宅基地制度势在必行。十八届三中全会通过的《中共中央关于全面深化改革若干重大问题的决定》（下简称《决定》）在总结各地探索经验的基础上，明确提出要保障农户宅基地用益物权，改革完善农村宅基地制度，选择若干试点，慎重稳妥推进农民住房财产权抵押、担保、转让，探索农民增加财产性收入渠道。

2015年2月，国家选择33个试点县级行政区域开展土地制度改革试点，其中15个为宅基地制度改革试点，对宅基地实行自愿有偿的退出、转让机制。2015年11月，中办、国办印发的《深化农村改革综合性实施方案》进一步提出了宅基地制度改革基本思路，包括"保障农户依法取得的宅基地用益物权""探索宅基地有偿使用制度和自愿有偿退出机制""探索农民住房财产权抵押、担保、转让的有效途径"。2015年12月，十二届全国人大常委会第十八次会议提出，在天津蓟县等59个试点县（市、区）行政区域，暂时调整实施《物权法》《担保法》关于集体所有的宅基地使用权不得抵押的规定，允许以农民住房财产权（含宅基地使用权）抵押贷款。

试点政策规定，对农民住房财产权抵押贷款的抵押物处置，受让人原则上限制在相关法律法规和国务院规定的范围内。因借款人不履行到期债务或者发生当事人约定的情形需要实现抵押权时，允许金融机构在保证农户承包权和基本住房权利前提下，依法采取多种方式处置抵押物。对农民住房财产权抵押贷款的抵押物处置，制定与商品房处置不同的规定，探索农民住房财产权抵押担保中宅基地权益的实现方式和途径，保障抵押权人合法权益。

（三）建立农村集体经营性建设用地入市制度

农村集体建设用地流转问题一直是各界关心的问题。早在10多年前，国土资源部就先后批准了江苏苏州、浙江湖州、福建古田、河南安阳、安徽芜湖等地进行农村集体建设用地流转试点，广东省甚至允许在全省范围内开展农村集体经营性建设用地使用权流转试点。由于种种原因，此类试点一直局限于特定区域，未能在全国范围内有效推广。十七届三中全会通过的《中共中央关于推进农村改革发展若干重大问题的决定》中提出，逐步建立城乡统一的建设用地市场，对依法取得的农村集体经营性建设用地，必须通过统一有形的土地市场、以公开规范的方式转让土地使用权，在符合规划的前提下与国有土地享有平等权益。但是，从总体上看，这项改革一直没有突破性进展。为了改变这种状况，十八届三中全会《决定》进一步指出，"建立城乡统一的建设用地市场。在符合规划和用途管制的前提下，允许农村集体经营性建设用地出让、租赁、入股，实行与国有土地同等入市、同权同价"。2014年中央一号文件指出，"引导和规范农村集体经营性建设用地入市。在符合规划和用途管制的前提下，允许农村集体经营性建设用地出让、租赁、入股，实行与国有土地同等入市、同权同价改革。加快建立农村集体经营性建设用地产权流转和增值收益分配制度。有关部门要尽快提出具体指导意见，并推动修订相关法律法规。各地要按照中央统一部署，规范有序推进这项工作"。

2015年12月国家选择33个试点县级行政区域开展土地制度改革，其中15个为农村经营性建设用地制度改革。试点的内容主要是，赋予农村集体经营性建设用地出让、租赁、入股权能；明确农村集体经营性建设用地入市范围和途径；建立健全市场交易规则和服务监管制度。为试点集体经营性建设用地入市，在试点县暂时停止实施《土地管理法》第四十三条和第六十三条、《城市房地产管理法》第九条关于集体建设用地使用权不得出让等规定，明确在符合规划、用途管制和依法取得的前提下，允许存量农村集体经营性建设用地使用权出让、租赁、入股，实行与国有建设用地使用权同等入市、同权同价。作为这一改革试点的"风险管控"措施，试点行政区域只允许集体经营性建设用地入市，非经营性集体建设用地不得入市。入市要符合规划、用途管制和依法取得的条件。入市范围限定在存量用地。同时建立健全市场交易规则，完善规划、投资、金融、税收、审计等相关服务和监管制度。

（四）开展农村集体非土地经营性资产改革

改革开放后，相当数量的行政村成为空壳村，除了土地外，没有什么集体资产，更没有多少收益。近10多年来，得益于党和政府的支持等多方面因素，农村集体经济的发展速度很快。但是，农村集体经济与村两委之间政经不分、农村集体资产产权不明晰、集体利益与集体经济代理人的个人利益边界不清，阻碍了农村集体经济持续健康发展。在快速城镇化和工业化过程中，农村集体资产产权归属不清晰、权责不明确、保护不严格等问题更加突出，侵蚀了农村集体所有制的基础，影响了农村社会的稳定，农村集体经济产权制度改革的重要性进一步凸显。如何解决农村集体经济与市场经济体制的相容性成为政府和社会各界关心的重要问题。

针对这种情况，农业部早在2007年就颁发了《关于稳步推进农村集体经济组织产权制度改革试点的指导意见》，要求"在条件成熟的地方，积极稳妥地开展农村集体经济组织产权制度改革，探索集体经济的有效实现形式"。党的十八届三中全会提出了保障农民集体经济组织成员权利，积极发展农民股份合作，赋予农民对集体资产股份占有、收益、有偿退出及抵押、担保、继承权的改革任务。2014年10月，中央审议通过了有关农民股份合作和农村集体资产股份权能改革试点方案。试点的目标在于探索赋予农民更多财产权利,明晰产权归属,完善各项权能,激活农村各类生产要素潜能,建立符合市场经济要求的农村集体经济运营新机制。试点方案提出,根据不同权能分类实施,积极开展赋予农民对集体资产股份占有权、收益权试点,建立健全农村集体资产股权台账管理制度和收益分配制度。有条件地开展赋予农民对集体资产股份有偿退出权、继承权试点,尊重集体成员意愿,明确条件、程序。慎重开展赋予农民对集体资产股份抵押权、担保权试点。试点工作在2017年底完成。

农村集体经营性资产改革的普遍做法,一是提出农村集体经济组织成员界定标准。二是进行了清产核资,对有明确权属的集体经营性、非经营性、资源性等全部资产范围,开展清查、登记、核查和备案工作。三是量化资产份额,明晰产权归属。四是兑现股份分红,合理确定收益分配方式,赋予农民股份的收益权,增加成员股东财产性收入。目前,全国已有4.7万个村和5.7万个组织完成改革,量化资产6578.1亿元,累计股金分红2255.9亿元[①]。

在赋予农民占有和收益权的基础上,一些地方开展股权流转交易试点和开展股权抵(质)押试点,积极探索股权增值新途径,并以活权为导向,推进农村产权交易流转,成效明显。以浙江省温州市为例,该市从2014年至2015年9月底,全市农村产权交易平台共完成交易1542宗、金额9.44亿元,其中土地经营权675宗、面积8.2万亩、金额1.93亿元;村集体经营性资产867宗、金额7.51亿元,据对比统计,村集体经营性资产租金收入通过平台公开交易后平均溢价18%,最高的上涨2.34倍。

二 农村集体产权制度改革中存在的关键问题

目前,中国农村集体产权制度改革正在有序推进。受现行法律、政

[①] 农业部:《陈晓华副部长在全国农村经营管理暨土地承包经营权确权工作会议上的讲话》,《农业部情况通报》第12期,2016年3月4日。

策等制度性约束，各地在推进改革过程中仍然面临一些亟待解决的问题。

（一）农村集体产权制度改革的目标与农村集体所有制之间存在矛盾

农村集体产权制度改革的目的是，在坚持农村集体所有制不变的前提下，建立与市场经济相适应的农村产权制度。但是，农民较为普遍地认为，他们对集体土地和其他资产的权益是成员权。成员权是一种个人财产权利。只要是农村集体经济组织成员，他们就有取得农村土地承包权和分享因集体土地所产生利益的权力；随着成员的离开或去世，这种权利就相应消失。现有法律的相关规定也体现了农民的这种成员权思想。例如，《物权法》第59条规定："农民集体所有的不动产和动产，属于本集体成员集体所有"；《农村土地承包法》的第五条也规定了成员的权利。在这一背景下，建立归属清晰、权能完整、流转顺畅、保护严格的农村集体产权制度面临困境与挑战；即使完成了产权制度改革，其结果也具有很大的不确定性。

以下三个地区案例，在一定程度上说明、证实了上述改革困境。

1. 成都市案例

成都市是较早开展并完成了全域农村土地确权工作的先行试点地区。其土地确权的特点包括：①在承包期限一栏里明确将过去二轮承包时的"30年"变成了"长久"；②在农业部核发的统一格式的农村土地经营承包权页上明确标注了每块土地的四至等信息；③在各家各户家庭承包经营权证的基础上制作了村镇的土地鱼鳞图；④规定发包之后新增人口不再是集体经济组织成员；⑤确权之后的征地按照"征谁补谁"的原则进行，且不再进行新一轮的土地调整；⑥以村民代表会议和村民大会的形式对确权的方案和结果给予确认，履行法律程序。可以看出，与全国其他地区相比，成都市的确权方案更加激进和彻底，其相当于依靠地方政府的权威终止了农村集体经济组织的发包权和农民基于集体经济组织成员身份取得的承包权，而代之以农户对农地的用益物权。但根据多宗调查发现，一旦遇到牵涉到征地补偿等土地

利益陡升的情况,虽然当初确权颁证的工作比较扎实、可靠,且政府三令五申,以红头文件的形式明确新征地执行"征谁补谁"的政策,但农民往往仍然会依据《宪法》、《土地承包法》和《村委会组织法》赋予的权力,通过召开村民会议和投票表决的方式,要求征地补偿在集体经济组织内部全体成员中均分,再重新分配剩余土地的所谓"血战到底"的方式来解决问题。此时,地方政府颁给的四至清晰的土地证备显苍白。

2. 广东省佛山市南海区案例

根据在广东省佛山市南海区里水镇的跟踪调查发现,其在20世纪90年代土地股份制改造中实行了股权固化的4个行政村,经过十余年的演变,最终又全部重新回到边界开放的股份制状态。虽然在村民会议上,绝大多数股东的利益因新股东的加入而摊薄、受损,但他们还是选择承认集体经济组织新成员的股东资格。究其缘由,也许是他们清醒地意识到在今天的法律框架下,将新出生和新嫁入的村民长期排斥在集体之外的做法是行不通的。从法理上讲,现实中农地的初始占有权属于农村集体经济组织,而不是农户家庭和个人。土地确权——否定集体的成员权,缺乏法律根据。

3. 浙江省温州市案例

浙江省温州市是全国农村改革试验区,从2012年开始在全市的各县(市、区)全面开展"农村产权制度改革"试验。与中央的政策导向相一致,温州市的改革方案倡导股权"生不增、死不减"的静态管理,股权可继承、转让和赠予。但这种改革原则在执行中遇到了较大阻力。根据中国社科院农村发展研究所课题组2013年5~10月在温州市三个市(区)12个行政村的304份农户问卷调查数据,在256个有效样本中,不赞成股权"生不增、死不减"的比例高达65%。基于遵从农民自愿选择的原则,温州市很多村的改制方案都明确规定了要"三年一调整"。而且,多数村对于股权流转也予以相应的限制,一是股权流转封闭运行,受让对象需为集体经济组织成员;二是限量转让,大都规定了集体经济组织成员转让股份不能超过其所持股份的一定比例,如50%;三是限量受让,对每个受让人所持有的股份占集体经济组织总股份的比例做出了限制,如15%。调查发现,做出上述限制的目的之一是，保证现有集体经济组织成员以及新增成员能够享受集体收益。

（二）改革的成本分摊政策和机制尚不完善

农村产权制度改革具有经济价值和社会价值，但也需要耗费较高的成本。从总的情况看，改革的成本分摊政策和机制尚不完善。这种情况会影响基层推动改革的积极性和改革的质量。

在农村土地确权登记颁证方面，国家财政按10元/亩的标准提供工作经费，地方政府给予一定补贴。但由于中国土地细碎化现象十分严重，确权的成本很高。以温州市为例，其山区土地实测的招标价格已经高达45元/亩。由于工作量大，且需要对台账进行严格的后期整理，一些乡镇的市场价格达到了100~200元/亩，有测绘公司甚至要求提价到300元/亩。粗略估算，如果温州市全域土地确权切实到位，地方财政需要过亿元的投入。这对经济发达的温州也是非常沉重的财政负担。而且，农村土地确权还要支付高昂的人工费。

在农村集体资产改革中，由于政府财政对于农村公共服务和社会保障投入的不足，土地和农村其他集体财产成为维持村庄管理、向农民提供公共物品和服务、社区保障的重要物质基础，从而对农村集体资产股份制改革产生了很大制约。有的村以此为借口，拒绝或拖延改革。较多的村尽管实施改革，但保留一定比例的集体股，其收益用来作为村集体的公共开支。集体股的产权依然是不明确的。现实中集体股往往由少数村干部控制。一些村对集体股占集体净资产的比例进行了限制，如不能超过30%。但这些村的集体经济组织收益数额相当可观，如何监督管理富裕地区可观的集体股份的资金剩余，不仅关系到农村集体产权改革的成败，也是涉及党风廉政建设的关键环节。还应该注意的是，农村集体资产产权制度改革的核心是把村集体经济组织转变为现代企业制度。现代企业制度有盈有亏，但村级组织的运转、农村基础公共产品和服务的供给却一刻也不能停止，农村集体经济组织只能盈利、不能亏损。这一逻辑的结果是，即便村级经济组织改制成股份经济合作社或公司化了，其经营职能也是虚化的，股份合作社或公司的管理人员进行投资经营的积极性不高。

在农村集体经济组织改制方面，税费负担已经成为影响地方和农民推行集体产权制度改革积极性的重要因素。根据目前的税负规定，农村集体经济组织改制需要承担三类税费。一是分红时的个人所得税，地方上称之为"红利税"。在集体产权制度改革前，集体成员以福利等形式分配集体收益，不需要缴纳个人所得税。改制后，公司或社区股份合作社派发股份红利则需要缴纳20%的"红利税"，即分红时的个人所得税。二是集体经济组织改制中更名需要缴纳资产额3%的契税和0.3%的交易费。对他们来说这是一笔巨额税费，难以承受，也不合理。三是改制后新成立的农村集体经济组织大多以物业出租为主，要缴纳营业税、企业所得税、房产税、土地使用税、教育费附加税、地方教育税等7种税费，若改制后全部按章纳税，综合税率达到36%。

（三）顶层设计滞后

1. 相关的政策与法律未能及时跟进

以农地确权登记颁证为例，这项工作面临的一个重要问题是确权能管多久。党的十七届三中全会决定提出：赋予农民更加充分而有保障的土地承包经营权，现有土地承包关系要保持稳定并长久不变，十八届三中全会决定延续这一提法。但是"长久不变"的具体政策含义、"长久不变"与农地二轮承包之间的关系等问题，中央政策尚未做出具体规定。这种情况导致地方在开展农地确权登记颁证工作中无从着手。有些地方的承包证在承包期限一栏写上了"长久不变"几个字。更加普遍的做法是沿袭二轮承包的承包关系，确权登记后，颁证的期限是到2027年或2028年。应该看到，承包期限不同，利益相关者的关切程度和预期必然不同。假设某地2015年开展确权颁证，有效期至2027年或2028年，则确权证书的效力只有12年或13年。还剩12年或13年的承包期和30年承包期或50年承包期，农民群众的关切度、预期和参与度会有较大差异，基层干部的工作态度、力度和方法也会有较大差异。调研发现，由于到二轮承包结束只有 12 年或 13 年，有的基层干部觉得反正到期后就还要再调整土地，就采取应付性的态度来开展工作，赶进度、轻质量，委托公司"大包干""确完了事"。

再以如何确立农村集体经济组织的市场主体为例，为解决目前的农村集体经济组织"有法律地位而无法人地位"这一问题，有的地方不得已将改制后的农村集体经济组织定位为有限责任公司或股份责任公司，按照《公司法》来登记注册公司法人。但这又与《公司法》所规定的"有限责任公司由五十个以下股东出资设立"和"设立股份有限公司，应当有二人以上二百人以下为发起人"不相吻合。一般的农村集体经济组织的成员数量都高于法律规定的股东或发起人数量，这样就会产生出大量的隐形股东，其权益无法受到法律保护。有的地方按照《农民专业合作社法》来登记注册法人，虽然有效规避了股东人数的限制，但其征收各项税费的标准仍按照公司法人执行，税费负担相对较重，不利于集体经济组织健康持续发展。

2. 相关政策设计缺乏合理性

目前，各地在农村产权制度改革中面临的较为突出的问题是把改革的范围局限在农村集体组织内部。这种限制性规定与"健全归属清晰、权责明确、保护严格、流转顺畅的现代产权制度"的改革目标之间存在着一定冲突。如何处理农村集体产权改革在集体经济组织内部的封闭运行与集体产权流动和开放之间的矛盾、何时流动和开放，是改革试点面临的一个重要问题。

封闭运行的限制性规定也导致基层在改革中困难重重。以农村宅基地制度改革为例，国家一方面提出对宅基地实行自愿有偿的退出、转让机制，另一方面又要求宅基地转让仅限在本集体经济组织内部。但显而易见的事实是，如果农户仅可以将宅基地使用权转让给本村集体内的农户，由于在目前法律下一个农户只能有一处宅基地，那么有条件成为受让人农户的数量将会非常少，也就是说，在一个村庄内部，并不存在对宅基地市场的有效需求。2015 年底，全国人大授权国务院在天津蓟县等 59 个试点县（市、区）行政区域，暂时调整实施《物权法》《担保法》关于集体所有的宅基地使用权不

得抵押的规定,允许以农民住房财产权(含宅基地使用权)抵押贷款。但是,对农民住房财产权抵押贷款的抵押物处置,受让人原则上限制在农村集体经济组织范围内。这种规定无疑会增加银行将抵押物处置变现的难度,进而影响银行开展这项业务的积极性。

3. 对协同推进各项改革试点的重视程度不足

很多改革具有关联性。改革举措是否能取得预期效果,在很大程度上取决于关联性、协同性改革的匹配状况。因此,有关部门强调应重视改革的系统性、整体性和协同性问题。在新型城镇化综合试点和农村改革试验区中选择农村土地制度改革(农村土地征收、集体经营性建设用地入市、宅基地制度改革)试点,就是重视改革关联性的反映。

但从改革的系统性、整体性和协同性的角度看,农村集体产权制度改革中仍然存在着一些值得重视的问题。一是改革试验的方案之间缺乏必要的协调和衔接。目前,包括农村产权制度改革在内的农村各项改革试点试验归口于不同的管理部门,例如,农村土地制度改革由国土资源部负责实施、农村土地确权颁证登记和农村非土地经营性资产股份制改革归农业部负责实施、新型城镇化试点归国家发改委负责实施。如何协调推进不同类型的改革试点试验,是改革试验区面临的重要问题。二是改革范围窄、内容单一。例如,对于农村土地制度改革中的农村土地征收、集体经营性建设用地入市、宅基地制度改革这三类改革试验,中央的改革方案明确要求一个试点县只能开展某一类的试点工作。三是改革稳定性、连续性差。在一些地方出现改革试验随主要领导及其工作思路变化,难以正常进行的情形,有的地方干脆放弃了某些原来设定的试验主题和试验内容。

4. 没有明确如何解决非试点地区的改革试点

新一轮的农村产权制度改革强调"于法有据"。但是,改革开放后,各地不同形式的农村产权制度改革一直存在。而这些地区往往又不是新一轮改革的试点地区。例如,早在20世纪90年代后期,浙江省乐清市就开始办理农房产权登记并启动农房产权抵押贷款探索。截至2015年10月底,乐清市25家金融机构中有16家开办农房抵押业务,累计农房抵押登记在册14642

宗，占已进行产权登记的农房的23%。2008年以来累计发放贷款400多亿元，贷款余额40多亿元。虽然乐清市被批准为浙江省第二批省级农村改革试验区和试验项目之一，但是，与其他国土资源部批准的宅基地制度改革试点地区相比，乐清的改革缺少国家层面人大对改革的法律授权。是否允许这类改革试点继续下去，国家政策层面应予以考虑。

三 进一步推进农村产权制度改革的建议

（一）探索以户为单位实现农民成员权与财产权的统一

建立"归属清晰、权能完整、流转顺畅、保护严格"的农村集体产权制度，就意味着必须改变农民对农村集体土地和其他资产权益的成员权。这就要求消除成员权所依存的社会经济土壤，主要包括：①进一步完善农村社会保障体系，使得农村集体内部新增成员不依靠农村集体土地和资产收益也能够维系基本生活；②实行村级组织政经分离，使得农村集体组织内部新增成员不能通过他们所享有的村民选举等方面的政治权利来实现其经济利益诉求；③修改现有法律中涉及农民对集体土地和其他资产收益成员权的相关条款，使得农村集体组织内部新增成员不能通过国家法律规定来实现其经济利益诉求。

显而易见，实现上述三个方面的改变，是一个漫长过程。在这一背景下，为了解决农村集体土地和其他资产作为个人权利的成员权与作为财产权利的用益物权之间的矛盾，可以将农村集体经济组织的单个成员权利转化为以农户为单位的成员权利，将集体经济组织中农户成员的土地承包经营权和其他集体资产权利固化到某一个时点，使成员权利与财产权利相统一。

从长远看，必须解决农村集体土地和其他资产作为个人权利的成员权与作为财产权利的用益物权之间矛盾所依赖的社会经济土壤。相关的改革举措，一是修改《中华人民共和国村民委员会组织法》，将第八条第二段话"村民委员会依照法律规定，管理本村属于村农民集体所有的土地和其他财产，引导村民合理利用自然资源，保护和改善生态环境"改为"村民委员会依照法律规定，引导村民合理利用自然资源，保护和改善生态环境"。并修改其他相关法律，将村民自治组织的功能和农民集体经济组织的功能区分开来。二是由国务院制定集体经济组织的相关条例，应明确集体经济组织（社区合作社或社区股份合作社）的内涵外延及其权能，明确成员资格的取得及退出机制，成员的责任、权利和义务；厘清村委会和村集体经济组织之间的关系。三是公共财政必须覆盖农村，村干部可以交叉任职，但不同类型组织的功能和服务对象必须区分开来。村委会作为农村社区性的自治组织，它为本社区全体居民进行社会管理和提供公共服务的支出要纳入地方财政预算。要使村民委员会仅仅承担村庄的公共服务职能，把土地等集体资产的管理权完全剥离到农民集体经济组织手中。农村集体经济组织（社区合作社或社区股份合作社）应成为一种特殊形式的法人，成为社会主义市场经济中的一种特殊的经济组织形态。

（二）进一步厘清农村集体产权制度改革的范围和重点

农村集体产权制度改革的范围应当是农村集体经济组织所有的全部资产。农民以集体经济组织成员身份所共同拥有的土地是农民拥有的最重要的财产，应当纳入改革范围。唯有如此，才是完整意义上的农村集体产权制度改革。

不同类型地区的资产状况、成员构成和发展阶段有显著差异，改革的内容和方式也应有所差异。对一些经营性资产较少、纯农区的村，集体产权制度改革的重点是对村集体全部资产进行确权登记颁证，深入开展村集体经济组织成员的资格界定，通过"确权赋能"，加强土地制度改革，抓紧抓实土地承包经营权确权登记颁证工作。对于经济发达地区，特别是集体经营性资产数量庞大的地方，改革重点是通过股份量化，推进集体经营性资产股份合作制改革，赋予集体经济组织市场主体地位，建立现代经营管理制度，提高集体资产运营效率，使农民按股分享集体经营收益。应该指出，越是集体经济实力雄厚、给群众提供福利越多的村，越需要搞以股份量化为导向的产权改革。这类村往往是强人治村，群众往往对村领导具有较强的依附性，他们将得到的福利视同村集体领导的恩赐，实际上形成一种庇护关系，这是小官巨贪的土壤，需要通过股份量化唤起群众的民主意识，以使他们能有效行使其监督权利。

（三）积极探索和完善不同类型集体资产的改革举措

1. 农村承包地确权登记颁证的改革举措

基于土地社会保障功能弱化的现实，需要在农户范围内实现成员权利与财产权利的统一。农户内的集体经济组织成员对确权到户的土地承包经营权作为共有权人；户内人口变动或分户、并户，由各户自己解决承包经营权的归属问题。在具体操作中，涉及确权后的土地调整问题。我们认为，"长久不变"应该是跨越承包期限的长久不变，但长久不变的起点在哪里？长久不变是否有期限？所确权的土地是农户在二轮承包中获得的土地还是经过调整的土地？在确定起点之前是否还可以调整？一些地方的试验是，在确权过程中，充分尊重群众的意愿，将土地是否调整、如何调整等交由集体经济组织成员讨论解决，坚持"大稳定、小调整"，在承包地实测确权后，实行"增人不增地、减人不减地"，以户为单位承包经营权长久不变，外嫁女、入赘婿、新生儿等家庭成员变动所引起的土地余缺问题在户内自己解决，这样，土地承包经营权纠纷就由个人与集体之间的行政性纠纷转变为家庭内部财产权的民事纠纷，无论以后农户家庭人口如何变化，都不再调整土地。农户对其土地承包经营权在何等条件下有处置和转让的权利，则由法律来确定。在农村土地集体所有制的框架内，农户土地承包经营权的确立和行使应该设立期限。

2. 完善农村宅基地制度的举措

进一步改革完善农村宅基地制度的关键是扩大农民宅基地使用权的可转让性。有必要放开宅基地转让的范围。在不改变宅基地集体所有性质的基础上，允许宅基地及农房突破村级集体经济组织的边界，在全县范围内的农业户口之间进行置换、转让、继承。对于宅基地使用权流转买受人因其主体身份是否为集体经济组织内部成员的不同而区别对待，集体成员交纳的出让金可以相对较少，且有优先买受的权利。应赋予宅基地抵押、担保权能。试点地区应重点探索农民宅基地使用权流转范围超出村集体经济组织范围以及赋予宅基地抵押、担保权能的条件和方式，评估这种做法的风险程度。政府应建立宅基地使用权价值的评估机构，出台评估管理、技术规范等有关法律和业务准则，为金融机构开展宅基地使用权抵押贷款提供完善的评估服务。

3. 推进农村集体经营性建设用地入市的改革举措

（1）建立城乡接轨的建设用地使用权制度。可以在法律上创设集体土地的出让土地使用权和划拨土地使用权。这两种土地使用权分别与国有土地的出让土地使用权和划拨土地使用权相对等。最终将城乡公益性用地统一纳入划拨土地使用权管理轨道，将城乡经营性用地统一纳入出让土地使用权管理轨道。在出让土地使用权的基础上建立城乡统一的建设用地市场，国家通过有效的经济、法律、计划手段来监控土地市场的运行，集体建设用地使用权在国家管理下有序进入市场。

（2）建立集体经营性建设用地使用权流转市场的运作制度。一是建立农村集体建设用地流转入市的交易许可管制制度，只有符合土地利用规划、用地性质合法、用地手续齐全、不存在权属争议的集体建设用地，才能经交易许可后流转入市。二是建立市场中介服务体系，以县（市）为单位，建立土地流转市场的信息、咨询、预测和评估等服务系统。三是建立科学合理的价格机制，借鉴城市基准地价制订经验，积极探索适合农村集体经营性建设用地价格确定的依据和方法。

（3）建立集体建设用地招标拍卖挂牌出让的市场监管制度。招标拍卖挂牌不仅是一种供地方式，更是一种市场监管方式。按照对城乡建设用地市场进行统一监管的原则，完善城乡统一的建设用地"招拍挂"出让制度。符合流转条件的集体经营性建设用地，由集体经济组织出让用作工业等经营性用地的，必须在城乡统一的有形市场上"招拍挂"出让，防止出现新一轮的土地腐败。

（4）建立税收调控机制。允许集体建设用地进入土地市场后，可以考虑对国家征收的集体土地以及农村集体建设用地在实现财产权利时按年度征收地产税、物业税或土地使用费，使地方政府和农民集体可逐年获取稳定的收益。同时，还应让享受土地增值收益的农民获得社会保障和就业培训，并鼓励农民通过股份的形式或资产管理公司委托代管的形式，让其收益保值增值。政府应通过税收的形式调节收入分配，使一部分土地增值收益用于广大农区的基础设施建设和社会事业的发展，让那些为全国提供粮食安全、土地不能进行商业开发的广大农区也能得到发展。

4. 农村集体经营性资产的改革举措

（1）规范股权设置。从发展角度看，股权设置应以个人股为主。集体股的去留问题，归根结底要尊重农民群众的选择，并由集体经济组织通过公开程序加以决定。对于实现整建制村转居、没有开展实业经营活动，且全部资产以资金形式存在，并全部用于投资或理财的新型集体经济组织，经80%以上集体成员同意，可以将集体股股份全部按成员配股比例分配到成员个人。对于开展物业或底商等地产经营活动的集体经济组织，经80%以上成员同意，可以将物业或底商资产处置，处置后的收益按产权改革中成员配股获得的成员股份比例一次性量化到成员。具体采取何种形式，由集体成员按照少数服从多数的原则，民主协商决定。

（2）稳步放开农民股权流转范围。现阶段农村集体产权制度改革严格限定在本集体经济组织内部进行。这种做法的目的是保护广大成员资产的收益权，防止集体经济组织内部少数人侵占、支配集体资产，防止外部资本侵吞、控制集体资产。但应看到随着集体资产价值不断显化和流转市场逐步健全完善，农民股权流转必将超出集体经济组织内部。应当在风险可控的前提下，允许个人股权的自由流转，实现生产要素的优化配置，充分体现股份的市场价值。

个人股权应当依法继承。农村集体产权制度改革就是要按照"归属清晰、权责明确、保护严格、流转顺畅"的现代产权制度要求，把"共同共有"的集体资产改制为"按份共有"的集体资产。《物权法》规定，按份

共有人对共有的动产和不动产按照其份额享有所有权。在改革过程中，只要集体经济组织成员具有合法资格、所量化到人的集体资产合法、整个股权分配的程序合法，则组织成员手中所持有的个人股份就是个人合法财产，依据《继承法》，个人合法财产都可以继承。在人口流动的背景下，继承对象无疑将会超出集体组织成员内部。但是，对于继承股份的非农村集体经济组织成员，可以规定他们只享有股份收益权，不享有集体经济组织的表决权。

（3）对农村股份经济合作社实行公司化改造。积极探索确立农村集体经济组织市场主体地位的解决办法。在国家层面的法律法规和政策尚未出台的背景下，采用政府发放组织证明书等方式，解决农村集体经济组织的身份地位问题，从而使其能够独立自主地参与市场经营活动。

完善农村集体经济的管理和运行方式，一是继续建立健全董事会、理事会、监事会的组织架构。二是探索实行政经分开，作为微观经济主体的村集体经济组织，与村两委脱钩。

从将来的趋势看，股份合作社的生存空间不大，应对农村股份经济合作社进行公司化改造。农村集体经济组织公司化之后，公司的股东只能享有股东权利，而不能干涉公司独立经营。村委会即使占有公司一部分股份，也只能履行股东的权利。

（四）扎实推进改革试验

1. 处理好改革试验与现有政策和法律之间的关系

改革创新无疑要符合现有的政策、法律、法规。但政策、法律、法规总是滞后的，改革创新不可避免对某些体制甚至部分下位法形成冲击。改革试验的重要目的是把底层经过实践检验是正确的措施上升为政策、法律、法规，把改革试验成果制度化。中央明确指出，农村改革试验区在试验过程中允许依法突破某些政策和体制。但由于在突破的内容、突破的程度等方面没有做出明确规定，一些地方改革创新的能动性不足，总是设法规避政策和法律，而不是选择突破创新。应该说，试验区的这种选择是正常的、理性的，但改革的价值和效果也相应地降低了。

针对改革试验与政策、法律、法规之间可能存在的矛盾，我们认为，只要试验区的改革大方向与社会主义的立法精神一致，把握方向，就可大胆探索。为了进一步激发基层的创新精神，建议采取以下举措。第一，中央有关部门允许经过批准的试验项目突破相关领域的政策和体制，列出可以突破内容和范围的具体清单。第二，中央明确赋予农村改革试验区"试错权"。试验不等于示范。试验的结果包含证实和证伪。试验成功了，可以作为示范性经验加以推广。即使试验失败了，也有意义，可以为其他地方提供借鉴，避免重走弯路。第三，加强中央有关部门与各试验区之间的沟通交流，对于基层的创新和突破，进行规范性的总结和肯定。

2. 扩大改革试验的内容

鼓励农村改革试验区在开展规定试验主题和试验内容的同时，把农村各领域的改革试验尤其是十八届三中全会提出的改革事项尽可能多地纳入试验区中，以利于各项改革的协同推进，发挥试验区的综合效应。

为了降低改革试点试验的风险，有关部门制定了相应的管控措施。这种做法的好处显而易见，但也降低了改革试验的价值。有必要探索研究放松这些管控措施后，有关部门所担心风险发生的概率和程度。目前，较为迫切的是，试验农民宅基地及集体资产股权跨出集体经济组织流转、交易的可行性。

3. 处理好改革试验区与非试验区的关系

一方面，国家要求农村集体产权制度改革限定在改革试点地区。另一方面，很多非试点地区一直在开展农村集体产权制度改革，但存在合法性风险。有必要给予这些非试点地区改革的合法性认可。

4. 注重同步推进配套改革

目前，较为紧迫的是需要制定有区别的税费优惠政策，支持集体经济组织的改革发展。把税费减免与其承担的农村公共服务挂钩，对承担农村社会公共服务的集体经济组织暂免征收企业所得税。对于改革后农民按资产量化份额获得的红利收益，免征个人所得税；农村社区事务已纳入公共财政的地区，集体经济组织运营与城市工商企业也无差别，可以设置一个 3~5 年的税费优惠过渡期，过渡期满对集体经济组织实行照章纳税。农村社区集体经济组织作为法定的集体产权代表主体，与企业法人、机关法人、事业单位法人和社会团体法人属于完全不同的组织类型，需要通过立法创设其法人地位。

G.13
粮食托市收购政策评估与展望

胡冰川*

摘　要： 随着粮食生产实现历史性的连续增产，粮食库存不断增长，财政补贴压力持续加大，市场低迷状况短期内难以改变。这将倒逼农业支持政策进行调整，从而实现农业供给侧结构性改革"去库存、降成本、补短板"的阶段性任务，并最终促进农业生产效率的提升。具体的政策思路包括：①推进农产品价格市场化，调节余缺，实现价格与数量的动态平衡；②增加农业支持政策的杠杆作用，通过风险共担机制优化生产决策行为；③分割现行粮食储备中的政策性储备与商业储备，通过政策性储备实现粮食安全冗余；④农业支持政策的目标回归到提高农业生产效率上来。

关键词： 农业支持政策　供给侧结构性改革　粮食库存　生产效率

一　农业增产机制发生重大转变

2015年中国粮食产量达6.21亿吨，实现历史性新高。自1949年新中国成立以来，甚至上溯到更远的历史时期，粮食产量的年度波动始终存在，粮食库存的最初意义就在于维持跨期产销平衡。在20世纪60年代全球农业

---

* 胡冰川，博士，中国社会科学院农村发展研究所副研究员，主要研究方向为农产品市场政策的数量评估。

"绿色革命"之前，自然条件是制约粮食乃至农业生产年度波动最主要的因素；进入21世纪以来，随着农业科技水平和装备水平的不断提高，在生产力层面基本解决了自然条件对农业生产的重大负面影响。[①] 全球农产品，特别是大宗农产品的价格长期呈现持续的下行趋势也是对这一概括的印证。当前，可以认为全球粮食与农业生产的年度波动在很大程度上反映的是生产关系的变化，而非自然因素，例如市场价格、宏观政策等因素对粮食与农业生产的影响。

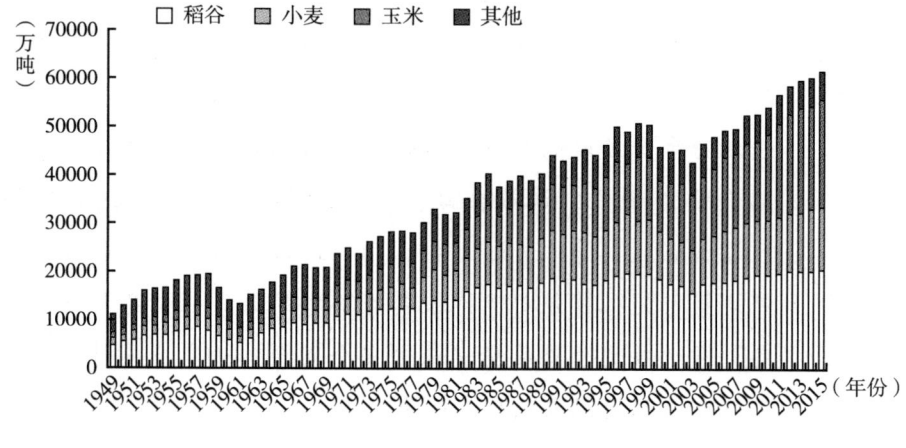

图1　中国粮食产量与结构

2003年以来，中国粮食生产实现了历史性的连续增产，播种面积与单产水平均稳步提高。以农业受灾与成灾为例，2003年以来，中国农业受灾与成灾情况均处在新中国成立以来的历史较好时期，特别是成灾面积占农作物播种面积的整体比例呈现持续下降的趋势（见图2）。这一方面得益于风调雨顺的"幸运"，更重要的是反映出中国农业整体基础设施和装备水平的提升，例如高标准农田建设等一系列农业基础设施的不断投入，使得旱涝保收成为可能。根据2016年中央一号文件，"十三五"期间"确保建成8亿

---

① 这并不意味着当前的生产力条件已经解决了人与自然的矛盾，只是在全球整体自然风险均衡的背景下，全球农业生产能够实现稳定持续增长。

亩、力争建成10亿亩集中连片、旱涝保收、稳产高产、生态友好的高标准农田"。在这样的背景下，随着现代农业持续的生产力基础不断夯实，调节农业和粮食产出的最重要因素逐步转向生产关系层面，例如相关的农业支持政策等。

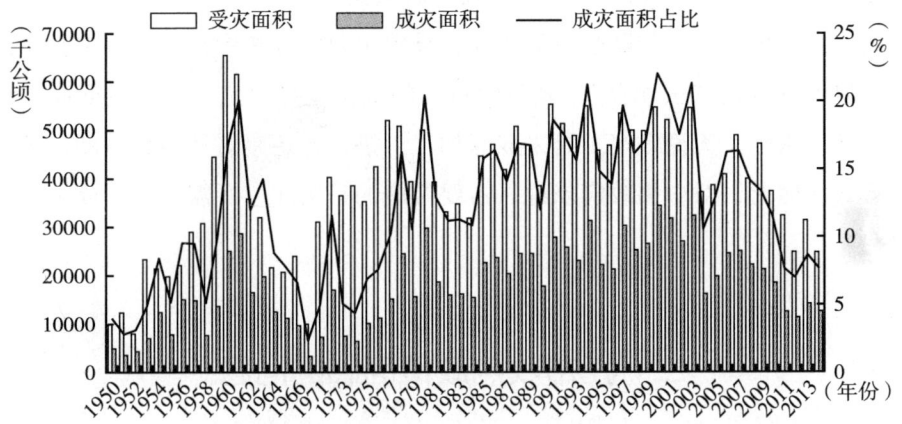

图2　中国农业受灾与成灾状况

可以判断，只要维持现有生产关系，例如维持水稻、小麦最低收购价等相关挂钩刺激政策，粮食与相关农产品的持续增产动力在未来一段时期内仍将存在。2015年，美国玉米单产为每公顷11吨左右，而中国为每公顷5.9吨，仅凭此项指标就能够表明，中国仍然存在巨大的粮食的增产空间。历史上，由于粮食生产的年度波动存在，有必要维持一定规模的库存；而当粮食增产的确定性提高，维持库存的压力将会不断加大，甚至于库存的必要性都会受到质疑。2015年底，中央经济工作会议提出"去产能、去杠杆、去库存、降成本、补短板"供给侧结构性改革的五大任务，中央农村工作会议强调"去库存、降成本、补短板"作为农业供给侧结构性改革的重要任务，当前对于农业，特别是粮食领域尤为突出。

从中国主要粮食供需平衡出发，兼顾未来一段时间的发展需求，当前整个农业，特别是粮食领域，最主要的问题并不是简单的生产问题，而是如何经济地进行生产的问题，即"提质增效"。显然，在过去一段时期内，粮食安全的导向在于数量优先，并没有充分考虑成本代价问题。基于数量安全导向的粮食生产实现了连续十几年的增产，如果不考虑经济问题，在现有生产力水平下，继续维持粮食增产并没有太大压力。由此下去，相对过剩带来的库存积压迟早成为压垮农业的最后一根稻草。有观点认为，去库存可以通过管制贸易并引导粮食深加工加以实现，这只是"去库存"的若干具体实现方式之一。由于托市收购政策的存在，导致主要库存集中在政府手中，所以无论以何种方式"去库存"，其政策目标的最优选择都是，如何最低成本地降低库存水平，无论政策工具采取深加工、搭售，还是对外粮食援助、销毁等方式。因此，对中央政府来说，需要考虑的是去库存所需支付的成本与代价。

二 托市收购政策面临的问题

（一）粮食安全的范围需要廓清

传统意义上，粮食统计包括谷物、豆类和薯类。自从大豆进口放开以来，中国进口大豆基本上全部用于食用植物油加工，2015年，中国进口大豆达到8169万吨，基本上都用于大豆油加工。当前，尽管中国仍然具有1000万吨大豆的生产规模，而且国产大豆绝大多数为食品豆，将进口大豆包括在粮食范围内显然不够科学。例如，2015年中国粮食产量6.21亿吨，谷物进口3272万吨，玉米酒糟进口682万吨，木薯（主要是干木薯）进口938万吨，大豆进口8169万吨，按此口径简单匡算，中国粮食自给率为82.6%；但是如果不考虑大豆进口，粮食自给率为92.7%；进一步地，将范围缩小到谷物，2015年以中国谷物产量5.72亿吨来计算，中国谷物自给率为94.6%；再进一步地，将范围缩小到水稻、小麦两种口粮，2015年水稻、小麦产量3.38亿吨，进口大米338万吨（可以折算稻谷483万吨），小麦进口301万吨，可以匡算的是，中国口粮自给率达到97.7%（见表1）。

表1　2015年中国不同口径粮食自给率

单位：%

粮食自给率		谷物自给率	口粮自给率
含大豆	不含大豆		
82.6	92.7	94.6	97.7

显然，不同口径的自给率相差很大，由于中国粮食产量规模非常大，所以口径差异将会导致决策差异。近年来，包含大豆计算的粮食自给率呈现持续下降的趋势，有观点据此认为中国粮食安全形势十分严重，但实际情况是粮食库存不断增长，几乎到"爆仓"的程度。显然，对于中国粮食安全而言，不同口径的总量概念差异很大，而这些差异对决策与社会舆论的影响甚巨，在一定程度上可能会被别有用心的利益集团所裹挟。例如，2015年中国可以计算得出的最低粮食自给率为82.6%，那么在决策层面是否需要进一步提高中国粮食产量呢？这一问题的确发人深省。中国粮食安全在总量概念之下，必须充分考虑结构问题，根据现有的农业与粮食生产和消费情况，"谷物基本自给，口粮绝对安全"是能够获得充分保障的。

当年放开大豆进口是基于中国人均占有农业生产资源较少，在资源禀赋层面存在"先天性缺陷"。"弃油保粮"是中国农业重大的战略决策。现在看来，这一战略在很大程度上保障了中国的谷物与口粮生产，按照大豆与谷物单产1:3的简单比例，2015年中国进口8169万吨大豆需要占用2.45亿吨谷物的生产资源，根据资源禀赋进行生产不仅是理论上，更是实践上的。在"弃油保粮"的战略出发点上，大豆就已经被划为油料作物，按照美国农业部及国际经验，大豆是油料作物，虽然中国国产大豆多数以食用为主，但是进口大豆基本都是作为油料。在现有统计口径下，粮食的范围是谷物、豆类和薯类，从粮食安全的范围边界来看，鉴于大豆的油料作物属性，更应该关注谷物自给率与口粮自给率，而非最广义的粮食自给率，尽可能地减少由于数据口径问题带来的认识差异。

（二）增强生产经营主体的决策空间

计划经济与市场经济最大的差异在于决策机制：中央计划决策与市场分布决策，托市收购政策设立门槛价格，以非对称的方式干预市场。市场价格超过托市收购价格，市场经济起作用，例如2004~2007年的粮食市场，此时并没有出现高进口与高库存并重的现象，说明市场机制在粮食市场中是可以充分发挥作用的。自启动托市收购以来，市场决策逐步转向政策决策，中国粮食市场处于"政策市"，由于粮食价格的政策托底，在微观生产经营层面势必导致越多越生产，理由在于除三大谷物之外的农产品市场整合和开放程度高，利润空间十分有限，生产谷物存在政策托底，确保利润空间，因此决策激励是显而易见的。由此可见，在大宗农产品价格长期下跌的背景下，托市收购的单边政策一旦维持就形成了路径依赖，不仅带来国内外价格倒挂，同时也带来库存高企等一系列问题。

托市收购政策是在谷物供需紧平衡背景下出台的激励措施，必须强调的是政策背景是谷物供需的紧平衡，目标在于通过政策激励避免国内生产的进一步恶化，从而保障粮食安全。国内粮食价格长期下行一方面是受到国际因素的传导，更重要的因素在于国内供求关系发生新的变化[①]，即谷物供给变得宽松，在价格倒挂的背景下库存压力日益显现，甚至有媒体使用"国货入库，洋货入市"的标题进行报道。此时市场机制的作用在于用价格下跌信号改变增产预期，从而使得供求关系重新平衡；但是在市场供给十分宽松的背景下仍然维持或坚持托市收购，必将进一步恶化粮食市场供求。2016年，尽管水稻、小麦最低收购价维持不变，但是现行最低收购价水平仍然较国际市场高出30%左右，在其他作物收益相对更小的情况下，水稻小麦的种植将是微观生产经营主体的必然选择。可以判断的是：2016年水稻、小麦的去库存压力将会进一步恶化。

---

① 三大谷物受到关税配额管理，所以主要影响因素是国内因素。

表 2　水稻小麦最低收购价

单位：元/斤

品种＼年份	2008	2009	2010	2011	2012	2013	2014	2015	2016
早籼稻	0.77	0.90	0.93	1.02	1.20	1.32	1.35	1.35	1.33
中晚籼稻	0.79	0.92	0.97	1.07	1.25	1.35	1.38	1.38	1.38
粳稻	0.82	0.95	1.05	1.28	1.40	1.50	1.55	1.55	1.55
小麦	0.77	0.87	0.90	0.95	1.02	1.12	1.18	1.18	1.18

尽管 2015 年玉米临时收储价格大幅下调，2016 年水稻小麦最低收购价维持不变，但是并未跳出既有的政策依赖。由此折射出政策决策层面的"悲天悯人"：没有政策托底，农民怎么办？事实上，从家庭联产承包责任制实施以来，农业生产效率的提升在很大程度上来源于农业生产者的分散决策；当前，农业供给侧结构性改革最大的挑战就是农业支持政策的依赖，特别是不考虑政策背景的路径依赖。从技术上看，不分红麦、白麦、花麦，一律执行统一最低收购价，导致市场逆向淘汰，高品质小麦的优质优价无法体现，改良品种的激励不足；从生产经营决策来看，由于粮食价格的政策支持导致的扭曲，相关作物种植、畜禽养殖等农业生产机会成本变得更大，粮食生产的激励进一步增强，使去库存与补短板成为不可能的任务。粮食托市收购政策在当前的市场背景条件下应当退出，将农业生产经营决策还给市场主体，实际上这并不妨碍政府作用更好地发挥。

（三）去库存的政策需要更加明确

根据 2016 年中央一号文件的政策设计，对于完善粮食等重要农产品价格形成机制和收储制度采取"分品种施策、渐进式推进"的方式，最大的改革在于按照"市场定价、价补分离"的原则建立玉米生产者补贴制度。如前所述，由于相关政策的渐进与滞后，2016 年粮食库存高企，国内外价格倒挂的形势并不会得到缓和。当前中国玉米库存为 1.7 亿吨，2015 年玉米种植面积为 5.72 亿亩，2016 年压缩 1000 万亩种植面积，也仅相当于降低玉米产量 394 万吨，如果考虑单产提高的因素，全国玉米总产量未必下降；根据2015年的测算，年度库存增量约为5000万吨，按照当前全国玉米消费状况，考虑到价补分离因素带来玉米价格接轨带来的消费增加，2016年玉米库存增量可能会达到3000万吨，意味着2016年底中国玉米库存将会打破2015年的库存纪录。

如果未来一段时间内，粮食价格有明显的回升，那么渐进改革是有利的，因为价格上涨会平衡前期的库存损失。但是，根据国际货币基金组织、世界银行和联合国粮农组织的预测分析，全球大宗农产品价格在未来仍将维持较低水平；进一步地，从国内市场供求来看，高企的库存规模形成了"水坝效应"，堵塞了粮食价格的上升空间，直观来说就是，历史性的粮食持续增产透支了未来的价格上涨，重新回归市场平衡是需要时间的。从政策决策层面出发，由于持续下行压力的存在，及时止损是理性的策略选择，否则时间越长面临的困难和财政损失将会越大。以玉米库存1.7亿吨计算，按照每斤0.1元计算仓储费用（利息、保管费等），那么每年财政支出的费用为340亿元；如果按照每斤0.3元计算因品质下降带来的折价损失，那么损耗成本将为1020亿元。据此，中央决策需要更加果断。

粮食库存的本质在于提供跨期平衡，维持持续消费，其背景是面对自然风险人类生产力水平十分有限。随着生产力水平的提高，粮食与农业生产持续增产得到有效保障，通过大规模库存维持消费跨期稳定的基础便不复存在了，这也是当前全球粮食总库存整体下降的内在原因。基于这样的背景，中国当前粮食库存实际上已经失去了维持跨期平衡的基本作用，沦为无效生产的回收站，也就是说，当前粮食安全的库存冗余大多数是完全没有必要的，构成了事实上的浪费。针对上述现状，去库存的政策信号必须明确释放，例如具体的时间表与操作计划向社会公开，通过市场价格信号传导至生产决策，通过一定程度的粮食减产来调整种植业结构，重新恢复市场平衡，这样的减产既有助于降低去库存的操作压力，减少财政支出，也通过部分休耕来缓解农业生产的资源压力，有助于农村生态的恢复。去库存是长期价格低迷时的单边现象，在大宗商品价格预期上涨背景下，不存在去库存问题，囤积是更为理性的经济现象。当前面对的去库存问题，不能通过渐进改革无休止地等待市场机会的反转,而应当及时尽早地制定计划,降低损失,控制风险,争取更大的主动。

三 托市收购与农业支持政策的构想

(一)区分农民增收与农业增产的目标

长期以来,中国农业的主要目标在于农业增产与农民增收。2014年中国第一产业GDP占比9.2%,城镇化率54.8%,大致可以匡算得出二三产业的劳动生产率约为第一产业的8倍。从收入水平来看,2014年人均可支配收入城镇居民为2.9万元,农村居民为1万元;在农村居民纯收入中,约有40%为经营性收入,意即2014年农村居民的农业收入约为4000元;从收入对比来看,城镇居民收入为农民务农收入的7倍。从全国的宏观层面考虑,依靠农业增产来促进农民增收的目标是难以达成的。

党的十八届三中全会指出,形成以工促农、以城带乡、工农互惠、城乡一体的新兴工农城乡关系;2015年中央农村工作会议提出一二三产业的融合发展的概念,其隐含的要求在于:农业增产与农民增收两个目标需要相互独立,不能再将农民增收当作农业增产的目标。随着"四化同步"发展,2030年中国城镇化率将达到70%,农业生产中的劳动力、土地与自然资源的有机构成将逐步趋向宽松,农业生产力进一步解放,农业生产效率将会进一步提升,在这一过程中,农民收入的增加最主要来自于人均占有农业资源的提高,而这种收入水平的提高主要有赖于城镇化、工业化提供了更广阔的非农机会。

从农业生产的角度来看,未来的核心目标在于提高农业生产力水平,提升农业劳动生产率,促进农业的全面发展,这实际上也是农业供给侧结构性改革的目标。而提高农民收入的路径为:①城镇化与农业化带来的农村居民向城镇居民的转变,即"减少农民";②在"四化同步"过程中,通过农业生产资源的优化布局提升农业生产效率,从而实现农民增收,即"增加资源"。这也就表明：农业增产与农民增收实际上并不是一个硬币的两面，未来中国农业的目标将回归到农业生产本身，而并不是兼顾农业增产与农民增收两个目标。

当农业目标回归到提高农业生产力水平时，其内在要求必然是：①提高农业现代化水平；②优化农业生产布局；③改善农业生产关系。这三点恰恰与当前中国农业供给侧结构性改革的内涵相一致。对于当前的农业生产来说，由于结构性失衡是最主要矛盾，因此最重要的供给侧结构性改革内容是优化农业生产布局，通过改善现有的农业生产资源的配置来调整产出结构，提高生产效率，降低政策扭曲，恢复中国农业的整体竞争力水平。由是观之，中国农业改革的目标在于进一步解放和发展农业生产力，中国农业亟待供给侧结构性改革。

（二）发挥农业支持政策的杠杆作用

根据2016年中央一号文件，按照市场原则，价补分离原则建立玉米生产者补贴制度，包括此前实施的东北大豆、新疆棉花的目标价格改革试点，都试图摆脱传统的市场托底措施，核心原因在于财政的不可持续，但由于仍然坚持采取挂钩措施，使得生产经营主体的决策受到很大影响。2016年，由于建立玉米生产者补贴制度，加之种植决策的路径依赖，玉米的减产幅度不会很大，玉米库存可能还将超过2015年。传统意义上的风险托底在短期内能够保障农民利益，但是在长期内并无助于市场风险的化解，变相地回到计划经济的老路上，只是计划指令通过市场化的方法加以实现。

当市场风险信号失灵时，市场机制无法对资源配置起到优化作用，使得年度间风险逐步累积。从农业支持政策的设计出发，应当充分发挥市场风险的调节作用，变市场托底为风险防控，从而发挥财政杠杆作用，更好地保障农业生产，促进农业生产力的不断提升。风险防控的着力点主要在于，农业生产的自然风险与粮食消费的安全屏障。当然，从市场风险出发的诸如农产品目标价格保险等都是对现有托市收购政策的完善，具有进步意义，但是由于仍然没有改变挂钩措施的本质，与农业供给侧结构性改革的目标并不一致，不应是农业风险防控的重点。

农业生产的自然风险防控已经有了很多探索，尽管仍然面临较大困境，但是随着国内农业生产的规模化与标准化，未来发展及普及的速度将会不断加快。从中央政策决策来看，未来风险防控的真正难点在于如何构建有效的粮食消费的安全屏障，即，有效的库存保障。根据联合国粮农组织公布的数据推算，中国水稻、小麦的库存消费比分别为31%和45%[①]，而根据玉米公布库存数据，中国玉米库存消费比达到77%，总体上来看，三大谷物全球一半的库存在中国，由于中国库存主要为政府政策性库存，这也构成了巨大的财政浪费。

探索科学合理的粮食库存是农业支持政策的重要支点，其目标在于确立政策性库存的有效水平。一方面确保粮食安全的必要冗余，优化财政支出水平，实现粮食库存的安全屏障作用；另一方面，利用库存调节余缺，实现粮食市场的跨期平衡，降低库存偏倚对现有供求的影响，充分发挥市场机制的作用，提高粮食流通效率。未来，在农业生产力持续增长的背景下，中国农业支持政策要摆脱传统的挂钩激励，改变风险托底的措施，以市场分散决策为导向，以粮食库存为支点，逐步建立完善风险共担体系。

四 托市收购与农业支持的政策建议

（一）推进农产品价格的进一步市场化

2004年以来的最低收购价政策对于市场单边托底、稳定粮价、保障农民积极性等几方面都取得了预期目的。但是，经过十余年的运行，粮价长期下行，库存持续高企，进口与走私不断增长，财政补贴水平逐步见顶，带来了诸多的市场问题，并传导到粮食及农业生产领域，在很大程度上制约了国内粮食与农业生产效率的提高。从农业的供给侧结构性改革来看，首先需要

---

① 中国政策性小麦储备1800万吨，与联合国粮农组织数据存在一定差异。

改变现有的最低收购价制度,将最低收购价从传统意义上的保障农民收益转变为一定程度上保障粮食生产成本,这种转变使得最低收购价有了下调空间,通过市场机制在农业生产的资源配置中起决定性作用,改善资源配置效率,从而促进农业生产效率提升,提高农业生产力水平。

(二)构建农业的风险共担机制,发挥财政补贴的杠杆作用

托市收购的核心要义在于通过财政补贴实现风险托底,将粮食流通的市场风险完全转嫁到政府层面。除市场风险之外,农业生产的风险还包括自然风险,随着中国农业生产的规模化、专业化程度不断提高,构建覆盖农业生产与市场流通的风险共担机制将成为农业供给侧改革的工具选项之一。具体来说,以商业保险机构为主体,设计面向农业规模生产经营主体的综合保险机制,政府通过保费补贴的杠杆作用,例如灾害保险和目标价格保险,与农业规模生产经营主体共担风险。将传统意义上粮食市场风险的财政托底转化为规模以上农业生产的风险共担,发挥财政补贴的杠杆作用,一方面调动农业规模生产经营主体的积极性,另一方面增强经营主体的压力,促进生产经营理性决策、审慎决策,提高微观决策主体的生产效率。

(三)确立科学合理的政策性库存水平,增加信息透明度

当前,国际公认的粮食安全线标准为库存消费比保持在17%~18%的水平,美国联邦粮食储备每年的储备量约为500万吨,占粮食产量的1%左右。在粮食整体增产和全球贸易一体化的格局下,逐步分离商业储备与政策性储备,并缩小核心政策性储备规模。在操作层面,将中储粮政策性储备业务专门独立出来,完全执行政策性操作,而中储粮的商业储备则按照市场化运作,例如商业储备领域逐步推进混合所有制改革和资产证券化的方式,同时扶持储备市场多元经营主体,形成一个充分竞争的市场环境。从而在整体上构建一个以市场化运作的商业储备为主,政策储备作为安全冗余的储备体系。同时,改变传统意义上库存数据不透明的做法,在当前经济社会发展水平与技术条件下,库存数据保密已经失去意义,并可能对市场产生误导作

用，所以要定期及时准确地发布库存与产销信息，增加市场信息透明度，提升粮食流通效率。

（四）农业支持政策对质量安全进一步倾斜

2015年中央经济工作会议与中央农村工作会议对加快转变农业发展方式提出了新要求，其中强调农业生产从片面追求产量向数量质量并重方向发展。随着未来农业生产布局优化与效率提升，农业产出水平将会有进一步提高，但是受到生产资源的硬性约束，农产品进口也不可避免。中国农业的开放格局和整个经济发展要求决定了：①片面追求数量也无法改变农产品进口的既成事实；②消费者对农产品质量安全的需求越来越高，当前的农业生产无法满足消费者的需要。从农业供给侧改革来说，未来农业必须大幅度提高农产品质量，解决产销不衔接的问题。

（五）甄别农业与农村不同问题，提高农业支持政策效率

农业目标回归到提高农业生产力水平时，必然带来农业生产的专业化和规模化，传统的小农经济将会进一步解体。从当前农村农业的实际出发，青壮年劳动力可以通过城镇化、工业化实现非农就业，改善生活条件，提高福利水平，而留守农村的人口往往年龄偏大，传统农业生产一方面提供了必要的食物，另一方面也维系了一种生活方式。作为农业供给侧改革的配套措施，应当提高这部分老年农民的社会保障水平，具体措施是将用于现有市场支持的财政补贴一分为二，一部分支持非挂钩的农业补贴，例如保险补贴；另一部分直接补贴农村居民的生活生计与社会保障，提升整体政策体系的协调性和兼容性。

五 农业支持政策的判断与讨论

（一）基本判断

随着农业生产力的不断进步，粮食生产的确定性因素不断增强，中国粮

农村绿皮书

食安全从总量上的紧平衡逐步过渡到结构性相对过剩，并带来一系列市场与社会问题。①在农业供给侧结构性改革"去库存，降成本，补短板"的三大任务之下，有必要进一步推进粮食价格的市场化改革，发挥市场机制在粮食生产领域的优化配置作用。与此同时，通过粮食储备的市场化改革，实现保障粮食安全，发挥市场作用的目标。②从政策设计层面，应当将生产效率提升作为农业供给侧结构性改革的目标，将农民增收与农业增产两个目标独立开来；从农业支持政策而言，政府应当逐步减少因为挂钩政策带来的市场扭曲，从市场风险的托底者转变为市场风险的共担者，发挥财政资金的杠杆作用，促进农业生产效率的提升。

（二）政策讨论

1. 总体思路

①当前农产品价格形成机制采用"分品种施策、渐进式推进"的方式，面对严峻的挑战，分品种渐进式推进恐怕在短期内不仅无助于问题的缓解，甚至有可能会导致进一步恶化，从政策实施角度，有必要明确相关的政策方向。②对于去库存问题，在现有情形下，可以首先考虑政策性储备的必要规模，超过必要规模的直接转化为商业储备，利用市场化手段进行去库存操作。③从财政支付角度，应当将传统意义上的价格支持转向收入补贴或社会保障，通过不断提高农村社会保障水平，提升整体政策体系的协调性和兼容性。

2. 操作层面的技术问题

①最低收购价的确立问题。从传统保收益转向保成本，那么在当前国内外价格倒挂背景下，如何确定最低收购价水平，使之与库存改革相匹配。②目标价格保险等保险的推广问题。在执行过程中是否要对参保对象进行必要的识别，否则参保者因为规模过小，数量过多从而带来运行成本过高，最终导致保险设计的失败。③政策性库存的确定问题。理论上说政策性库存可以保留较小的库存份额，例如5%或者以下，但是考虑到中国的实际情况与渐进改革的需要，是否首先确定一个更高的政策性库存指标阈值，以方便改革的推进。

G.14 农业绿色转型发展：现状、展望与政策建议

于法稳[*]

摘　要： 随着工业化、城镇化的推进，水土资源数量与质量受到的压力越来越大，从而对农业绿色转型发展构成了双重约束。实现农业的绿色转型发展，确保农产品质量安全除了克服优质水土资源短缺问题之外，还要克服农业生产主体目标与国家目标不一致以及农产品生产标准化体系不规范等一系列问题。但以农产品质量安全作为基本目标、水土资源保护作为重要内容、一二三产业融合作为途径及生态补偿政策作为支撑的农业绿色转型发展必将成为趋势。为此，应将农业绿色转型发展提升为国家战略，并以严格的制度对农业生产资料企业以及农业生产主体的生产行为进行规范，同时，还应建立农业生产技术的生态风险评估机制以及农产品生产链条监管的长效机制。

关键词： 资源环境　绿色转型发展　政策建议

《中共中央关于制定国民经济和社会发展第十三个五年规划的建议》明确强调，发展是党执政兴国的第一要务，并提出了创新、协调、绿色、开

---

[*] 于法稳，博士，中国社会科学院农村发展研究所研究员，农村环境与生态经济研究室主任，中国社会科学院研究生院教授、博士生导师，中国生态经济学会秘书长。

放、共享的发展理念。2016年中央农村工作会议强调，要加强农业供给侧结构性改革，切实提高农业供给体系质量和效率，从而推动农业现代化进程。如何在五大发展理念指导下，实现农业的绿色转型发展，确保农产品质量安全，是新常态下必须解决的现实问题之一。

自20世纪80年代初农村改革开放以来，农业生产取得了举世瞩目的成效，但基于大量化学投入品的农业生产方式，对水土资源造成了极大的压力，使其长期处于被"剥夺"的状态，同时，也对其造成了愈来愈严重的污染，进而对农产品的质量安全、国内消费者的健康构成威胁。因此，必须实现农业的绿色转型发展。农业的绿色转型发展既有利于保护水土资源，保障农产品的质量安全，提高中国农产品的国际竞争力，更有利于提高国人的健康水平，全面推进农村生态文明建设。

本部分以农产品主产区为重点，对实现农业绿色转型发展所面临的资源环境形势、存在的问题、需要破解的矛盾，以及未来发展的趋势进行分析，并提出相应的政策建议。

一　农业绿色转型发展面临的资源环境形势

（一）水资源

水资源是保障农业可持续发展的基础性资源，在农业生产中具有重要的战略性地位。随着工业化、城镇化的快速推进，越来越多的水资源被配置到工业、城镇居民生活等领域，农业生产用水的保障程度可能会受到一定的影响；同时，工、农业生产对水资源造成的污染也趋于加重，成为实现农业绿色转型发展必须解决的问题之一。

1. 农业用水及其变化情况

表1是最近10年农业用水量及其用水比例的变化情况。从中可以看出，农业用水量呈现出明显的增长态势，从2005年的3580亿立方米，增加到2014年的3868.98亿立方米，增加了288.98亿立方米，增长8.07%。

31个省（区、市）中，有15个省（区、市）农业用水量超过100亿立方米，农业用水量合计为3056.7亿立方米，占全国农业用水总量的79.01%。其中，有10个省（区）是国家粮食主产省，分别是黑龙江、江苏、湖南、湖北、山东、四川、安徽、河北、内蒙古、河南。农业用水量最多的3个省（区）分别为新疆（551.0亿立方米）、黑龙江（316.1亿立方米）、江苏（297.8亿立方米）。

其余16个省（区、市）农业用水量低于100亿立方米，农业用水量合计为812.3亿立方米，占全国农业用水总量的20.99%。农业用水量最少的3个市分别为北京（8.2亿立方米）、天津（11.7亿立方米）、上海（14.6亿立方米）。这16个省（区、市）中，有3个国家粮食主产省，即吉林、辽宁、浙江。

表1 农业用水量及比例变化情况

单位：亿立方米，%

年份	用水总量	农业用水量	农业用水比例
2005	5632.98	3580	63.55
2006	5794.97	3664.45	63.24
2007	5818.67	3599.51	61.86
2008	5909.95	3663.46	61.99
2009	5965.15	3723.11	62.41
2010	6021.99	3689.14	61.26
2011	6107.2	3743.6	61.3
2012	6141.8	3880.3	63.18
2013	6183.45	3921.52	63.42
2014	6094.86	3868.98	63.48

资料来源：《中国统计年鉴2015》。

从农业用水量高于100亿立方米的15个省（区、市）的区域分布来看，东部地区有4个，中部地区有6个，西部地区有5个；而16个农业用水量低于100亿立方米的省（区、市）中，东部地区有7个，中部地区有2个，西部地区有7个。

从农业用水比例来看，2014年全国农业用水比例为63.48%，7个农产品主产区中高于这一比例的省（区、市）有13个，低于这一比例的省（区、市）有12个，具体区域分布情况见表2。

表2 2014年农业用水比例的空间分布情况

区域	低于全国平均水平(12)	高于全国平均水平(13)
东北平原农产品主产区(3)	辽宁	黑龙江、吉林
黄淮海平原农产品主产区(3)	河南	山东、河北
长江流域农产品主产区(8)	重庆、四川、湖北、湖南、浙江、安徽、江苏	江西
汾渭平原农产品主产区(2)	山西	陕西
河套灌区农产品主产区(2)		内蒙古、宁夏
华南农产品主产区(5)	福建、广东	广西、云南、海南
甘肃新疆农产品主产区(2)		新疆、甘肃

注：7个农产品主产区中剔除了北京、上海、天津、西藏、青海、贵州。
资料来源：《中国统计年鉴2015》。

2. 农业生产面临的水污染状况

谈到水资源，以往的研究多关注水资源是否能够满足农业生产的需要，对水资源的质量关注不足。这里重点论述中国水资源的质量状况。总体上来讲，中国水环境污染日益严重，清洁水源更加短缺。

从地表水质来看，无论是河流、湖泊，还是水库，水质都存在着不同程度的污染。2014年全国423条主要河流、62座重点湖泊（水库）的968个国控地表水监测断面（点位）的水质监测结果表明：Ⅰ、Ⅱ、Ⅲ、Ⅳ、Ⅴ、劣Ⅴ类水质断面分别占3.4%、30.4%、29.3%、20.9%、6.8%、9.2%。①

从地下水质来看，情况也不容乐观。2014年全国地下水水质监测结果表明：在4896个监测点中，极差级、较差级水监测点分别占16.1%、45.4%，而优良级水监测点仅占10.8%。前两者占据了61.5%。这个结果表明，地下

---

① 环境保护部：《2014中国环境状况公报》，2015年6月5日。

水水质状况非常严重,特别是在地表水资源短缺的区域,农业生产、居民生活都要依靠地下水资源,因此农产品质量、居民健康都会受到一定影响。

(二)耕地资源

2016年进入快速工业化、城镇化阶段之后,各地对耕地的占用呈现出强劲态势,特别是对土地生产率较高的优质耕地占用将会有增无减。在中国耕地资源构成中,优质耕地面积所占比例仅仅为2.9%。[1] 因此,在工业化、城镇化背景下,优质耕地所占比例将会进一步下降。[2] 从长期来看,中国农产品数量安全将会受到严重威胁。

在优质耕地严重不足的同时,中国耕地资源污染日益严重,特别是耕地土壤的重金属污染进入"集中多发期",呈现出工业向农业、城区向农村、地表向地下、上游向下游转移的特点,继而积累到农产品之中,导致突发性、连锁性、区域性的集中爆发。

《全国土壤污染状况调查公报》的结果表明,中国土壤环境状况总体不容乐观,部分地区土壤污染较重,耕地土壤环境质量堪忧。详细情况见表3。此外,就中国耕地土壤质量而言,有机质含量低,仅为2.08%,极大地影响了农产品的产量及质量。

表3 不同土地利用类型土壤污染情况

单位:%

类型	总体	轻微	轻度	中度	重度	主要污染物
耕地	19.4	13.7	2.8	1.8	1.1	镉、镍、铜、砷、汞、铅、滴滴涕和多环芳烃
林地	10.0	5.9	1.6	1.2	1.3	砷、镉、六六六和滴滴涕
草地	10.4	7.6	1.2	0.9	0.7	镍、镉和砷

注:表中数据为土壤点位超标率。
资料来源:环境保护部、国土资源部联合发布《全国土壤污染状况调查公报》,2014年4月17日。

---

[1] 段武德、陈印军、翟勇等:《中国耕地质量测控技术综合集成研究》,中国农业科学技术出版社,2011。

[2] 于法稳、李萍:《美丽乡村建设中存在的问题及建议》,《江西社会科学》2014年第9期。

（三）农业生产投入品

1. 化肥投入及其区域分布

农业生产过程中，化肥对农作物产量的提高确实做出了重要贡献，但同时也带来了耕地土壤及地下水的污染，以及农产品质量的下降，进而对消费者健康造成负面影响等一系列问题。尽管中国耕地面积不到世界耕地总面积的10%，但化肥施用量接近世界总量的1/3，已成为农业面源污染的主要原因。

最近10年间，中国化肥施用量呈现出明显的增加态势，从2005年的4766.22万吨增加到2014年的5995.94万吨，增加了1229.72万吨，增长25.80%。同期，中国农作物播种总面积只增长了6.40%，粮食作物播种面积只增长了8.10%，而粮食产量增加了25.41%。由此可见，中国化肥施用与播种面积、粮食产量等之间依然没有实现脱钩。

从化肥施用结构变化来看，通过国家推广的测土配方施肥等一系列措施，施肥结构趋于优化。农用氮肥所占比例从2005年的46.78%，下降到2014年的39.91%，下降了6.87个百分点；同期，农用磷肥所占比例也有一定的下降，从15.61%下降到14.10%，下降了1.51个百分点；而农用钾肥、农用复合肥所占比例则在提高，分别提高了0.44个、7.95个百分点（见图1）。

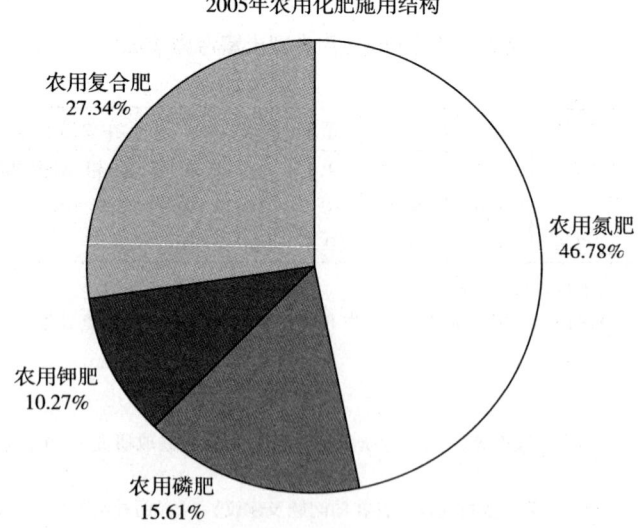

2005年农用化肥施用结构

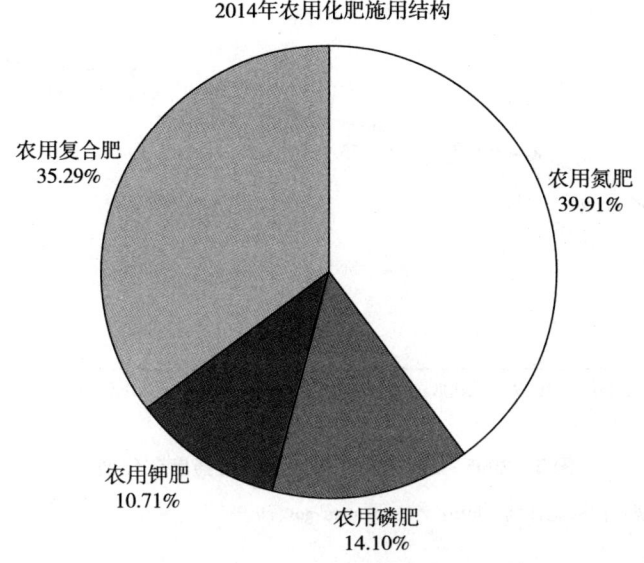

图1 中国农用化肥施用结构及变化情况

资料来源：国家统计局，http://data.stats.gov.cn。

2014年，化肥施用量最大的3个省分别为河南、山东、湖北，化肥施用量分别为705.8万吨、468.1万吨、348.3万吨，占全国化肥施用量的比例分别为11.77%、7.81%、5.81%。化肥施用量占全国化肥施用量累计比例超过80%，涵盖了16个省（区），其中，有11个省（区）是国家粮食主产省，分别为河南、山东、湖北、安徽、河北、江苏、黑龙江、四川、湖南、吉林、内蒙古；其余的5个省（区）则是广西、广东、新疆、陕西、云南。

化肥施用强度（采用化肥施用量与播种面积之比）是衡量一个区域化肥消费有效性的一个重要指标。在农业生产过程中，中国化肥施用强度呈现出明显的增加态势（见图2）。全国化肥施用强度从2005年的306.53千克/公顷，增加到2014年的362.41千克/公顷，增加了55.88千克/公顷，增长18.23%。

各省（区、市）经济发展水平的差异性、产业结构的差异性以及生态资源条件的差异性，都会影响到农业生产中化肥施用强度的差异。图3是2014年各省（区、市）化肥施用强度的对比。

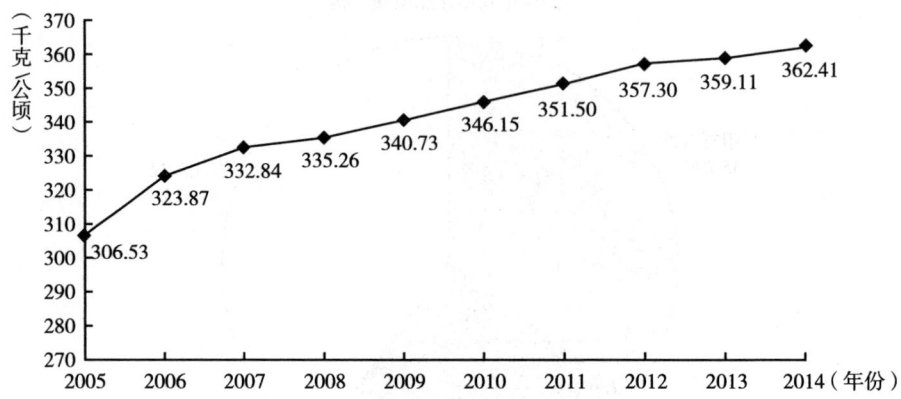

图 2　2005～2014 年农用化肥施用强度变化情况

资料来源：国家统计局，http://data.stats.gov.cn。

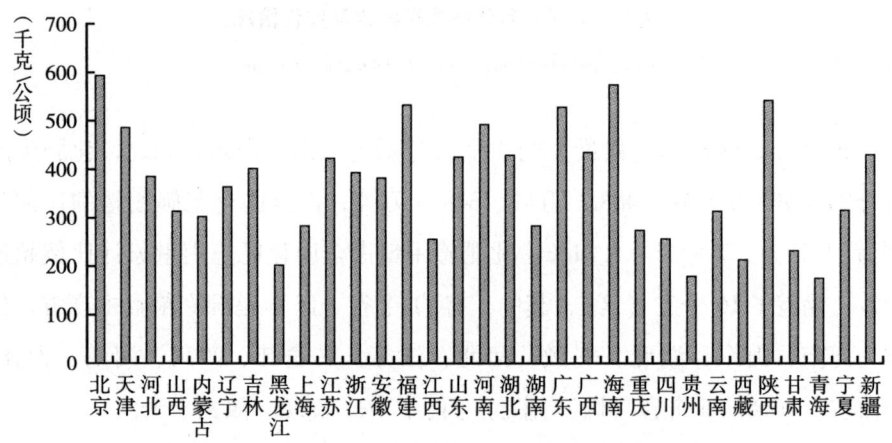

图 3　2014 年各省（区、市）化肥施用强度情况

资料来源：《中国统计年鉴 2015》。

根据上述计算结果，2014 年中国化肥施用强度为 362 千克/公顷，源于图 3 中数据，将 31 个省（区、市）划分为两种类型：一是化肥施用强度低于全国平均水平，二是化肥施用强度高于全国平均水平。7 个农产品主产区施肥强度的区域分布见表 4。

表4 2014年施肥强度的空间分布情况

区域	低于全国平均水平(10)	高于全国平均水平(15)
东北平原农产品主产区(3)	黑龙江	辽宁、吉林
黄淮海平原农产品主产区(3)		河北、山东、河南
长江流域农产品主产区(8)	重庆、四川、湖南、江西	江苏、湖北、浙江、安徽
汾渭平原农产品主产区(2)	山西	陕西
河套灌区农产品主产区(2)	内蒙古、宁夏	
华南农产品主产区(5)	云南	海南、福建、广东、广西
甘肃新疆农产品主产区(2)	甘肃	新疆

注：7个农产品主产区中剔除了北京、上海、天津、西藏、青海、贵州。
资料来源：《中国统计年鉴2015》。

国际公认的化肥施用安全上限是225千克/公顷，与此相比，中国平均化肥施用强度是此标准的1.61倍。7个农产品主产区中，只有黑龙江省的化肥施用强度（206.1千克/公顷）低于此标准，其余24个省（区）的化肥施用强度都远远高于国际公认的安全标准。

中国化肥综合利用效率平均为30%，很大部分都流失进入土壤及水体之中。根据《第一次全国污染源普查公报》，农业生产中主要污染物流失（排放）情况如下：种植业总氮流失量159.78万吨（其中地表径流流失量32.01万吨，地下淋溶流失量20.74万吨，基础流失量107.03万吨），总磷流失量10.87万吨。重点流域种植业主要水污染物流失量：总氮71.04万吨，总磷3.69万吨。[①]

2. 农药投入情况

众所周知，农药在农业生产中发挥着巨大的作用，在未来较长时间内，农药可能仍然是防治农作物病虫害的重要手段。但同时也必须清楚地认识到农药的负面影响，就是说，农药如同人类科技进步的任何创造发明一样，是一把"双刃剑"。在促使农业生产的同时，也对农产品质量、耕地土壤、地下水造成负面影响。

---

① 环境保护部、国家统计局、农业部：《第一次全国污染源普查公报》，2010年2月6日。

最近9年,中国农药使用量也表现出明显的增加态势,从2005年的145.99万吨,增加到2013年的180.19万吨,增加了34.20万吨,增长23.43%(见图4)。

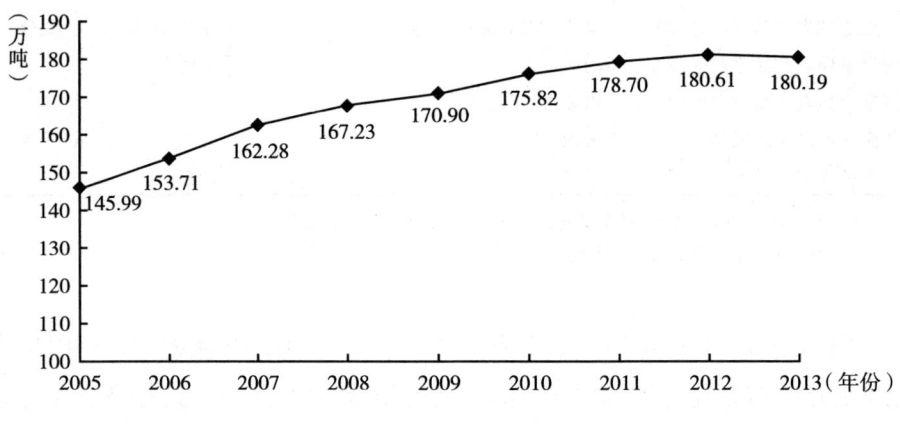

图4 中国农药使用量及其变化情况

资料来源:《中国统计年鉴2015》。

农药包装物(特别是农药瓶)等污染日益成为农村生态环境污染的重要部分。2013年,全国农药使用量为180.19万吨,按照0.5千克/瓶的标准,全国将会产生36.0亿个农药瓶!而目前农药市场上,采取0.5千克/瓶的标准包装的农药所占比例并不高,更多的是采取0.25千克/瓶、0.125千克/瓶的标准,这样农药使用之后的农药瓶数量,将会翻倍甚至四倍增长。同时,农民传统习惯,就是将使用之后的农药瓶随手丢弃在田间地头,或者周边的水体之中,对水体造成二次污染。①

3. 农用薄膜投入情况

农用塑料薄膜在农业生产中发挥了巨大的作用,特别是在干旱半干旱地区,农用塑料薄膜的作用更为显著。但同时,由于塑料薄膜自身存在的问题,以及回收机制的缺失,全国范围内的白色污染呈现出日益严重的

---

① 于法稳:《农村生态文明建设中的生态环境问题及其综合整治的政策性建议》,《鄱阳湖学刊》2014年第3期。

态势。

统计数据表明，2005年以来，中国农用塑料薄膜使用量呈现出明显的增加态势，从176.23万吨增加到2013年的249.32万吨，增加了73.09万吨，增长41.47%。种植业地膜残留量为12.10万吨。

目前，世界上解决塑料薄膜白色污染的途径有两个。一是回收塑料薄膜，但由于中国地膜用量和覆盖面积大，企业生产的薄膜厚度太薄，仅有6微米，低于规定的8微米，美国24微米，韩国20微米，日本15微米，回收起来异常困难，在经济上得不偿失。同时，也缺乏回收的机制。二是开发可降解农膜。这是农膜发展的趋势，但由于其价格相对于一般的农膜较贵，在推广应用中还存在着一定的障碍。

（四）养殖业污染情况

1. 畜禽养殖业主要污染物排放情况

由于畜禽养殖业污染物排放量占农业生产污染物排放量的比例较大，因而畜禽业污染问题受到密切关注。有关数据表明，畜禽养殖业主要水污染物排放量中，化学需氧量1268.26万吨，总氮102.48万吨，总磷16.04万吨，铜2397.23吨，锌4756.94吨。同时，畜禽养殖业粪便产生量2.43亿吨，尿液产生量1.63亿吨。对重点流域畜禽养殖业而言，其主要水污染物排放量中，化学需氧量705.98万吨，总氮45.75万吨，总磷9.16万吨，铜980.03吨，锌2323.95吨，分别占畜禽养殖业主要水污染物排放量的55.57%、44.64%、57.11%、40.88%、48.85%。[1]

2. 水产养殖业主要污染物排放情况

水产养殖业也会排放一定的污染物。有关资料表明，水产养殖业主要水污染物排放量中，化学需氧量55.83万吨，总氮8.21万吨，总磷1.56万吨，铜54.85吨，锌105.63吨。对重点流域水产养殖业而言，在其主要水污染物排放量中，化学需氧量12.67万吨，总氮2.15万吨，总磷0.41万

---

[1] 环境保护部、国家统计局、农业部：《第一次全国污染源普查公报》，2010年2月6日。

吨，铜24.62吨，锌50.15吨，分别占水产养殖业主要水污染物排放量的22.69%、26.19%、26.28%、44.89%、47.48%。①

二 农业绿色转型发展的现状及面临的主要矛盾

（一）农业生产中存在的问题

1. 农业生产的环境受到严重污染

农业生产环境的污染，主要表现在水土资源的污染。从污染来源来看，既有农业生产本身，也有工业企业。农业造成的面源污染在前面已经进行了详细论述，这里不再重述。

从工业企业生产来看，近些年来，由于工业化、城镇化进程的加快，工业"三废"、城市废弃物的大量排放，污染逐渐从城镇蔓延到广大的乡村，特别是在一些山区，"污染进山"现象特别严重，从而造成了许多有毒、有害物质流入水体中，致使灌溉用水及土壤中的含菌量及重金属含量严重超标，农作物吸收之后，通过食物链传递逐级污染到农产品，影响到消费者健康。

2. 农业生产资料的生产及销售市场混乱

农业生产资料作为农产品（农作物）生产和保证农产品生产过程顺利进行的重要支撑条件，既是农业生产的重要投入品，也是连接工业与农业生产的桥梁，更是发展现代农业的重要物资保障和基础。从这个意义上来讲，农业生产资料应满足如下要求：一是无污染的、清洁的、环境友好型产品（或品种）和健康安全资料；二是高效、低耗的材料与物品，如一些高效、高抗、优质的农作物品种、高效清洁能源、高效低耗农机具等；三是大多能重复利用或容易回收利用，以实现农业循环经济的减量化排放目标。②

然而，由于监管不到位，主要是利益驱动，农业生产资料的生产及销售

---

① 环境保护部、国家统计局、农业部：《第一次全国污染源普查公报》，2010年2月6日。
② 王红阳、杜丹：《和谐社会背景下农业生产资料服务体系建设与发展》，《农业经济》2012年第9期。

市场较为混乱。一些剧毒农药还没有从生产源头杜绝。在化肥、农药、种子等推广应用方面，一些零售企业主或者个人成为推广主体，从而在销售方面可能存在这样或者那样的问题。

3. 农业生产行为的"任性"现象异常严重

农业生产主体，无论是企业还是农民，在农业生产过程中，将提高土地生产力、增加土地收益作为主要目标，为此，在农作物种植过程中，滥用农药、化肥、激素、抗生素等药物，以实现高产的目标，一些农民甚至还在用国家明令禁止的剧毒农药，导致农产品中的有害药物的残留超过安全限度。同时，为了追求农产品的外观，采取在水果上喷施催熟剂、膨大剂，在蔬菜上喷施剧毒农药等。因此，农产品难以走向国际市场，只能在国内市场销售，从而对国人的健康造成严重的危害。

在基层调研中发现，一些畜禽养殖企业（特别是养殖鸭子），为了追求利润，采取极端的手段进行养殖，大量使用抗生素、激素等药品，极大地缩短了饲养周期。由于过量用药，鸭肉和鸭蛋药物残留，严重威胁食品安全。众所周知，滥用抗生素不仅会提升病毒的耐药性，而且还会催生出一些无法治疗的超级病毒，导致治疗疾病的难度和成本大大增加。2014年，世界卫生组织发布的一份报告明确指出：抗生素耐药性已经成为全球危机，而且比20世纪80年代的艾滋病疫情还要严重。[1]

从另一个方面来讲，农民对自己行为"任性"的严重后果非常清楚，他们不食用施用了大量剧毒农药及激素、抗生素的农产品，而是供应市场销售。因此，对农民生产行为的规范具有一定的可能性。

4. 农业生产技术缺失生态风险评估机制

进入新常态，中国正处于加快推进农业现代化的关键时期，稳粮增收调结构、提质增效转方式，对农业科技创新提出了更新、更高、更迫切的要求。有关数据表明，2008～2013年，农业科技进步贡献率从50%

---

[1] 世界卫生组织：《抗菌素耐药：全球监测报告》，2014年5月。

提升到55.2%，平均每年提升0.87个百分点，到2014年达到55.6%。[①]

2014年中央一号文件《关于全面深化农村改革加快推进农业现代化的若干意见》提出，推进农业科技创新，加大农业科技创新平台基地建设和技术集成推广力度。随着农业科技投入的日益增加，科研人员推出的农业新技术也越来越多。但是，这些农业新技术在推广时，只关注其对农产品生产的正面效应，而对技术可能存在的潜在负面影响均缺乏生态风险评估，从而导致了农业新技术推广应用后带来的一系列农产品质量安全事故。因此，农业技术研发人员，应为所研发的技术负责，对技术潜在的负面影响有个科学的生态风险评估。

5. 农产品生产、市场监管机制及诚信机制缺失

在主要农产品生产区调研时发现，农产品生产、市场监管机制及诚信机制缺失，具体表现在如下几个方面：一是认证的农产品难以实现"优质优价"，生产者在一定程度上会改变其生产行为，降低生产标准；二是由于诚信机制的缺失，生产者可能会在认证的农产品中掺杂一些非认证农产品，从中获得利益；三是对一些认证机构缺乏有效的监管，这些认证机构为了自身的利益，在认证中降低标准；四是市场监管体系不力，难以对冒充认证农产品的行为进行处罚。

（二）农业绿色转型发展的现状

1. 农业绿色转型发展的紧迫性得到普遍认同

农产品主产区乃至全国范围内，工业企业乃至农业生产对水土资源的污染日益严重，进而严重影响了农产品的质量安全，是中国农业生产的现实。所有的利益相关者都是消费者，都深刻认识到农产品质量安全的重要性，以及对国民体质的危害性。因此，无论是政府，还是作为农业生产的主体——农业企业和农民，还是农业科技人员都认识到了实施农业绿色转型发展的紧

[①] 秦志伟：《农业科技进步贡献率递增的背后》，《中国科学报》2015年1月21日。

迫性。

2. 农业绿色转型发展的理念得到认可

2014年中央经济工作会议明确提出："要坚定不移加快转变农业发展方式，尽快转到数量质量效益并重、注重提高竞争力、注重农业技术创新、注重可持续的集约发展上来，走产出高效、产品安全、资源节约、环境友好的现代农业发展道路。"特别是十八届五中全会提出了发展的"五大理念"，其中绿色发展理念更是与实施农业绿色转型发展紧密相关。这些发展理念得到农产品主产区政府、生产主体的广泛认可，只有实施农业的绿色转型发展，才能解决当前农业生产中的水土资源污染、农产品质量等一系列问题。

3. 探索了农业绿色转型发展的一些模式

针对农业发展中出现的一些问题，7个农产品主产区都根据区域资源条件，以及主产品的特性，积极探索推动农业绿色转型发展的模式。如在黄淮海农产品主产区探索建立的种植业与养殖业紧密联系的循环型生态农业模式，不仅解决了养殖业造成的污染，还减少了种植业对化学投入品的依赖，更为重要的是提高了农产品质量；在长江流域农产品主产区探索建立了观光旅游农业模式，在发挥农业生产功能的同时，还发挥了农业的生态功能、文化功能，逐渐走上了一二三产业的融合之路。

4. 从数量和质量两个方面注重了农产品的安全

以往关注的是粮食或者农产品的数量安全，把农业发展定位为增加农产品的产量，而对其质量没有足够的关注，从而引发了农业生产过程的污染问题。但随着对农业生产中资源环境、农产品质量问题认识的逐步深入，农业生产开始走向更加注重数量和质量、效益并重，更加注重技术创新和可持续集约化发展之路。

5. 国家政策更加注重农业的绿色转型发展

无论是2015年的中央经济工作会议、中央农村工作会议，还是2016年中央一号文件，都将农业发展方式转变作为主要内容，而且对耕地资源的保护也从数量与质量两个方面开始注重。在注重农业生产效益的同时，也关注了水资源、耕地资源的利用效率。特别是出台了一些有关生态农业等农业绿色转型发展模式的政策,有力推动了农业的绿色转型发展。

(三)农业绿色转型发展需要破解的主要矛盾

1. 农产品质量安全的优质水土资源保障与其严重短缺之间的矛盾

前面已经有所论述,要实现农产品的质量安全,其核心是以优质的水土资源为基础。但随着工业化、城镇化进程的加快,一方面是优质的水土资源越来越多地配置到非农产业、城镇区域;另一方面是来自工业企业、农业生产自身的污染风险越来越大,从而导致水资源及耕地土壤的污染日益严重。因此,就形成了农产品质量安全与优质水土资源基础日益丧失之间的矛盾。

2. 农产品质量安全需要新技术支撑与新技术可能的负面影响之间的矛盾

在现有的优质水土资源基础上,要增加优质安全农产品的生产能力,必须依靠农业新技术作支撑。但一些新技术在增加农业生产能力的同时,可能具有一定的潜在的负面影响。对一些农业技术缺乏科学的生态安全性、潜在风险等方面的评估。如转基因技术在农业生产中的应用,可能具有一些生态负面影响,因此在国际社会产生了巨大的争论。笔者认为,转基因技术是否具有负面影响,是否会影响到人类自身的发展,需要科学的评估,而这个评估过程可能需要较长的时间,现在对转基因技术做任何结论都为时尚早。

3. 农产品生产主体的超利性与国家农产品质量安全性之间的矛盾

作为生产主体,农民、农场主或者是农业企业主在农产品生产过程中,其目标瞄准的是效益、是收入。为此,他们在生产中所关注的是产量的高低,所追求的是农业生产效益。而国家所关注的是农产品的安全性,既包括农产品数量的安全,更关注农产品质量安全,以确保国民的身体健康。因此,两个不同主体的目标瞄准就形成了一对矛盾。

4. 农产品质量安全需要标准化体系规范与其严重缺失之间的矛盾

消费者对农产品需求的变化,也促使生产者转变其生产行为。如何才能确保农产品的质量安全,需要完善的标准化体系作保障,以此来规范农业生产行为。但无论是农业生产的标准化体系,还是农业生产管理的标准化体系,一些是缺失,一些是不完善,难以有效地规范农业生产行为,从而严重影响了农产品的质量安全。

5. 农产品生产的技术服务需求与农技服务体系能力不足之间的矛盾

随着农业现代化进程的加快,一方面需要提高生产者的素质,另一方面需要更有效的技术服务。目前,由于基层农技服务体系几乎处于瘫痪状态,无法提供有效的技术服务,农业生产资料销售企业主或者个人成为新技术、新品种等的推广主体,从而影响到农业生产的安全性。

在长江流域、东北、黄淮海农产品主产区调研时发现,根据上级政府或者部门的要求,很多乡镇都统一建立了农业综合服务中心,并且统一安排了工作人员。但从功能上来讲,并没有达到预期的目标。原因有两个方面:一方面是这些工作人员不具有专业技术能力,难以提供有效的技术服务;另一方面是这些工作人员以乡镇政府安排的工作为主,在没有重要工作之时,可以在中心上班,一旦遇有维稳等重要工作,这些人员都会被派往第一线。因此,这也是一种典型的形式主义。

6. 农产品质量认证与消费者难以辨识之间的矛盾

在农产品生产层面,农产品主产区为了确保农产品进入高端市场,无论主产区政府还是农产品生产加工企业都积极申报"三品一标"产品(无公害、绿色、有机、地理标志产品)的认证,对促进农产品主产区农业绿色转型发展、提高农产品质量发挥了一定的作用。在农产品销售市场,尽管很多超市都在销售绿色食品、有机食品以及地理标志产品,但其销售情况并不好。一是由于这类产品的价格高于同类消费品,二是消费者对标有绿色、有机及地理标志的农产品无法辨识,因而对其真实性产生怀疑。由此构成了农产品质量认证与消费者难以辨识之间的矛盾。

三 对农业绿色转型发展的展望与政策建议

(一)农业绿色转型发展的政策回顾

针对中国农业生产中存在的现实问题,党中央、国务院高度重视农业的

绿色转型发展问题,并为此出台了一系列的重要指示和纲领性文件。

20世纪80年代中期之后,生态农业作为农业绿色转型发展的有效模式,在全国范围内都受到广泛的关注,国家有关部门也出台了相应的政策措施,但在国家层面并未给予足够的关注。90年代以后,生态农业上升到国家层面,在有关政策中明确提出了相应措施,并强调"要把生态农业建设与农业结构调整结合起来,与改善生产条件和生态环境结合起来,与发展无公害农业结合起来,把中国生态农业建设提高到一个新水平"。①

《中共中央关于推进农村改革发展若干重大问题的决定》指出:通过发展节约型农业、循环农业、生态农业,到2020年基本形成资源节约型、环境友好型农业生产体系。2010年《关于加大统筹城乡发展力度 进一步夯实农业农村发展基础的若干意见》提出"加强农业面源污染治理,发展循环农业和生态农业"。2014年《关于全面深化农村改革 加快推进农业现代化的若干意见》提出,建立农业可持续发展长效机制,促进生态友好型农业发展。2015年《关于加大改革创新力度 加快农业现代化建设的若干意见》对加强农业生态治理提出了具体的措施。2015年中央经济工作会议提出,"加快转变农业发展方式,走产出高效、产品安全、资源节约、环境友好的现代农业发展道路"。2015年中央农村工作会议提出:建设资源节约、环境友好农业。2016年,中共中央、国务院《关于落实发展新理念加快农业现代化 实现全面小康目标的若干意见》明确指出:"加强资源保护和生态修复,推动农业绿色发展。推动农业可持续发展,必须确立发展绿色农业就是保护生态的观念,加快形成资源利用高效、生态系统稳定、产地环境良好、产品质量安全的农业发展新格局。"

通过对历年国家推动农业绿色转型发展的政策梳理分析,可以发现,国家推动农业绿色转型发展的政策在不断完善,发展目标、发展方向、发展重点更加明确,实现发展目标的措施更加具体。

---

① 于法稳:《生态农业发展与展望》,《中国农村经济形势分析与预测(2014~2015)》,社会科学文献出版社,2015。

（二）农业绿色转型发展的展望

2016年中央一号文件《关于落实发展新理念加快农业现代化 实现全面小康目标的若干意见》明确指出："在资源环境约束趋紧背景下，如何加快转变农业发展方式，确保粮食等重要农产品有效供给，实现绿色发展和资源永续利用，是必须破解的现实难题。"农业绿色转型发展未来将出现如下几个趋势。

1. 农产品质量安全将成为农业绿色转型发展的基本目标

食品安全，特别是农产品质量安全，以及生态环境是关系到国人身体健康、中国能否实现可持续发展的两大关键问题。2015年中央一号文件明确指出，"推进农业供给侧结构性改革，加快转变农业发展方式，保持农业稳定发展和农民持续增收，走产出高效、产品安全、资源节约、环境友好的农业现代化道路"，实现"农产品供给体系的质量和效率显著提高"。可以预见，农产品质量安全将成为"十三五"甚至更长时期，农业绿色转型发展的基本目标。

2. 水土资源保护将是农业绿色转型发展的重要内容

水土资源是农业生产的基础，除了对水土资源数量保护之外，其质量的保护与提高将成为未来的重点，特别是水资源的保护、耕地土壤污染的恢复治理的力度将会加大。农业面源污染的治理将成为农业绿色转型发展的主战场，化肥、杀虫剂、除草剂等化学投入品的施用强度将会大幅度降低，循环型生态农业发展的产业体系将更加完善，同时，农药包装物、塑料薄膜等回收机制将会得到完善与提升。

3. 多样化的模式将成为农业绿色转型发展的有效途径

不同区域生态资源特点不同，社会经济发展水平不同，农业生产方式不同，特别是农产品主产区，关注的农产品种类不同，有的地方是种植业、有的地方是养殖业、有的地方是渔业，因此，在推动农业绿色转型发展中，这些主产区将会根据区域的实际情况，以及主要农产品的特性，建立适应区域特点的农业发展模式，多样化特征将会更加明显。已有的一些农业发展模式

将会在绿色发展理念指导下,得到进一步的完善与提升,有的可能会被新的发展模式所取代。

4. 一二三产业融合发展将成为农业绿色转型发展的重要方向

《中共中央关于制定国民经济和社会发展第十三个五年规划的建议》提出:"大力推进农业现代化,着力构建现代农业产业体系、生产体系、经营体系,提高农业质量效益和竞争力,推动粮经饲统筹、农林牧渔结合、种养加一体、一二三产业融合发展,走产出高效、产品安全、资源节约、环境友好的农业现代化道路。"由此,一二三产业融合发展,将会成为农业绿色转型发展的一个重要方向。

5. 生态补偿政策将成为推动农业绿色转型发展政策体系的重要组成部分

为推动农业发展方式的转变,国家出台了一系列相关政策,取得了一定的成效。在经济发展新常态下,农业发展又面临资源环境的约束,农业绿色转型发展需要更加精准的政策支撑,特别是生态补偿政策将成为推动农业绿色转型发展政策体系的重要组成部分,而且这些政策将会更加完善,更加有效,更加精准。

(三)农业绿色转型发展的政策性建议

1. 将农业绿色转型发展提升为国家战略

食品安全是国人都十分关注的重大问题,需要加强科学的顶层设计,将食品安全战略上升为国家战略,将实现农业绿色转型发展,确保农产品质量安全上升到关系中华民族自身能否延续下去的战略高度,只有这样,才能切实推动农业的绿色转型发展,才能确保水土资源质量的提升,才能确保农产品质量安全。

2. 严格规范农业生产资料企业的行为

严格要求化肥生产企业根据农业部推行的测土配方施肥工程中提供的土壤肥力信息,生产满足区域需要的肥料;加大生物农药的技术推广,从源头上杜绝剧毒农药的生产,以减少对农产品及其生产环境的污染;大力推广可降解薄膜生产技术，降低其生产成本，以减少白色污染的发生；在饲料生产方面，杜绝铜、锌、砷等重金属元素的添加，以减少随养殖废弃物进入土壤或水体对其造成重金属污染。

3. 规范农业生产主体的生产行为

在实现农业绿色转型发展中，政府需要发挥好引导、服务功能，为此，应做好如下工作：首先，加快制定严格的农产品质量标准体系，使产前、产中、产后的质量监督、管理都能与国际市场接轨；其次，要建立与完善农产品生产的服务体系，提高农产品生产化解自然和市场风险的能力；再次，强化农产品质量的安全检测监督。建立一支专业技术人才服务队伍，发挥其在农产品质量检测中的作用，强化检测监督力度。企业、农民作为农业生产的直接主体，应按照农业生产的技术规范进行生产，以确保农产品的安全。

4. 建立并强化农业生产技术的生态风险评估机制

随着农业科技投入的日益增加，科研人员研发的农业新技术也越来越多；同时，国家高度关注农业科技的推广工作，以更好地提高科技对农业的贡献率。为此，应建立并强化农业生产技术的生态风险评估机制，降低农业技术造成重大的负面影响的风险。

5. 建立并加强农产品生产链条监管的长效机制

一是在农产品生产资料的生产环节，注重监管，严禁生产国家明令禁止的生产资料；二是在农产品生产环节，加强引导，从而使其生产行为逐渐走向标准化的轨道，同时提供有效的服务；三是在农产品认证环节，严格认证行为，一旦发现某些认证机构违规操作，应及时注销其认证资质；四是在农产品的销售环节，加强监管，发现冒充认证产品的行为，加大处罚力度，通过媒体及时曝光，以促使诚信机制的建立。

Abstract

In 2015, despite a sluggish recovery of the world economy and the slowdown of China's economic growth, China's agriculture and rural economy have maintained a good pace of steady development. The primary industry has continued to experience a steady development along with agricultural modernization. Fixed assets investment in the primary industry (excluding rural households) reached 1556.1 billion Yuan, an increase of 31.8 percent from 2014. Fixed assets investment of rural households valued at 1041.0 billion Yuan, a decrease of 3.2 percent compared to last year. The value-added of the primary industry was 6086.3 billion Yuan, an increase of 3.9 percent in real terms. This accounted for 9.0 percent of China's GDP (in current price), contributing to 5.2 percent of China's GDP (in comparable price). The contribution rate of scientific and technological progress to China's agriculture was 56 percent. Agricultural mechanization rate for farming, growing and harvesting crops reached 63 percent. Large-scale breeding rate of livestock and poultry rose to 54 percent. The total number of new types of business actors in agriculture such as family farms, farmers' cooperatives and agribusiness enterprises, was close to 2.5 million.

China's agricultural sector has witnessed continuous structural adjustments. In 2015, the growing area of grain crops has expanded to 113.34 million hectare (or 1.7 billion Mu). The growing area of oil crops remained stable at 14 million hectare (or 0.21 billion Mu). The growing area of cotton crops has dropped to 3.8 million hectare (or 57 million Mu), a decrease of 10.0 percent from 2014. The growing area of sugar crops has dropped to 1.74 million hectare (or 26.13 million Mu), a decrease of 8.4 percent compared to last year. In 2015, the twelfth consecutive increase in grain production was recorded, with a total amount of 621.44 million tons, an increase of 2.4 percent from 2014. The total amount of cotton production was 5.61 million tons, a decrease of 9.3 percent. The total amount of oil production reached 35. 47 million tons, an increase of 1. 1 percent. The total amount of sugar production was 125. 29 million tons, a decrease of 6. 2 percent. Affected by the decrease in pig production, the total amount of meat production valued at 86. 25 million tons, a decrease of 1. 0 percent. The total number of pigs was 708. 25 million, a decrease of 3. 7 percent. The total amount of pork production was 54. 87 million tons, a decrease of 3. 3 percent. The total amount of beef, mutton, and poultry production reached 7. 00 million tons, 4. 41 million tons, and 18. 26 million tons, an increase of 1. 6 percent, 2. 9 percent, and 4. 3 percent, respectively.

In 2015, the development of agricultural products markets has been stable. The total amount of retail sales of consumer goods in rural areas reached 4193. 2 billion Yuan, an increase of 11. 8 percent compared to 2014. The growth rate of retail sales of consumer goods in rural areas is 1. 3 percent higher than that of in urban areas. The total amount of retail sales of consumer goods in rural areas accounted for 13. 9 percent of the total amount of retail sales of consumer goods in China. Producer prices of agricultural products rose by 1. 7 percent, and consumer prices for food increased by 2. 3 percent.

In 2015, the imports and exports of agricultural products continued to decrease. China's total imports and exports of agricultural products valued at 187. 56 billion US Dollars, a decrease of 3. 6 percent. China's agricultural trade deficit decreased to 46. 20 billion US Dollars, a decrease of 8. 7 percent compared to 2014. The share of agricultural products' exports to the Belt and Road countries accounted for 31. 1 percent in China's total exports of agricultural products, and that to Association of Southeast Asian Nations, 21. 0 percent.

In 2015, farmers' incomes continued to increase. Per capita disposable income of rural households was 11,422 Yuan, an increase of 8. 9 percent or a real increase of 7. 5 percent after deducting price factors. Per capita net income of rural households was 10,772 Yuan. Among per capita disposable income of rural households, salary incomes valued at 4,600 Yuan, an increase of 10. 8 percent, contributing to 48. 0 percent of income increase; net farm incomes at 4,504 Yuan, an increase of 6. 3 percent, contributing to 28. 5 percent of income increase; net property incomes at 252 Yuan, an increase of 13. 3 percent,

contributing to 3.2 percent of income increase; transferable incomes at 2,066 Yuan, an increase of 10.1 percent, contributing to 20.3 percent of income increase.

In 2015, the income gap among rural households continued to decline. Per capita disposable income of low-income households, lower-middle-income households, middle-income households, upper-middle-income households, and high-income households valued at 3,086 Yuan, 7,221 Yuan, 10,311 Yuan, 14,537 Yuan, and 26,014 Yuan, an increase of 11.5 percent, 9.3 percent, 8.5 percent, 8.1 percent, and 8.6 percent, respectively. Income distribution in rural areas has improved. The income gap between urban and rural residents reduced to 2.73 times, a decrease of 0.02 compared to 2014. The income increase of farmers in Central and Western China was at a faster pace compared to farmers in Eastern China.

In 2015, the living standard of rural residents continued to increase. Per capita consumption expenditure of rural households was 9,223 Yuan, an increase of 8.6 percent in real terms. That was 3.1 percent higher than the growth rate of per capita consumption expenditure of urban households. Based on the current poverty standard, there were 55.75 million poor people in rural areas, a decrease of 14.42 million or 20.6 percent compared to last year. The poverty incidence rate in rural areas was 5.7 percent, a decrease of 1.5 percent from 2014.

In 2015, the production and living conditions of rural residents continued to improve. The supplies of roads, electricity, and telephone lines have reached almost all rural communities. The share of households capable to receive digital television broadcast signal in natural villages accounted for 96.4 percent. The number of mobile phones with internet access per hundred rural households was 69.2, an increase of 21 percent compared to 2014. The number of computers with internet access per hundred rural households was 18.8, an increase of 14.4 percent compared to last year.

In 2016, China's agriculture and rural economy will remain to develop at a steady pace. The value-added of the primary industry is expected to exceed 6,000 billion Yuan, an increase of 3.5 percent in real terms. The share of the primary industry will be likely to decrease to 8.8 percent in China's GDP. Producer prices of agricultural products will possibly drop by 3 percent compared to the previous year. Consumer prices for food will possibly increase by 1 percent. Per capita net income of rural households and per capita disposable income of rural households will be likely to increase by 7.7 percent, reaching 11,600 Yuan and 12,300 Yuan (in comparable price), respectively. The income gap between urban and rural residents will possibly reduce further to 2.70 times, a decrease of 0.03 compared to 2015. It is projected that China's imports and exports of agricultural products will increase by 3 percent in case of a remarkable recovery of the world economy.

Contents

I General Report

G. 1 General Situation of China's Agriculture and Rural Economy in 2015 and Prospects for 2016

            General Report ad hoc working group / 001

  1. China's Agriculture and Rural Economy in 2015: An Overview / 002

  2. External Factors Affecting China's Agriculture and Rural Economy / 021

  3. Prospects for 2016 / 028

  4. Policy Suggestions / 036

Abstract: In 2015, China's agriculture and rural economy have maintained a good pace of steady development. Value added of the primary industry reached 6086.3 billion Yuan, an increase of 3.9 percent from 2014 in real terms, and accounted for 9.0 percent of China's GDP. The total amount of retail sales of consumer goods in rural areas rose rapidly by 11.8 percent, and per capita consumption expenditure of rural households grew by 8.6 percent from 2014. The growing area of grain crops was 113.34 million hectare and output of grain crops was over 0.62 billion tons. The growing area and output of both cotton and sugar crops decreased prominently. The output of pork decreased by 1.84 million tons, whereas the output of other livestock and aquaculture products increased from 2014. The total imports of grain was about 0.13 billion tons, and that of cereal increased by 68 percent. Producer prices of agricultural products rose by 1.7

percent, those of grain fell by 1.3 percent, and those of pigs rose by 8.9 percent. Consumer prices for food increased by 2.3 percent. Per capita disposable income of rural households was 11,422 Yuan, and the income gap between urban residents and rural residents reduced from 2.75 times in the previous year to 2.73 times. It is estimated that the total output of grain will reach 0.63 billion tons, that per capita disposable income of rural households will increase by 7.7 percent in real terms, and that the income gap between urban residents and rural residents will fall to 2.70 times in 2016.

Keywords: Rural Areas; Agriculture; Agricultural Products; Primary Industry; Producer Prices; Increase of Rural Household Income

Ⅱ Special Reports

G.2 Rural Household Incomes and Living Conditions in 2015

Mengqi Shang / 042

Abstract: In 2015, per capita disposable income of rural households was 11,422 yuan, an increase of 8.9 percent or a real increase of 7.5 percent after deducting price factors. In the same period, per capita consumption expenditure of rural households was 9,223 yuan, an increase of 10.0 percent, or 8.6 percent in real terms. Per capita consumption expenditure on transport and communications, education, culture and recreation, as well as health care and medical services increased in a relatively rapid way. Along with the enhancement of public services, the living conditions of rural households have further improved. As result, the number of rural population in poverty also reduced in all regions of China. But owing to the specific characteristics of the impoverished people and of their living environments, the difficulties remain as to how to obtain continuous income increase and achieve rural poverty alleviation.

Keywords: Farmers' Income Increase; Consumption Structure; Poor Population; Income of Rural Households

G. 3　Production and Prices of Agricultural Products in 2015

Chuanjing Wang / 050

Abstract: Great achievements were made in the agricultural sector in 2015, the last year of the 12th Five-Year Plan Period. The twelfth consecutive increase in grain production was recorded. The price of grains declined slightly in 2015. The process of structural adjustments of cash crops production was progressing smoothly. The production and price of cotton and sugar decreased while those of oil crops increased. The production of hogs declined in 2015. The price of hogs declined in the first quarter, and then increased rapidly. The production of beef and mutton increased steadily with a slight price decline. Some suggestions are made as to how to improve comprehensive production capabilities during the supply-side structural reforms in agriculture for a steady and sustainable development of agricultural products market system in 2016.

Keywords: Grain; Cash Crops; Hogs; Producer Price; Market Price

G. 4　An Analysis on the Grain Markets in 2015 and

　　　Prospects for 2016　　　　　　　　　*Wanchun Luo* / 069

Abstract: The year 2015 has witnessed a continued increase in grain production, insufficient domestic demand, high grain stocks level, and growth in grain imports. The contradiction between supply and demand of corn and soybeans was prominent. Mainly affected by the international grain prices fluctuation and domestic corn reserve policy adjustments, the grain producer price fell slightly. Owing to a changing structural demand and higher domestic price, the imports of rice, corn and their substitutes increased greatly. In view of the global grain market situation, the domestic economic situation, and the domestic policy adjustments, the yields of rice, wheat, potatoes and beans are expected to remain or rise slightly in 2016, while the corn production is likely to fall. The prices of rice and wheat are expected to be relatively stable, while the prices of corn and soybeans are likely to fluctuate. The imports of rice, wheat and soybeans are expected to rise slightly, while those of corn and its substitutes to increase at a lower rate compared to last year.

Keywords: Production; Consumption; Price; Imports

G. 5 An Analysis on the Cash Crops Markets in 2015 and

Prospects for 2016   *Lei Han* / 083

Abstract: The market pattern of cash crops (mainly cotton, oil crops and sugar crops) has changed a lot in China due to the domestic policy adjustments in 2015. The production of cotton and sugar crops declined, and the cultivation area of cotton decreased significantly. But the regional concentration of cash crops cultivation has been continuously happening. The domestic demand for cash crops increased continuously, and a high domestic demand for sugar made China highly dependent on sugar imports. Owing to a sharp decline in the prices for cotton and rapeseed, the planting benefits for farmers have decreased last year. In view of the international economic environment and the current situation of supply and demand in China, the domestic price of cotton is likely to decrease in 2016, while the prices of peanut and rapeseed is projected to go to different directions. The gap between sugar demand and supply is likely to remain.

Keywords: Cash Crops; Policy Adjustments; Supply and Demand; Markets

G. 6 An Analysis on the Livestock Production and Markets in 2015

and Prospects for 2016   *Changquan Liu* / 098

Abstract: This report analyzes the development of livestock industry in the aspects of production, market prices and cost-benefits, and makes a forecast in

short and long terms. In 2015, the total production of meats and of pork meat decreased, while the growth rate of production of beef, lamb and poultry increased gently and the production of milk increased slightly. The relationship between demand and supply differed among products. To be specific, price of pork meat rebounded; beef price stabilized at a high point; lamb price decreased; milk price rose slightly after lingering at a low price. In 2016, affected by the economy depression, the demand for animal products is very likely to decline. But the decline in feed prices helps improve the economic benefits of animal breeding and stabilize the production. Under the effects of these two factors, the prices of animal products are likely to decrease, which might help drive the demand for livestock products.

Keywords: Animal Husbandry; Production Change; Market Change

G. 7 An Analysis on the Aquaculture Markets in 2015 and Prospects for 2016   *Yang Han* / 125

Abstract: In 2015, the total aquaculture production increased steadily. There were few changes in aquatic production patterns and practices. The total consumption of aquaculture food products fluctuated yet grew slowly, and their consumption structure became diversified. The total imports and exports, the imports of fish meal, and the market share of traditional exports have declined, while the market share of exports to Association of Southeast Asian Nations has increased. Prices of the bulk of freshwater fish decreased. Prices of marine fish products remained stable. Prices of shrimp rose slowly. The prices variation of crabs remained in a traditional pattern characterized by being "higher during the mid-year period, and lower at the beginning and end of year". Prices of shell fish, sea cucumbers and tilapia continued to decline. In 2016, the total aquaculture production is projected to increase slightly. Under the influence of the "Diesel Fuel Subsidies" policy, the marine aquaculture production structure is expected to develop in a more adequate way.

Keywords: Aquaculture Products; Market; Aquaculture; Fishing; Diesel Fuel Subsidies

G. 8 An Analysis on Agricultural Futures Market in 2015 and Prospects for 2016: Dalian Commodity Exchange as an Example

Xiuqing Zhang / 144

Abstract: In 2015, the volatility of commodity and financial markets increased, and the real economy was in need of risk aversion. As a risk-management tool, the agricultural futures market in China has expanded, and the market size increased by 19.3% compared to 2014. Among them, the volume and position of Dalian agricultural futures market increased by 41.5% and 25.7%. The volume of oil futures exchanges continued to lead in the market. The volume of corn futures exchanges increased by 6 −7 times compared to 2014. The number of customers participating in the exchanges has increased by 18.7%. At the same time, the market function has further improved. In 2016, with the adjustment of spot markets and agricultural policies and the improvement of futures markets, China's agricultural futures market will be capable to meet the market demands for risk aversion at a higher level.

Keywords: Agricultural Products; Futures Market; Dalian Commodity Exchange

G. 9 An Analysis on the International Trade of Agricultural Products in 2015 and Prospects for 2016

Ming Weng / 163

Abstract: With the slowdown of the world economic growth in 2015, a negative growth in international trade was witnessed. In the same period, China's total imports and exports of agricultural products dropped by 3.5%, of which its

exports fell by 1.6%, and its imports fell by 4.6%. China's agricultural trade deficit continued to decrease. With the increase of domestic grain production during the past eleven consecutive years, the grain imports yet increased by 67.6%. Particularly, the imports of corn, rice, wheat and sorghum increased remarkably. The main reason for China's negative growth in international trade is owing to a continuous increase in domestic food prices, a lack of consumption demands, and the sluggish recovery of the world economy. The continuous increase in China's grain imports was on account of a continuous and rigid rise in domestic grain prices, which contrasted sharply with the rapid decrease in international grain prices. With the existence of a series of uncertain factors, the global economic growth in 2016 will not be optimistic.

Keywords: Agricultural Products; International Trade; Trend Analysis

G. 10 An Evaluation of China's Forestry Development in 2015 and Prospects for 2016   *Haipeng Zhang, Zhitao Zhang* / 177

Abstract: In 2015, China's forestry pattern for ecological construction has further developed. Some success has been achieved in the areas of afforestation, anti-desertification, wetland conservation, and wildlife and biodiversity protection. Affected by the domestic and international economic situation, China's timber production decreased significantly, the growth in forestry output and international trade slowed down significantly. With the issuance of "The Guidance of State-owned Forest Area Reform" and "The Program of State-owned Forest Farm Reform", the implementation of reforms in the state-owned forest areas and farms started. In 2016, the forestry reform and poverty alleviation will remain the central tasks in China's forestry development.

Keywords: Forestry Development; Ecological Construction; Industry; Reform

III Highlights Reports

G. 11 Industrial Integration in Rural Areas and its Promotion Approaches *Hongyu Zhang, Chunyue Yang /* 194

Abstract: The industrial integration in rural areas is rooted in industrialized management of agriculture. From the perspectives of the operational foundations, development patterns, and benefits mechanisms of agricultural industrialization, the industrial integration has developed in a rapid and diversified way. However, its development remains at the early stage due to a lack of operational capacities of acting entities, an insufficient provision of financial supports, the problems of land-use system and inefficient public services. In 2016, the demonstration areas of industrialized management of agriculture and major grain production counties will be the key areas of development, whereas agribusiness enterprises and farmers' cooperatives will be the key actors. Diverse benefits distribution mechanisms should be established. Finally, policy supports are proposed, including the recognition and support of acting entities, fiscal supports, support in ensuring land provision, and improvement of public services.

Keywords: Industrial Integration in Rural Area; Agricultural Products; Promotion Approaches

G. 12 Collective Property Rights Reform in Rural Areas: Development, Challenges and Policy Suggestions *Hongzhi Cui /* 213

Abstract: This report describes the progress in collective property rights reform in China's rural areas. It points out several problems during the reform, including the contradictions between reform objectives and traditional rural collective ownership arrangements, unclear cost-sharing mechanisms, and inadequate policy designs. The report proposes a number of countermeasures to

further promote the reform, including: exploration of a unified membership rights and property rights with rural households as units, clarification of the reform's scope and central tasks, improvement of reform measures targeting for different types of collective assets, and promotion of pilot programmes.

Keywords: Rural Property Rights Arrangements; Reform; Policy Suggestions

G.13 An Evaluation Grain Price Support Policies and Prospects

Bingchuan Hu / 233

Abstract: With the consecutive increase in grain production and continuous increase in grain stocks and fiscal pressure, it is difficult to reverse market downturn in the short term. This harsh situation requires an adjustment on the current agricultural support policies so as to reduce grain stocks and costs, to balance the supply and demand sides, and ultimately to increase efficiency in agricultural production. Specific policy suggestions are: (1) to promote the marketization of agricultural products price, so as to dynamically balance the agricultural prices and quantities; (2) to reinforce the leverage effect of agricultural support policies, so as to optimize decision-making behaviors through risk-sharing mechanisms; (3) to divide grain stocks into strategic grain reserves and commercial grain reserves, so as to ensure food security through strategic grain reserves; (4) to re-focus on the objective of increasing efficiency in agricultural production.

Keywords: Agricultural Support Policy; Supply-side Structural Reform; Grain Reserve; Production Efficiency

G.14 Green Transformation of Agriculture: Current Situations, Prospects and Policy Suggestions   *Fawen Yu* / 247

Abstract: The development of industrialization and urbanization has led to mounting pressures on water and soil resources both in a quantitative and qualitative way. This constitutes double restrictions on a green transformation of agriculture. To realize the green transformation of agriculture and ensure the quality safety of agricultural products, there is a need to overcome not only the problem of a shortage of soil and water resources, but also a series of other problems, such as a mismatch between the goals of agricultural producers and those of the nation, and inadequate standardization of agricultural production. The green transformation of agriculture will become an inevitable trend, with food safety and quality assurance as the basic goal, soil and water resources protection as an important component, the industrial integration as an approach, and ecological compensation policies as institutional support. During the course of its development, the green transformation of agriculture should be regarded as a national strategy. There is a need to strictly regulate the production behaviors of enterprises and agricultural producers. Meanwhile, it is important to establish ecological risk assessment methods concerning agricultural technology, and long-term, effective supervision mechanisms for agricultural production chains.

Keywords: Resources and Environment; Green Transformation; Policy Suggestions

法律声明

"皮书系列"(含蓝皮书、绿皮书、黄皮书)之品牌由社会科学文献出版社最早使用并持续至今,现已被中国图书市场所熟知。"皮书系列"的LOGO( )与"经济蓝皮书""社会蓝皮书"均已在中华人民共和国国家工商行政管理总局商标局登记注册。"皮书系列"图书的注册商标专用权及封面设计、版式设计的著作权均为社会科学文献出版社所有。未经社会科学文献出版社书面授权许可,任何使用与"皮书系列"图书注册商标、封面设计、版式设计相同或者近似的文字、图形或其组合的行为均系侵权行为。

经作者授权,本书的专有出版权及信息网络传播权为社会科学文献出版社享有。未经社会科学文献出版社书面授权许可,任何就本书内容的复制、发行或以数字形式进行网络传播的行为均系侵权行为。

社会科学文献出版社将通过法律途径追究上述侵权行为的法律责任,维护自身合法权益。

欢迎社会各界人士对侵犯社会科学文献出版社上述权利的侵权行为进行举报。电话:010-59367121,电子邮箱:fawubu@ssap.cn。

社会科学文献出版社

权威报告·热点资讯·特色资源

皮书数据库
ANNUAL REPORT(YEARBOOK) DATABASE

当代中国与世界发展高端智库平台

皮书俱乐部会员服务指南

1. 谁能成为皮书俱乐部成员？
- 皮书作者自动成为俱乐部会员
- 购买了皮书产品（纸质书/电子书）的个人用户

2. 会员可以享受的增值服务
- 免费获赠皮书数据库100元充值卡
- 加入皮书俱乐部，免费获赠该纸质图书的电子书
- 免费定期获赠皮书电子期刊
- 优先参与各类皮书学术活动
- 优先享受皮书产品的最新优惠

3. 如何享受增值服务？

（1）免费获赠100元皮书数据库体验卡

第1步 刮开附赠充值的涂层（右下）；
第2步 登录皮书数据库网站（www.pishu.com.cn），注册账号；
第3步 登录并进入"会员中心"—"在线充值"—"充值卡充值"，充值成功后即可使用。

（2）加入皮书俱乐部，凭数据库体验卡获赠该书的电子书

第1步 登录社会科学文献出版社官网（www.ssap.com.cn），注册账号；
第2步 登录并进入"会员中心"—"皮书俱乐部"，提交加入皮书俱乐部申请；
第3步 审核通过后，再次进入皮书俱乐部，填写页面所需图书、体验卡信息即可自动兑换相应电子书。

4. 声明

解释权归社会科学文献出版社所有

皮书俱乐部会员可享受社会科学文献出版社其他相关免费增值服务，有任何疑问，均可与我们联系。

图书销售热线：010-59367070/7028
图书服务QQ：800045692
图书服务邮箱：duzhe@ssap.cn

数据库服务热线：400-008-6695
数据库服务QQ：2475522410
数据库服务邮箱：database@ssap.cn

欢迎登录社会科学文献出版社官网
（www.ssap.com.cn）
和中国皮书网（www.pishu.cn）
了解更多信息

社会科学文献出版社　皮书系列

卡号：779190866327
密码：

子库介绍
Sub-Database Introduction

中国经济发展数据库

涵盖宏观经济、农业经济、工业经济、产业经济、财政金融、交通旅游、商业贸易、劳动经济、企业经济、房地产经济、城市经济、区域经济等领域，为用户实时了解经济运行态势、把握经济发展规律、洞察经济形势、做出经济决策提供参考和依据。

中国社会发展数据库

全面整合国内外有关中国社会发展的统计数据、深度分析报告、专家解读和热点资讯构建而成的专业学术数据库。涉及宗教、社会、人口、政治、外交、法律、文化、教育、体育、文学艺术、医药卫生、资源环境等多个领域。

中国行业发展数据库

以中国国民经济行业分类为依据，跟踪分析国民经济各行业市场运行状况和政策导向，提供行业发展最前沿的资讯，为用户投资、从业及各种经济决策提供理论基础和实践指导。内容涵盖农业，能源与矿产业，交通运输业，制造业，金融业，房地产业，租赁和商务服务业，科学研究，环境和公共设施管理，居民服务业，教育，卫生和社会保障，文化、体育和娱乐业等100余个行业。

中国区域发展数据库

以特定区域内的经济、社会、文化、法治、资源环境等领域的现状与发展情况进行分析和预测。涵盖中部、西部、东北、西北等地区，长三角、珠三角、黄三角、京津冀、环渤海、合肥经济圈、长株潭城市群、关中—天水经济区、海峡经济区等区域经济体和城市圈，北京、上海、浙江、河南、陕西等34个省份及中国台湾地区。

中国文化传媒数据库

包括文化事业、文化产业、宗教、群众文化、图书馆事业、博物馆事业、档案事业、语言文字、文学、历史地理、新闻传播、广播电视、出版事业、艺术、电影、娱乐等多个子库。

世界经济与国际政治数据库

以皮书系列中涉及世界经济与国际政治的研究成果为基础，全面整合国内外有关世界经济与国际政治的统计数据、深度分析报告、专家解读和热点资讯构建而成的专业学术数据库。包括世界经济、世界政治、世界文化、国际社会、国际关系、国际组织、区域发展、国别发展等多个子库。

权威·前沿·原创

社会科学文献出版社

皮书系列

2016年

盘点年度资讯　预测时代前程

社会科学文献出版社 学术传播中心 编制

社长致辞

我们是图书出版者，更是人文社会科学内容资源供应商；

我们背靠中国社会科学院，面向中国与世界人文社会科学界，坚持为人文社会科学的繁荣与发展服务；

我们精心打造权威信息资源整合平台，坚持为中国经济与社会的繁荣与发展提供决策咨询服务；

我们以读者定位自身，立志让爱书人读到好书，让求知者获得知识；

我们精心编辑、设计每一本好书以形成品牌张力，以优秀的品牌形象服务读者，开拓市场；

我们始终坚持"创社科经典，出传世文献"的经营理念，坚持"权威、前沿、原创"的产品特色；

我们"以人为本"，提倡阳光下创业，员工与企业共享发展之成果；

我们立足于现实，认真对待我们的优势、劣势，我们更着眼于未来，以不断的学习与创新适应不断变化的世界，以不断的努力提升自己的实力；

我们愿与社会各界友好合作，共享人文社会科学发展之成果，共同推动中国学术出版乃至内容产业的繁荣与发展。

社会科学文献出版社社长
中国社会学会秘书长

2016 年 1 月

社会科学文献出版社
SOCIAL SCIENCES ACADEMIC PRESS (CHINA)

社会科学文献出版社成立于1985年，是直属于中国社会科学院的人文社会科学专业学术出版机构。

成立以来，特别是1998年实施第二次创业以来，依托于中国社会科学院丰厚的学术出版和专家学者两大资源，坚持"创社科经典，出传世文献"的出版理念和"权威、前沿、原创"的产品定位，社科文献立足内涵式发展道路，从战略层面推动学术出版五大能力建设，逐步走上了智库产品与专业学术成果系列化、规模化、数字化、国际化、市场化发展的经营道路。

先后策划出版了著名的图书品牌和学术品牌"皮书"系列、"列国志"、"社科文献精品译库"、"全球化译丛"、"全面深化改革研究书系"、"近世中国"、"甲骨文"、"中国史话"等一大批既有学术影响又有市场价值的系列图书，形成了较强的学术出版能力和资源整合能力。2015年社科文献出版社发稿5.5亿字，出版图书约2000种，承印发行中国社科院院属期刊74种，在多项指标上都实现了较大幅度的增长。

凭借着雄厚的出版资源整合能力，社科文献出版社长期以来一直致力于从内容资源和数字平台两个方面实现传统出版的再造，并先后推出了皮书数据库、列国志数据库、"一带一路"数据库、中国田野调查数据库、台湾大陆同乡会数据库等一系列数字产品。数字出版已经初步形成了产品设计、内容开发、编辑标引、产品运营、技术支持、营销推广等全流程体系。

在国内原创著作、国外名家经典著作大量出版，数字出版突飞猛进的同时，社科文献出版社从构建国际话语体系的角度推动学术出版国际化。先后与斯普林格、博睿、牛津、剑桥等十余家国际出版机构合作面向海外推出了"皮书系列""改革开放30年研究书系""中国梦与中国发展道路研究丛书""全面深化改革研究书系"等一系列在世界范围内引起强烈反响的作品；并持续致力于中国学术出版走出去，组织学者和编辑参加国际书展，筹办国际性学术研讨会，向世界展示中国学者的学术水平和研究成果。

此外，社科文献出版社充分利用网络媒体平台，积极与中央和地方各类媒体合作，并联合大型书店、学术书店、机场书店、网络书店、图书馆，逐步构建起了强大的学术图书内容传播平台。学术图书的媒体曝光率居全国之首，图书馆藏率居于全国出版机构前十位。

上述诸多成绩的取得，有赖于一支以年轻的博士、硕士为主体，一批从中国社科院刚退出科研一线的各学科专家为支撑的300多位高素质的编辑、出版和营销队伍，为我们实现学术立社，以学术品位、学术价值来实现经济效益和社会效益这样一个目标的共同努力。

作为已经开启第三次创业梦想的人文社会科学学术出版机构，我们将以改革发展为动力，以学术资源建设为中心，以构建智慧型出版社为主线，以"整合、专业、分类、协同、持续"为各项工作指导原则，全力推进出版社数字化转型，坚定不移地走专业化、数字化、国际化发展道路，全面提升出版社核心竞争力，为实现"社科文献梦"奠定坚实基础。

经济类   皮书系列
重点推荐

经　济　类

经济类皮书涵盖宏观经济、城市经济、大区域经济，
提供权威、前沿的分析与预测

经济蓝皮书
2016年中国经济形势分析与预测

李　扬 / 主编　　2015年12月出版　　定价：79.00元

◆ 本书为总理基金项目，由著名经济学家李扬领衔，联合中国社会科学院等数十家科研机构、国家部委和高等院校的专家共同撰写，系统分析了2015年的中国经济形势并预测2016年我国经济运行情况。

世界经济黄皮书
2016年世界经济形势分析与预测

王洛林　张宇燕 / 主编　　2015年12月出版　　定价：79.00元

◆ 本书由中国社会科学院世界经济与政治研究所的研究团队撰写，2015年世界经济增长继续放缓，增长格局也继续分化，发达经济体与新兴经济体之间的增长差距进一步收窄。2016年世界经济增长形势不容乐观。

产业蓝皮书
中国产业竞争力报告（2016）NO.6

张其仔 / 主编　　2016年12月出版　　定价：98.00元

◆ 本书由中国社会科学院工业经济研究所研究团队在深入实际、调查研究的基础上完成。通过运用丰富的数据资料和最新的测评指标，从学术性、系统性、预测性上分析了2015年中国产业竞争力，并对未来发展趋势进行了预测。

皮书系列 重点推荐　经济类

G20国家创新竞争力黄皮书
二十国集团（G20）国家创新竞争力发展报告（2016）

李建平　李闽榕　赵新力/主编　2016年11月出版　估价:138.00元

◆ 本报告在充分借鉴国内外研究者的相关研究成果的基础上，紧密跟踪技术经济学、竞争力经济学、计量经济学等学科的最新研究动态，深入分析G20国家创新竞争力的发展水平、变化特征、内在动因及未来趋势，同时构建了G20国家创新竞争力指标体系及数学模型。

国际城市蓝皮书
国际城市发展报告（2016）

屠启宇/主编　2016年2月出版　定价:79.00元

◆ 本书作者以上海社会科学院从事国际城市研究的学者团队为核心，汇集同济大学、华东师范大学、复旦大学、上海交通大学、南京大学、浙江大学相关城市研究专业学者。立足动态跟踪介绍国际城市发展实践中，最新出现的重大战略、重大理念、重大项目、重大报告和最佳案例。

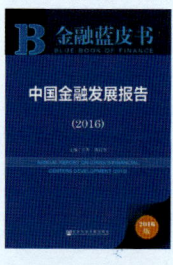

金融蓝皮书
中国金融发展报告（2016）

李　扬　王国刚/主编　2015年12月出版　定价:79.00元

◆ 本书由中国社会科学院金融研究所组织编写，概括和分析了2015年中国金融发展和运行中的各方面情况，研讨和评论了2015年发生的主要金融事件。本书由业内专家和青年精英联合编著，有利于读者了解掌握2015年中国的金融状况，把握2016年中国金融的走势。

农村绿皮书
中国农村经济形势分析与预测（2015~2016）

中国社会科学院农村发展研究所　国家统计局农村社会经济调查司/著
2016年4月出版　估价:69.00元

◆ 本书描述了2015年中国农业农村经济发展的一些主要指标和变化，以及对2016年中国农业农村经济形势的一些展望和预测。

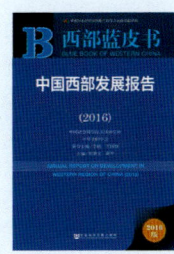

西部蓝皮书
中国西部发展报告（2016）

姚慧琴 徐璋勇 / 主编　2016 年 7 月出版　估价 :89.00 元

◆ 本书由西北大学中国西部经济发展研究中心主编，汇集了源自西部本土以及国内研究西部问题的权威专家的第一手资料，对国家实施西部大开发战略进行年度动态跟踪，并对 2016 年西部经济、社会发展态势进行预测和展望。

民营经济蓝皮书
中国民营经济发展报告 NO.12（2015 ~ 2016）

王钦敏 / 主编　2016 年 4 月出版　估价 :75.00 元

◆ 改革开放以来，民营经济从无到有、从小到大，是最具活力的增长极。本书是中国工商联课题组的研究成果，对 2015 年度中国民营经济的发展现状、趋势进行了详细的论述，并提出了合理的建议。是广大民营企业进行政策咨询、科学决策和理论创新的重要参考资料，也是理论工作者进行理论研究的重要参考资料。

经济蓝皮书夏季号
中国经济增长报告（2015 ~ 2016）

李 扬 / 主编　2016 年 8 月出版　估价 :69.00 元

◆ 中国经济增长报告主要探讨 2015~2016 年中国经济增长问题，以专业视角解读中国经济增长，力求将其打造成一个研究中国经济增长、服务宏微观各级决策的周期性、权威性读物。

中三角蓝皮书
长江中游城市群发展报告（2016）

秦尊文 / 主编　2016 年 10 月出版　估价 :69.00 元

◆ 本书是湘鄂赣皖四省专家学者共同研究的成果，从不同角度、不同方位记录和研究长江中游城市群一体化，提出对策措施，以期为将"中三角"打造成为继珠三角、长三角、京津冀之后中国经济增长第四极奉献学术界的聪明才智。

皮书系列 重点推荐　社会政法类

社会政法类

社会政法类皮书聚焦社会发展领域的热点、难点问题，提供权威、原创的资讯与视点

社会蓝皮书

2016年中国社会形势分析与预测

李培林　陈光金　张　翼/主编　2015年12月出版　定价：79.00元

◆ 本书由中国社会科学院社会学研究所组织研究机构专家、高校学者和政府研究人员撰写，聚焦当下社会热点，对2015年中国社会发展的各个方面内容进行了权威解读，同时对2016年社会形势发展趋势进行了预测。

法治蓝皮书

中国法治发展报告NO.14（2016）

李　林　田　禾/主编　2016年3月出版　定价：118.00元

◆ 本年度法治蓝皮书回顾总结了2015年度中国法治发展取得的成就和存在的不足，并对2016年中国法治发展形势进行了预测和展望。

反腐倡廉蓝皮书

中国反腐倡廉建设报告NO.6

李秋芳　张英伟/主编　2017年1月出版　估价：79.00元

◆ 本书抓住了若干社会热点和焦点问题，全面反映了新时期新阶段中国反腐倡廉面对的严峻局面，以及中国共产党反腐倡廉建设的新实践新成果。根据实地调研、问卷调查和舆情分析，梳理了当下社会普遍关注的与反腐败密切相关的热点问题。

生态城市绿皮书
中国生态城市建设发展报告（2016）

刘举科 孙伟平 胡文臻 / 主编　2016 年 6 月出版　估价 :98.00 元

◆ 报告以绿色发展、循环经济、低碳生活、民生宜居为理念，以更新民众观念、提供决策咨询、指导工程实践、引领绿色发展为宗旨，试图探索一条具有中国特色的城市生态文明建设新路。

公共服务蓝皮书
中国城市基本公共服务力评价（2016）

钟君 吴正昊 / 主编　2016 年 12 月出版　估价 :79.00 元

◆ 中国社会科学院经济与社会建设研究室与华图政信调查组成联合课题组，从 2010 年开始对基本公共服务力进行研究，研创了基本公共服务力评价指标体系，为政府考核公共服务与社会管理工作提供了理论工具。

教育蓝皮书
中国教育发展报告（2016）

杨东平 / 主编　2016 年 4 月出版　定价 :79.00 元

◆ 本书由国内的中青年教育专家合作研究撰写。深度剖析 2015 年中国教育的热点话题，并对当下中国教育中出现的问题提出对策建议。

生态文明绿皮书
中国省域生态文明建设评价报告（ECI 2016）

严耕 / 主编　2016 年 12 月出版　估价 :85.00 元

◆ 本书基于国家最新发布的权威数据，对我国的生态文明建设状况进行科学评价，并开展相应的深度分析，结合中央的政策方针和各省的具体情况，为生态文明建设推进，提出针对性的政策建议。

皮书系列
重点推荐

行业报告类

行业报告类

行业报告类皮书立足重点行业、新兴行业领域，
提供及时、前瞻的数据与信息

房地产蓝皮书
中国房地产发展报告 NO.13（2016）

魏后凯 李景国 / 主编　　2016 年 5 月出版　　估价 :79.00 元

◆ 蓝皮书秉承客观公正、科学中立的宗旨和原则，追踪 2015 年我国房地产市场最新资讯，深度分析，剖析因果，谋划对策，并对 2016 年房地产发展趋势进行了展望。

旅游绿皮书
2015～2016 年中国旅游发展分析与预测

宋瑞 / 主编　　2016 年 4 出版　　定价 :89.00 元

◆ 本书中国社会科学院旅游研究中心组织相关专家编写的年度研究报告，对 2015 年旅游行业的热点问题进行了全面的综述并提出专业性建议，并对 2016 年中国旅游的发展趋势进行展望。

互联网金融蓝皮书
中国互联网金融发展报告（2016）

李东荣 / 主编　　2016 年 8 月出版　　估价 :79.00 元

◆ 近年来，许多基于互联网的金融服务模式应运而生并对传统金融业产生了深刻的影响和巨大的冲击，"互联网金融"成为社会各界关注的焦点。本书探析了 2015 年互联网金融的特点和 2016 年互联网金融的发展方向和亮点。

资产管理蓝皮书
中国资产管理行业发展报告（2016）

智信资产管理研究院 / 编著　　2016年6月出版　　估价：89.00元

◆ 中国资产管理行业刚刚兴起，未来将中国金融市场最有看点的行业，也会成为快速发展壮大的行业。本书主要分析了2015年度资产管理行业的发展情况，同时对资产管理行业的未来发展做出科学的预测。

老龄蓝皮书
中国老龄产业发展报告（2016）

吴玉韶 党俊武 / 编著
2016年9月出版　估价：79.00元

◆ 本书着眼于对中国老龄产业的发展给予系统介绍，深入解析，并对未来发展趋势进行预测和展望，力求从不同视角、不同层面全面剖析中国老龄产业发展的现状、取得的成绩、存在的问题以及重点、难点等。

金融蓝皮书
中国金融中心发展报告（2016）

王　力　黄育华 / 编著　　2017年11月出版　　估价：75.00元

◆ 本报告将提升中国金融中心城市的金融竞争力作为研究主线，全面、系统、连续地反映和研究中国金融中心城市发展和改革的最新进展，展示金融中心理论研究的最新成果。

流通蓝皮书
中国商业发展报告（2016）

荆林波 / 编著　2016年5月出版　　估价：89.00元

◆ 本书是中国社会科学院财经院与利丰研究中心合作的成果，从关注中国宏观经济出发，突出了中国流通业的宏观背景，详细分析了批发业、零售业、物流业、餐饮产业与电子商务等产业发展状况。

国别与地区类

国别与地区类皮书关注全球重点国家与地区，提供全面、独特的解读与研究

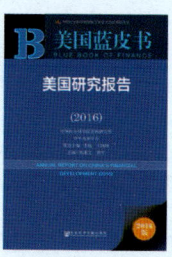

美国蓝皮书

美国研究报告（2016）

黄 平　郑秉文／主编　2016年7月出版　估价：89.00元

◆ 本书是由中国社会科学院美国所主持完成的研究成果，它回顾了美国2015年的经济、政治形势与外交战略，对2016年以来美国内政外交发生的重大事件以及重要政策进行了较为全面的回顾和梳理。

拉美黄皮书

拉丁美洲和加勒比发展报告（2015~2016）

吴白乙／主编　2016年5月出版　估价：89.00元

◆ 本书对2015年拉丁美洲和加勒比地区诸国的政治、经济、社会、外交等方面的发展情况做了系统介绍，对该地区相关国家的热点及焦点问题进行了总结和分析，并在此基础上对该地区各国2016年的发展前景做出预测。

日本经济蓝皮书

日本经济与中日经贸关系研究报告（2016）

王洛林　张季风／编著　2016年5月出版　估价：79.00元

◆ 本书系统、详细地介绍了2015年日本经济以及中日经贸关系发展情况，在进行了大量数据分析的基础上，对2016年日本经济以及中日经贸关系的大致发展趋势进行了分析与预测。

国别与地区类　皮书系列 重点推荐

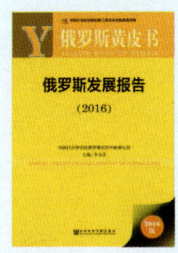

俄罗斯黄皮书
俄罗斯发展报告（2016）
李永全 / 编著　2016 年 7 月出版　估价 :79.00 元

◆ 本书系统介绍了 2015 年俄罗斯经济政治情况，并对 2015 年该地区发生的焦点、热点问题进行了分析与回顾；在此基础上，对该地区 2016 年的发展前景进行了预测。

国际形势黄皮书
全球政治与安全报告（2016）
李慎明　张宇燕 / 主编　2015 年 12 月出版　定价 :69.00 元

◆ 本书旨在对本年度全球政治及安全形势的总体情况、热点问题及变化趋势进行回顾与分析，并提出一定的预测及对策建议。作者通过事实梳理、数据分析、政策分析等途径，阐释了本年度国际关系及全球安全形势的基本特点，并在此基础上提出了具有启示意义的前瞻性结论。

德国蓝皮书
德国发展报告（2016）
郑春荣　伍慧萍 / 主编　2016 年 6 月出版　估价 :69.00 元

◆ 本报告由同济大学德国研究所组织编撰，由该领域的专家学者对德国的政治、经济、社会文化、外交等方面的形势发展情况，进行全面的阐述与分析。

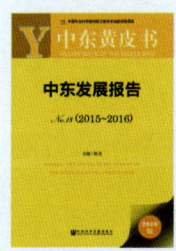

中东黄皮书
中东发展报告 NO.18（2015～2016）
杨光 / 主编　2016 年 10 月出版　估价 :89.00 元

◆ 报告回顾和分析了一年来多以来中东地区政治经济局势的新发展，为跟踪中东地区的市场变化和中东研究学科的研究前沿，提供了全面扎实的信息。

地方发展类

地方发展类皮书关注中国各省份、经济区域，提供科学、多元的预判与资政信息

北京蓝皮书

北京公共服务发展报告（2015~2016）

施昌奎 / 主编　2016年2月出版　定价:79.00元

◆ 本书是由北京市政府职能部门的领导、首都著名高校的教授、知名研究机构的专家共同完成的关于北京市公共服务发展与创新的研究成果。

河南蓝皮书

河南经济发展报告（2016）

河南省社会科学院 / 编著　2016年3月出版　定价:79.00元

◆ 本书以国内外经济发展环境和走向为背景，主要分析当前河南经济形势，预测未来发展趋势，全面反映河南经济发展的最新动态、热点和问题，为地方经济发展和领导决策提供参考。

京津冀蓝皮书

京津冀发展报告（2016）

文　魁　祝尔娟 / 编著　2016年4月出版　估价:89.00元

◆ 京津冀协同发展作为重大的国家战略，已进入顶层设计、制度创新和全面推进的新阶段。本书以问题为导向，围绕京津冀发展中的重要领域和重大问题，研究如何推进京津冀协同发展。

 文化传媒类

文化传媒类

文化传媒类皮书透视文化领域、文化产业，探索文化大繁荣、大发展的路径

新媒体蓝皮书
中国新媒体发展报告 NO.7（2016）

唐绪军 / 主编　　2016年6月出版　　估价：79.00元

◆ 本书是由中国社会科学院新闻与传播研究所组织编写的关于新媒体发展的最新年度报告，旨在全面分析中国新媒体的发展现状，解读新媒体的发展趋势，探析新媒体的深刻影响。

移动互联网蓝皮书
中国移动互联网发展报告（2016）

官建文 / 编著　　2016年6月出版　　估价：79.00元

◆ 本书着眼于对中国移动互联网2015年度的发展情况做深入解析，对未来发展趋势进行预测，力求从不同视角、不同层面全面剖析中国移动互联网发展的现状、年度突破以及热点趋势等。

文化蓝皮书
中国文化产业发展报告（2015~2016）

张晓明　王家新　章建刚 / 主编　　2016年2月出版　　定价：79.00元

◆ 本书由中国社会科学院文化研究中心编写。从2012年开始，中国社会科学院文化研究中心设立了国内首个文化产业的研究类专项资金——"文化产业重大课题研究计划"，开始在全国范围内组织多学科专家学者对我国文化产业发展重大战略问题进行联合攻关研究。本书集中反映了该计划的研究成果。

经济类

G20国家创新竞争力黄皮书
二十国集团（G20）国家创新竞争力发展报告（2016）
著(编)者：李建平 李闽榕 赵新力
2016年11月出版 / 估价：138.00元

产业蓝皮书
中国产业竞争力报告（2016）NO.6
著(编)者：张其仔 2016年12月出版 / 估价：98.00元

城市创新蓝皮书
中国城市创新报告（2016）
著(编)者：周天勇 旷建伟 2016年8月出版 / 估价：69.00元

城市竞争力蓝皮书
中国城市竞争力报告（1973~2015）
著(编)者：李小林 2016年1月出版 / 定价：128.00元

城市蓝皮书
中国城市发展报告 NO.9
著(编)者：潘家华 魏后凯 2016年9月出版 / 估价：69.00元

城市群蓝皮书
中国城市群发展指数报告（2016）
著(编)者：刘士林 刘新静 2016年10月出版 / 估价：69.00元

城乡一体化蓝皮书
中国城乡一体化发展报告（2015~2016）
著(编)者：汝信 付崇兰 2016年7月出版 / 估价：85.00元

城镇化蓝皮书
中国新型城镇化健康发展报告（2016）
著(编)者：张占斌 2016年5月出版 / 估价：79.00元

创新蓝皮书
创新型国家建设报告（2015~2016）
著(编)者：詹正茂 2016年11月出版 / 估价：69.00元

低碳发展蓝皮书
中国低碳发展报告（2015~2016）
著(编)者：齐晔 2016年3月出版 / 定价：98.00元

低碳经济蓝皮书
中国低碳经济发展报告（2016）
著(编)者：薛进军 赵忠秀 2016年6月出版 / 估价：85.00元

东北蓝皮书
中国东北地区发展报告（2016）
著(编)者：马克 黄文艺 2016年8月出版 / 估价：79.00元

发展与改革蓝皮书
中国经济发展和体制改革报告NO.7
著(编)者：邹东涛 王再文
2016年1月出版 / 估价：98.00元

工业化蓝皮书
中国工业化进程报告（2016）
著(编)者：黄群慧 吕铁 李晓华 等
2016年11月出版 / 估价：89.00元

管理蓝皮书
中国管理发展报告（2016）
著(编)者：张晓东 2016年9月出版 / 估价：98.00元

国际城市蓝皮书
国际城市发展报告（2016）
著(编)者：屠启宇 2016年2月出版 / 定价：79.00元

国家创新蓝皮书
中国创新发展报告（2016）
著(编)者：陈劲 2016年9月出版 / 估价：69.00元

金融蓝皮书
中国金融发展报告（2016）
著(编)者：李扬 王国刚 2015年12月出版 / 定价：79.00元

京津冀产业蓝皮书
京津冀产业协同发展报告（2016）
著(编)者：中智科博（北京）产业经济发展研究院
2016年6月出版 / 估价：69.00元

京津冀蓝皮书
京津冀发展报告（2016）
著(编)者：文魁 祝尔娟 2016年4月出版 / 估价：89.00元

经济蓝皮书
2016年中国经济形势分析与预测
著(编)者：李扬 2015年12月出版 / 定价：79.00元

经济蓝皮书·春季号
2016年中国经济前景分析
著(编)者：李扬 2016年5月出版 / 估价：79.00元

经济蓝皮书·夏季号
中国经济增长报告（2015~2016）
著(编)者：李扬 2016年8月出版 / 估价：99.00元

经济信息绿皮书
中国与世界经济发展报告（2016）
著(编)者：杜平 2015年12月出版 / 定价：89.00元

就业蓝皮书
2016年中国本科生就业报告
著(编)者：麦可思研究院 2016年6月出版 / 估价：98.00元

就业蓝皮书
2016年中国高职高专生就业报告
著(编)者：麦可思研究院 2016年6月出版 / 估价：98.00元

临空经济蓝皮书
中国临空经济发展报告（2016）
著(编)者：连玉明 2016年11月出版 / 估价：79.00元

民营经济蓝皮书
中国民营经济发展报告 NO.12（2015~2016）
著(编)者：王钦敏 2016年5月出版 / 估价：75.00元

农村绿皮书
中国农村经济形势分析与预测（2015~2016）
著(编)者：中国社会科学院农村发展研究所
国家统计局农村社会经济调查司
2016年4月出版 / 估价：69.00元

农业应对气候变化蓝皮书
气候变化对中国农业影响评估报告 NO.2
著(编)者：矫梅燕 2016年8月出版 / 估价：98.00元

经济类·社会政法类 | 皮书系列 2016全品种

企业公民蓝皮书
中国企业公民报告 NO.4
著(编)者：邹东涛　2016年5月出版／估价：79.00元

气候变化绿皮书
应对气候变化报告（2016）
著(编)者：王伟光　郑国光　2016年11月出版／估价：98.00元

区域蓝皮书
中国区域经济发展报告（2015～2016）
著(编)者：梁昊光　2016年5月出版／估价：79.00元

全球环境竞争力绿皮书
全球环境竞争力报告（2016）
著(编)者：李建平　李闽榕　王金南
2016年12月出版／估价：198.00元

人口与劳动绿皮书
中国人口与劳动问题报告 NO.17
著(编)者：蔡昉　张车伟　2016年11月出版／估价：69.00元

商务中心区蓝皮书
中国商务中心区发展报告 NO.2（2015）
著(编)者：魏后凯　单菁菁　2016年1月出版／定价：79.00元

世界经济黄皮书
2016年世界经济形势分析与预测
著(编)者：王洛林　张宇燕　2015年12月出版／定价：79.00元

世界旅游城市绿皮书
世界旅游城市发展报告（2015）
著(编)者：宋宇　2016年1月出版／定价：128.00元

西北蓝皮书
中国西北发展报告（2016）
著(编)者：孙发平　苏海红　鲁顺元
2016年3月出版／定价：79.00元

西部蓝皮书
中国西部发展报告（2016）
著(编)者：姚慧琴　徐璋勇　2016年7月出版／估价：89.00元

县域发展蓝皮书
中国县域经济增长能力评估报告（2016）
著(编)者：王力　2016年10月出版／估价：69.00元

新型城镇化蓝皮书
新型城镇化发展报告（2016）
著(编)者：李伟　宋敏　沈体雁　2016年11月出版／估价：98.00元

新兴经济体蓝皮书
金砖国家发展报告（2016）
著(编)者：林跃勤　周文　2016年7月出版／估价：79.00元

长三角蓝皮书
2016年全面深化改革中的长三角
著(编)者：张伟斌　2016年10月出版／估价：69.00元

中部竞争力蓝皮书
中国中部经济社会竞争力报告（2016）
著(编)者：教育部人文社会科学重点研究基地
　　　　　南昌大学中国中部经济社会发展研究中心
2016年10月出版／估价：79.00元

中部蓝皮书
中国中部地区发展报告（2016）
著(编)者：宋亚平　2016年12月出版／估价：78.00元

中国省域竞争力蓝皮书
中国省域经济综合竞争力发展报告（2014～2015）
著(编)者：李建平　李闽榕　高燕京
2016年2月出版／定价：198.00元

中三角蓝皮书
长江中游城市群发展报告（2016）
著(编)者：秦尊文　2016年10月出版／估价：69.00元

中小城市绿皮书
中国中小城市发展报告（2016）
著(编)者：中国城市经济学会中小城市经济发展委员会
　　　　　中国城镇化促进会中小城市发展委员会
　　　　　《中国中小城市发展报告》编纂委员会
　　　　　中小城市发展战略研究院
2016年10月出版／估价：98.00元

中原蓝皮书
中原经济区发展报告（2016）
著(编)者：李英杰　2016年6月出版／估价：88.00元

自贸区蓝皮书
中国自贸区发展报告（2016）
著(编)者：王力　王吉培　2016年10月出版／估价：69.00元

社会政法类

北京蓝皮书
中国社区发展报告（2016）
著(编)者：于燕燕　2017年2月出版／估价：79.00元

殡葬绿皮书
中国殡葬事业发展报告（2016）
著(编)者：李伯森　2016年5月出版／估价：158.00元

城市管理蓝皮书
中国城市管理报告（2016）
著(编)者：谭维克　刘林　2017年2月出版／估价：118.00元

城市生活质量蓝皮书
中国城市生活质量报告（2016）
著(编)者：张连城　张平　杨春学　郎丽华
2016年7月出版／估价：89.00元

城市政府能力蓝皮书
中国城市政府公共服务能力评估报告（2016）
著(编)者：何艳玲　2016年7月出版／估价：69.00元

创新蓝皮书
中国创业环境发展报告（2016）
著(编)者：姚凯　曹祎遐　2016年5月出版／估价：69.00元

皮书系列 2016全品种　社会政法类

慈善蓝皮书
中国慈善发展报告（2016）
著(编)者：杨团　2016年6月出版　估价：79.00元

地方法治蓝皮书
中国地方法治发展报告 NO.2（2016）
著(编)者：李林　田禾　2016年3月出版／定价：108.00元

党建蓝皮书
党的建设研究报告 NO.1（2016）
著(编)者：崔建民　陈东平　2016年1月出版／定价：89.00元

法治蓝皮书
中国法治发展报告 NO.14（2016）
著(编)者：李林　田禾　2016年3月出版／定价：118.00元

反腐倡廉蓝皮书
中国反腐倡廉建设报告 NO.6
著(编)者：李秋芳　张英伟　2017年1月出版／估价：79.00元

非传统安全蓝皮书
中国非传统安全研究报告（2015～2016）
著(编)者：余潇枫　魏志江　2016年5月出版／估价：79.00元

妇女发展蓝皮书
中国妇女发展报告 NO.6
著(编)者：王金玲　2016年9月出版／定价：148.00元

妇女教育蓝皮书
中国妇女教育发展报告 NO.3
著(编)者：张李玺　2016年10月出版／定价：78.00元

妇女绿皮书
中国性别平等与妇女发展报告（2016）
著(编)者：谭琳　2016年12月出版／估价：99.00元

公共服务蓝皮书
中国城市基本公共服务力评价（2016）
著(编)者：钟君　吴正杲　2016年12月出版／估价：79.00元

公共管理蓝皮书
中国公共管理发展报告（2016）
著(编)者：贡森　李国强　杨维富
2016年4月出版／估价：69.00元

公共外交蓝皮书
中国公共外交发展报告（2016）
著(编)者：赵启正　雷蔚真　2016年5月出版／估价：89.00元

公民科学素质蓝皮书
中国公民科学素质报告（2015～2016）
著(编)者：李群　陈雄　马宗文　2016年1月出版／定价：89.00元

公益蓝皮书
中国公益发展报告（2016）
著(编)者：朱健刚　2016年5月出版／估价：78.00元

国际人才蓝皮书
海外华侨华人专业人士报告（2016）
著(编)者：王辉耀　苗绿　2016年8月出版／估价：69.00元

国际人才蓝皮书
中国国际移民报告（2016）
著(编)者：王辉耀　2016年5月出版／估价：79.00元

国际人才蓝皮书
中国海归发展报告（2016）NO.3
著(编)者：王辉耀　苗绿　2016年10月出版／估价：69.00元

国际人才蓝皮书
中国留学发展报告（2016）NO.5
著(编)者：王辉耀　苗绿　2016年10月出版／估价：79.00元

国家公园蓝皮书
中国国家公园体制建设报告（2016）
著(编)者：苏杨　张玉钧　石金莲　刘锋　等
2016年10月出版／估价：69.00元

海洋社会蓝皮书
中国海洋社会发展报告（2016）
著(编)者：崔凤　宋宁而　2016年7月出版／估价：89.00元

行政改革蓝皮书
中国行政体制改革报告（2016）NO.5
著(编)者：魏礼群　2016年4月出版／估价：98.00元

华侨华人蓝皮书
华侨华人研究报告（2016）
著(编)者：贾益民　2016年12月出版／估价：98.00元

环境竞争力绿皮书
中国省域环境竞争力发展报告（2016）
著(编)者：李建平　李闽榕　王金南
2016年11月出版／估价：198.00元

环境绿皮书
中国环境发展报告（2016）
著(编)者：刘鉴强　2016年5月出版／估价：79.00元

基金会蓝皮书
中国基金会发展报告（2015~2016）
著(编)者：中国基金会发展报告课题组　2016年4月出版／定价：75.00元

基金会绿皮书
中国基金会发展独立研究报告（2016）
著(编)者：基金会中心网　中央民族大学基金会研究中心
2016年6月出版／估价：88.00元

基金会透明度蓝皮书
中国基金会透明度发展研究报告（2016）
著(编)者：基金会中心网　清华大学廉政与治理研究中心
2016年9月出版／估价：85.00元

教师蓝皮书
中国中小学教师发展报告（2016）
著(编)者：曾晓东　鱼霞　2016年6月出版／估价：69.00元

教育蓝皮书
中国教育发展报告（2016）
著(编)者：杨东平　2016年4月出版／定价：79.00元

科普蓝皮书
中国科普基础设施发展报告（2015）
著(编)者：郑念　任嵘嵘　2016年4月出版／定价：98.00元

科学教育蓝皮书
中国科学教育发展报告（2016）
著(编)者：罗晖 王康友 2016年10月出版 / 估价：79.00元

劳动保障蓝皮书
中国劳动保障发展报告（2016）
著(编)者：刘燕斌 2016年8月出版 / 估价：158.00元

老龄蓝皮书
中国老年宜居环境发展报告（2015）
著(编)者：党俊武 周燕珉 2016年1月出版 / 定价：79.00元

连片特困区蓝皮书
中国连片特困区发展报告（2016）
著(编)者：游俊 冷志明 丁建军
2016年5月出版 / 估价：98.00元

民间组织蓝皮书
中国民间组织报告（2016）
著(编)者：黄晓勇 2016年12月出版 / 估价：79.00元

民调蓝皮书
中国民生调查报告（2016）
著(编)者：谢耘耕 2016年5月出版 / 估价：128.00元

民族发展蓝皮书
中国民族发展报告（2016）
著(编)者：郝时远 王延中 王希恩
2016年4月出版 / 估价：98.00元

女性生活蓝皮书
中国女性生活状况报告 NO.10（2016）
著(编)者：韩湘景 2016年4月出版 / 估价：79.00元

汽车社会蓝皮书
中国汽车社会发展报告（2016）
著(编)者：王俊秀 2016年5月出版 / 估价：69.00元

青年蓝皮书
中国青年发展报告（2016）NO.4
著(编)者：廉思 等 2016年4月出版 / 估价：69.00元

青少年蓝皮书
中国未成年人互联网运用报告（2016）
著(编)者：李文革 沈杰 季为民
2016年11月出版 / 估价：89.00元

青少年体育蓝皮书
中国青少年体育发展报告（2016）
著(编)者：郭建军 杨桦 2016年9月出版 / 估价：69.00元

区域人才蓝皮书
中国区域人才竞争力报告 NO.2
著(编)者：桂昭明 王辉耀
2016年6月出版 / 估价：69.00元

群众体育蓝皮书
中国群众体育发展报告（2016）
著(编)者：刘国永 杨桦 2016年10月出版 / 估价：69.00元

群众体育蓝皮书
中国社会体育指导员发展报告（1994~2014）
著(编)者：刘国永 王欢 2016年4月出版 / 定价：78.00元

人才蓝皮书
中国人才发展报告（2016）
著(编)者：潘晨光 2016年9月出版 / 估价：85.00元

人权蓝皮书
中国人权事业发展报告 NO.6（2016）
著(编)者：李君如 2016年9月出版 / 估价：128.00元

社会保障绿皮书
中国社会保障发展报告（2016）NO.8
著(编)者：王延中 2016年4月出版 / 估价：99.00元

社会工作蓝皮书
中国社会工作发展报告（2016）
著(编)者：民政部社会工作研究中心
2016年8月出版 / 估价：79.00元

社会管理蓝皮书
中国社会管理创新报告 NO.4
著(编)者：连玉明 2016年11月出版 / 估价：89.00元

社会蓝皮书
2016年中国社会形势分析与预测
著(编)者：李培林 陈光金 张翼
2015年12月出版 / 定价：79.00元

社会体制蓝皮书
中国社会体制改革报告（2016）NO.4
著(编)者：龚维斌 2016年4月出版 / 估价：79.00元

社会心态蓝皮书
中国社会心态研究报告（2016）
著(编)者：王俊秀 杨宜音 2016年10月出版 / 估价：69.00元

社会责任管理蓝皮书
中国企业公众透明度报告（2015~2016）NO.2
著(编)者：黄速建 熊梦 肖红军 2016年1月出版 / 定价：98.00元

社会组织蓝皮书
中国社会组织评估发展报告（2016）
著(编)者：徐家良 廖鸿 2016年12月出版 / 估价：69.00元

生态城市绿皮书
中国生态城市建设发展报告（2016）
著(编)者：刘举科 孙伟平 胡文臻
2016年9月出版 / 估价：148.00元

生态文明绿皮书
中国省域生态文明建设评价报告（ECI 2016）
著(编)者：严耕 2016年12月出版 / 估价：85.00元

世界社会主义黄皮书
世界社会主义跟踪研究报告（2015～2016）
著(编)者：李慎明 2016年3月出版 / 定价：248.00元

水与发展蓝皮书
中国水风险评估报告（2016）
著(编)者：王浩 2016年9月出版 / 估价：69.00元

体育蓝皮书
长三角地区体育产业发展报告（2016）
著(编)者：张林 2016年4月出版 / 估价：79.00元

皮书系列 2016全品种

社会政法类·行业报告类

体育蓝皮书
中国公共体育服务发展报告（2016）
著（编）者：戴健　2016年12月出版 / 估价：79.00元

土地整治蓝皮书
中国土地整治发展研究报告NO.3
著（编）者：国土资源部土地整治中心
2016年5月出版 / 估价：89.00元

土地政策蓝皮书
中国土地政策发展报告（2016）
著（编）者：高延利　李宪文　2015年12月出版 / 定价：89.00元

危机管理蓝皮书
中国危机管理报告（2016）
著（编）者：文学国　范正青　2016年8月出版 / 估价：89.00元

形象危机应对蓝皮书
形象危机应对研究报告（2016）
著（编）者：唐钧　2016年6月出版 / 估价：149.00元

医改蓝皮书
中国医药卫生体制改革报告（2016）
著（编）者：文学国　房志武　2016年11月出版 / 估价：98.00元

医疗卫生绿皮书
中国医疗卫生发展报告NO.7（2016）
著（编）者：申宝忠　韩玉珍　2016年4月出版 / 估价：75.00元

政治参与蓝皮书
中国政治参与报告（2016）
著（编）者：房宁　2016年7月出版 / 估价：108.00元

政治发展蓝皮书
中国政治发展报告（2016）
著（编）者：房宁　杨海蛟　2016年5月出版 / 估价：88.00元

智慧社区蓝皮书
中国智慧社区发展报告（2016）
著（编）者：罗昌智　张辉德　2016年7月出版 / 估价：69.00元

中国农村妇女发展蓝皮书
农村流动女性城市生活发展报告（2016）
著（编）者：谢丽华　2016年12月出版 / 估价：79.00元

宗教蓝皮书
中国宗教报告（2016）
著（编）者：邱永辉　2016年5月出版 / 估价：79.00元

行业报告类

保健蓝皮书
中国保健服务产业发展报告NO.2
著（编）者：中国保健协会　中共中央党校
2016年7月出版 / 估价：198.00元

保健蓝皮书
中国保健食品产业发展报告NO.2
著（编）者：中国保健协会
　　　　中国社会科学院食品药品产业发展与监管研究中心
2016年7月出版 / 估价：198.00元

保健蓝皮书
中国保健用品产业发展报告NO.2
著（编）者：中国保健协会
　　　　国务院国有资产监督管理委员会研究中心
2016年5月出版 / 估价：198.00元

保险蓝皮书
中国保险业创新发展报告（2016）
著（编）者：项俊波　2016年12月出版 / 估价：69.00元

保险蓝皮书
中国保险业竞争力报告（2016）
著（编）者：项俊波　2016年12月出版 / 估价：99.00元

采供血蓝皮书
中国采供血管理报告（2016）
著（编）者：朱永明　耿鸿武　2016年8月出版 / 估价：69.00元

彩票蓝皮书
中国彩票发展报告（2016）
著（编）者：益彩基金　2016年4月出版 / 估价：98.00元

餐饮产业蓝皮书
中国餐饮产业发展报告（2016）
著（编）者：邢颖　2016年4月出版 / 估价：69.00元

测绘地理信息蓝皮书
测绘地理信息转型升级研究报告（2016）
著（编）者：库热西·买合苏提　2016年12月出版 / 估价：98.00元

茶业蓝皮书
中国茶产业发展报告（2016）
著（编）者：杨江帆　李闽榕　2016年10月出版 / 估价：78.00元

产权市场蓝皮书
中国产权市场发展报告（2015～2016）
著（编）者：曹和平　2016年5月出版 / 估价：89.00元

产业安全蓝皮书
中国出版传媒产业安全报告（2015~2016）
著（编）者：北京印刷学院文化产业安全研究院
2016年3月出版 / 定价：79.00元

产业安全蓝皮书
中国文化产业安全报告（2016）
著（编）者：北京印刷学院文化产业安全研究院
2016年4月出版 / 估价：89.00元

产业安全蓝皮书
中国新媒体产业安全报告（2016）
著(编)者：北京印刷学院文化产业安全研究院
2016年5月出版 / 估价：69.00元

大数据蓝皮书
网络空间和大数据发展报告（2016）
著(编)者：杜平　2016年5月出版 / 估价：69.00元

电子商务蓝皮书
中国电子商务服务业发展报告 NO.3
著(编)者：荆林波 梁春晓　2016年5月出版 / 估价：69.00元

电子政务蓝皮书
中国电子政务发展报告（2016）
著(编)者：洪毅 杜平　2016年11月出版 / 估价：79.00元

杜仲产业绿皮书
中国杜仲橡胶资源与产业发展报告（2016）
著(编)者：杜红岩 胡文臻 俞锐
2016年5月出版 / 估价：85.00元

房地产蓝皮书
中国房地产发展报告 NO.13（2016）
著(编)者：魏后凯 李景国　2016年5月出版 / 估价：79.00元

服务外包蓝皮书
中国服务外包产业发展报告（2016）
著(编)者：王晓红 刘德军
2016年6月出版 / 估价：89.00元

服务外包蓝皮书
中国服务外包竞争力报告（2016）
著(编)者：王力 刘春生 黄育华
2016年11月出版 / 估价：85.00元

工业和信息化蓝皮书
世界网络安全发展报告（2016）
著(编)者：洪京一　2016年4月出版 / 估价：69.00元

工业和信息化蓝皮书
世界信息化发展报告（2016）
著(编)者：洪京一　2016年4月出版 / 估价：69.00元

工业和信息化蓝皮书
世界信息技术产业发展报告（2016）
著(编)者：洪京一　2016年4月出版 / 估价：79.00元

工业和信息化蓝皮书
世界制造业发展报告（2016）
著(编)者：洪京一　2016年4月出版 / 估价：69.00元

工业和信息化蓝皮书
移动互联网产业发展报告（2016）
著(编)者：洪京一　2016年4月出版 / 估价：79.00元

工业设计蓝皮书
中国工业设计发展报告（2016）
著(编)者：王晓红 于炜 张立群
2016年9月出版 / 估价：138.00元

黄金市场蓝皮书
中国商业银行黄金业务发展报告（2015~2016）
著(编)者：平安银行　2016年3月出版 / 定价：98.00元

互联网金融蓝皮书
中国互联网金融发展报告（2016）
著(编)者：李东荣　2016年8月出版 / 估价：79.00元

会展蓝皮书
中外会展业动态评估年度报告（2016）
著(编)者：张敏　2016年5月出版 / 估价：78.00元

节能汽车蓝皮书
中国节能汽车产业发展报告（2016）
著(编)者：中国汽车工程研究院股份有限公司
2016年12月出版 / 估价：69.00元

金融监管蓝皮书
中国金融监管报告（2016）
著(编)者：胡滨　2016年4月出版 / 估价：89.00元

金融蓝皮书
中国金融中心发展报告（2016）
著(编)者：王力 黄育华　2017年11月出版 / 估价：75.00元

金融蓝皮书
中国商业银行竞争力报告（2016）
著(编)者：王松奇　2016年5月出版 / 估价：69.00元

经济林产业绿皮书
中国经济林产业发展报告（2016）
著(编)者：李芳东 胡文臻 乌云塔娜 杜红岩
2016年12月出版 / 估价：69.00元

客车蓝皮书
中国客车产业发展报告（2016）
著(编)者：姚蔚　2016年5月出版 / 估价：85.00元

老龄蓝皮书
中国老龄产业发展报告（2016）
著(编)者：吴玉韶 党俊武　2016年9月出版 / 估价：79.00元

流通蓝皮书
中国商业发展报告（2016）
著(编)者：荆林波　2016年5月出版 / 估价：89.00元

旅游安全蓝皮书
中国旅游安全报告（2016）
著(编)者：郑向敏 谢朝武　2016年5月出版 / 估价：128.00元

旅游绿皮书
2015～2016年中国旅游发展分析与预测
著(编)者：宋瑞　2016年4月出版 / 定价：89.00元

煤炭蓝皮书
中国煤炭工业发展报告（2016）
著(编)者：岳福斌　2016年12月出版 / 估价：79.00元

行业报告类

民营企业社会责任蓝皮书
中国民营企业社会责任年度报告（2016）
著（编）者：中华全国工商业联合会
2016年7月出版　估价：69.00元

民营医院蓝皮书
中国民营医院发展报告（2016）
著（编）者：庄一强　2016年10月出版　估价：75.00元

能源蓝皮书
中国能源发展报告（2016）
著（编）者：崔民选　王军生　陈义和
2016年8月出版　估价：79.00元

农产品流通蓝皮书
中国农产品流通产业发展报告（2016）
著（编）者：贾敬敦　张东科　张玉玺　张鹏毅　周伟
2016年5月出版　估价：89.00元

期货蓝皮书
中国期货市场发展报告(2016)
著（编）者：李群　王在荣　2016年11月出版　估价：69.00元

企业公益蓝皮书
中国企业公益研究报告（2016）
著（编）者：钟宏武　汪杰　顾一　黄晓娟　等
2016年12月出版　估价：69.00元

企业公众透明度蓝皮书
中国企业公众透明度报告（2016）NO.2
著（编）者：黄速建　王晓光　肖红军
2016年5月出版　估价：98.00元

企业国际化蓝皮书
中国企业国际化报告（2016）
著（编）者：王辉耀　2016年11月出版　估价：98.00元

企业蓝皮书
中国企业绿色发展报告 NO.2（2016）
著（编）者：李红玉　朱光辉　2016年8月出版　估价：79.00元

企业社会责任蓝皮书
中国企业社会责任研究报告（2016）
著（编）者：黄群慧　钟宏武　张蒽　等
2016年11月出版　估价：79.00元

企业社会责任能力蓝皮书
中国上市公司社会责任能力成熟度报告（2016）
著（编）者：肖红军　王晓光　李伟阳
2016年11月出版　估价：69.00元

汽车安全蓝皮书
中国汽车安全发展报告（2016）
著（编）者：中国汽车技术研究中心
2016年7月出版　估价：89.00元

汽车电子商务蓝皮书
中国汽车电子商务发展报告（2016）
著（编）者：中华全国工商业联合会汽车经销商商会
　　　　　北京易观智库网络科技有限公司
2016年5月出版　估价：128.00元

汽车工业蓝皮书
中国汽车工业发展年度报告（2016）
著（编）者：中国汽车工业协会　中国汽车技术研究中心
　　　　　丰田汽车（中国）投资有限公司
2016年4月出版　估价：128.00元

汽车蓝皮书
中国汽车产业发展报告（2016）
著（编）者：国务院发展研究中心产业经济研究部
　　　　　中国汽车工程学会　大众汽车集团（中国）
2016年8月出版　估价：158.00元

清洁能源蓝皮书
国际清洁能源发展报告（2016）
著（编）者：苏树辉　袁国林　李玉崙
2016年11月出版　估价：99.00元

人力资源蓝皮书
中国人力资源发展报告（2016）
著（编）者：余兴安　2016年12月出版　估价：79.00元

融资租赁蓝皮书
中国融资租赁业发展报告（2015~2016）
著（编）者：李光荣　王力　2016年5月出版　估价：89.00元

软件和信息服务业蓝皮书
中国软件和信息服务业发展报告（2016）
著（编）者：洪京一　2016年12月出版　估价：198.00元

商会蓝皮书
中国商会发展报告NO.5（2016）
著（编）者：王钦敏　2016年7月出版　估价：89.00元

上市公司蓝皮书
中国上市公司社会责任信息披露报告（2016）
著（编）者：张旺　张杨　2016年11月出版　估价：69.00元

上市公司蓝皮书
中国上市公司质量评价报告（2015~2016）
著（编）者：张跃文　王力　2016年11月出版　估价：118.00元

设计产业蓝皮书
中国设计产业发展报告（2016）
著（编）者：陈冬亮　梁昊光　2016年5月出版　估价：89.00元

食品药品蓝皮书
食品药品安全与监管政策研究报告（2016）
著（编）者：唐民皓　2016年7月出版　估价：69.00元

世界能源蓝皮书
世界能源发展报告（2016）
著（编）者：黄晓勇　2016年6月出版　估价：99.00元

水利风景区蓝皮书
中国水利风景区发展报告（2016）
著（编）者：兰思仁　2016年8月出版　估价：69.00元

私募市场蓝皮书
中国私募股权市场发展报告（2016）
著（编）者：曹和平　2016年12月出版　估价：79.00元

行业报告类 皮书系列 2016全品种

碳市场蓝皮书
中国碳市场报告（2016）
著（编）者：宁金彪　2016年11月出版／估价:69.00元

体育蓝皮书
中国体育产业发展报告（2016）
著（编）者：阮伟　钟秉枢　2016年7月出版／估价:69.00元

土地市场蓝皮书
中国农村土地市场发展报告（2015~2016）
著（编）者：李光荣　2016年3月出版／定价:79.00元

网络空间安全蓝皮书
中国网络空间安全发展报告（2016）
著（编）者：惠志斌　唐涛　2016年4月出版／估价:79.00元

物联网蓝皮书
中国物联网发展报告（2016）
著（编）者：黄桂田　龚六堂　张全升
2016年5月出版／估价:69.00元

西部工业蓝皮书
中国西部工业发展报告（2016）
著（编）者：方行明　甘犁　刘方健　姜凌　等
2016年9月出版／估价:79.00元

西部金融蓝皮书
中国西部金融发展报告（2016）
著（编）者：李忠民　2016年8月出版／估价:75.00元

协会商会蓝皮书
中国行业协会商会发展报告（2016）
著（编）者：景朝阳　李勇　2016年4月出版／估价:99.00元

新能源汽车蓝皮书
中国新能源汽车产业发展报告（2016）
著（编）者：中国汽车技术研究中心
日产（中国）投资有限公司　东风汽车有限公司
2016年8月出版／估价:89.00元

新三板蓝皮书
中国新三板市场发展报告（2016）
著（编）者：王力　2016年6月出版／估价:69.00元

信托市场蓝皮书
中国信托业市场报告（2015～2016）
著（编）者：用益信托工作室
2016年1月出版／定价:198.00元

信息安全蓝皮书
中国信息安全发展报告（2016）
著（编）者：张晓东　2016年5月出版／估价:69.00元

信息化蓝皮书
中国信息化形势分析与预测（2016）
著（编）者：周宏仁　2016年8月出版／估价:98.00元

信用蓝皮书
中国信用发展报告（2016）
著（编）者：章政　田侃　2016年4月出版／估价:99.00元

休闲绿皮书
2016年中国休闲发展报告
著（编）者：宋瑞　2016年10月出版／估价:79.00元

药品流通蓝皮书
中国药品流通行业发展报告（2016）
著（编）者：佘鲁林　温再兴
2016年8月出版／估价:158.00元

医院蓝皮书
中国医院竞争力报告（2016）
著（编）者：庄一强　曾益新　2016年3月出版／定价:128.00元

医药蓝皮书
中国中医药产业园战略发展报告（2016）
著（编）者：裴长洪　房书亭　吴滌心
2016年5月出版／估价:89.00元

邮轮绿皮书
中国邮轮产业发展报告（2016）
著（编）者：汪泓　2016年10月出版／估价:79.00元

智能养老蓝皮书
中国智能养老产业发展报告（2016）
著（编）者：朱勇　2016年10月出版／估价:89.00元

中国SUV蓝皮书
中国SUV产业发展报告（2016）
著（编）者：靳军　2016年12月出版／估价:69.00元

中国金融行业蓝皮书
中国债券市场发展报告（2016）
著（编）者：谢多　2016年7月出版／估价:69.00元

中国上市公司蓝皮书
中国上市公司发展报告（2016）
著（编）者：中国社会科学院上市公司研究中心
2016年9月出版／估价:98.00元

中国游戏蓝皮书
中国游戏产业发展报告（2016）
著（编）者：孙立军　刘跃军　牛兴侦
2016年5月出版／估价:69.00元

中国总部经济蓝皮书
中国总部经济发展报告（2015～2016）
著（编）者：赵弘　2016年9月出版／估价:79.00元

资本市场蓝皮书
中国场外交易市场发展报告（2014~2015）
著（编）者：高峦　2016年3月出版／定价:79.00元

资产管理蓝皮书
中国资产管理行业发展报告（2016）
著（编）者：智信资产管理研究院
2016年6月出版／估价:89.00元

皮书系列 2016全品种 文化传媒类

文化传媒类

传媒竞争力蓝皮书
中国传媒国际竞争力研究报告（2016）
著(编)者：李本乾 刘强
2016年11月出版 / 估价：148.00元

传媒蓝皮书
中国传媒产业发展报告（2016）
著(编)者：崔保国 2016年5月出版 / 估价：98.00元

传媒投资蓝皮书
中国传媒投资发展报告（2016）
著(编)者：张向东 谭云明
2016年6月出版 / 估价：128.00元

动漫蓝皮书
中国动漫产业发展报告（2016）
著(编)者：卢斌 郑玉明 牛兴侦
2016年7月出版 / 估价：79.00元

非物质文化遗产蓝皮书
中国非物质文化遗产发展报告（2016）
著(编)者：陈平 2016年5月出版 / 估价：98.00元

广电蓝皮书
中国广播电影电视发展报告（2016）
著(编)者：国家新闻出版广电总局发展研究中心
2016年7月出版 / 估价：98.00元

广告主蓝皮书
中国广告主营销传播趋势报告 NO.9
著(编)者：黄升民 杜国清 邵华冬 等
2016年10月出版 / 估价：148.00元

国际传播蓝皮书
中国国际传播发展报告（2016）
著(编)者：胡正荣 李继东 姬德强
2016年11月出版 / 估价：89.00元

纪录片蓝皮书
中国纪录片发展报告（2016）
著(编)者：何苏六 2016年10月出版 / 估价：79.00元

科学传播蓝皮书
中国科学传播报告（2016）
著(编)者：詹正茂 2016年7月出版 / 估价：69.00元

两岸创意经济蓝皮书
两岸创意经济研究报告（2016）
著(编)者：罗昌智 董泽平 2016年12月出版 / 估价：98.00元

两岸文化蓝皮书
两岸文化产业合作发展报告（2016）
著(编)者：胡惠林 李保宗 2016年7月出版 / 估价：79.00元

媒介与女性蓝皮书
中国媒介与女性发展报告(2015~2016)
著(编)者：刘利群 2016年8月出版 / 估价：118.00元

媒体融合蓝皮书
中国媒体融合发展报告（2016）
著(编)者：梅宁华 宋建武 2016年7月出版 / 估价：79.00元

全球传媒蓝皮书
全球传媒发展报告（2016）
著(编)者：胡正荣 李继东 唐晓芬
2016年12月出版 / 估价：79.00元

少数民族非遗蓝皮书
中国少数民族非物质文化遗产发展报告（2016）
著(编)者：肖远平（彝） 柴立（满）
2016年6月出版 / 估价：128.00元

视听新媒体蓝皮书
中国视听新媒体发展报告（2016）
著(编)者：国家新闻出版广电总局发展研究中心
2016年7月出版 / 估价：98.00元

文化创新蓝皮书
中国文化创新报告（2016）NO.7
著(编)者：于平 傅才武 2016年7月出版 / 估价：98.00元

文化建设蓝皮书
中国文化发展报告（2016）
著(编)者：江畅 孙伟平 戴茂堂
2016年4月出版 / 估价：108.00元

文化科技蓝皮书
文化科技创新发展报告（2016）
著(编)者：于平 李凤亮 2016年10月出版 / 估价：89.00元

文化蓝皮书
中国公共文化服务发展报告（2016）
著(编)者：刘新成 张永新 张旭 2016年10月出版 / 估价：98.00元

文化蓝皮书
中国公共文化投入增长测评报告（2016）
著(编)者：王亚南 2016年4月出版 / 定价：79.00元

文化蓝皮书
中国少数民族文化发展报告（2016）
著(编)者：武翠英 张晓明 任乌晶
2016年9月出版 / 估价：69.00元

文化蓝皮书
中国文化产业发展报告（2015~2016）
著(编)者：张晓明 王家新 章建刚
2016年2月出版 / 定价：79.00元

文化蓝皮书
中国文化产业供需协调检测报告（2016）
著(编)者：王亚南 2016年5月出版 / 估价：79.00元

文化蓝皮书
中国文化消费需求景气评价报告（2016）
著(编)者：王亚南 2016年5月出版 / 估价：79.00元

皮书系列 2016全品种

文化传媒类·地方发展类

文化品牌蓝皮书
中国文化品牌发展报告（2016）
著(编)者：欧阳友权　2016年4月出版 / 估价：89.00元

文化遗产蓝皮书
中国文化遗产事业发展报告（2016）
著(编)者：刘世锦　2016年5月出版 / 估价：89.00元

文学蓝皮书
中国文情报告（2015～2016）
著(编)者：白烨　2016年5月出版 / 估价：69.00元

新媒体蓝皮书
中国新媒体发展报告NO.7（2016）
著(编)者：唐绪军　2016年7月出版 / 估价：79.00元

新媒体社会责任蓝皮书
中国新媒体社会责任研究报告（2016）
著(编)者：钟瑛　2016年10月出版 / 估价：79.00元

移动互联网蓝皮书
中国移动互联网发展报告（2016）
著(编)者：官建文　2016年6月出版 / 估价：79.00元

舆情蓝皮书
中国社会舆情与危机管理报告（2016）
著(编)者：谢耘耕　2016年8月出版 / 估价：98.00元

地方发展类

安徽经济蓝皮书
芜湖创新型城市发展报告（2016）
著(编)者：张志宏　2016年4月出版 / 估价：69.00元

安徽蓝皮书
安徽社会发展报告（2016）
著(编)者：程桦　2016年4月出版 / 估价：89.00元

安徽社会建设蓝皮书
安徽社会建设分析报告（2015～2016）
著(编)者：黄家海　王开玉　蔡宪
2016年4月出版 / 估价：89.00元

澳门蓝皮书
澳门经济社会发展报告（2015～2016）
著(编)者：吴志良　郝雨凡　2016年5月出版 / 估价：79.00元

北京蓝皮书
北京公共服务发展报告（2015～2016）
著(编)者：施昌奎　2016年2月出版 / 定价：79.00元

北京蓝皮书
北京经济发展报告（2015～2016）
著(编)者：杨松　2016年6月出版 / 估价：79.00元

北京蓝皮书
北京社会发展报告（2015～2016）
著(编)者：李伟东　2016年7月出版 / 估价：79.00元

北京蓝皮书
北京社会治理发展报告（2015～2016）
著(编)者：殷星辰　2016年6月出版 / 估价：79.00元

北京蓝皮书
北京文化发展报告（2015～2016）
著(编)者：李建盛　2016年4月出版 / 定价：79.00元

北京旅游绿皮书
北京旅游发展报告（2016）
著(编)者：北京旅游学会　2016年7月出版 / 估价：88.00元

北京人才蓝皮书
北京人才发展报告（2016）
著(编)者：于淼　2016年12月出版 / 估价：128.00元

北京社会心态蓝皮书
北京社会心态分析报告（2015～2016）
著(编)者：北京社会心理研究所
2016年8月出版 / 估价：79.00元

北京社会组织管理蓝皮书
北京社会组织发展与管理（2015～2016）
著(编)者：黄江松　2016年4月出版 / 估价：78.00元

北京体育蓝皮书
北京体育产业发展报告（2016）
著(编)者：钟秉枢　陈杰　杨铁黎
2016年10月出版 / 估价：79.00元

北京养老产业蓝皮书
北京养老产业发展报告（2016）
著(编)者：周明明　冯喜良　2016年4月出版 / 估价：69.00元

滨海金融蓝皮书
滨海新区金融发展报告（2016）
著(编)者：王爱俭　张锐钢　2016年9月出版 / 估价：79.00元

城乡一体化蓝皮书
中国城乡一体化发展报告·北京卷（2015～2016）
著(编)者：张宝秀　黄序　2016年5月出版 / 估价：79.00元

创意城市蓝皮书
北京文化创意产业发展报告（2016）
著(编)者：张京成　王国华　2016年12月出版 / 估价：69.00元

创意城市蓝皮书
青岛文化创意产业发展报告（2016）
著(编)者：马达　张丹妮　2016年6月出版 / 估价：79.00元

创意城市蓝皮书
青岛文化创意产业发展报告（2016）
著(编)者：马达　张丹妮　2016年6月出版 / 估价：79.00元

皮书系列 2016全品种　地方发展类

创意城市蓝皮书
台北文化创意产业发展报告（2016）
著（编）者：陈耀竹　邱琪瑄　2016年11月出版／估价:89.00元

创意城市蓝皮书
无锡文化创意产业发展报告（2016）
著（编）者：谭军　张鸣年　2016年10月出版／估价:79.00元

创意城市蓝皮书
武汉文化创意产业发展报告（2016）
著（编）者：黄永林　陈汉桥　2016年12月出版／估价:89.00元

创意城市蓝皮书
重庆创意产业发展报告（2016）
著（编）者：程宇宁　2016年4月出版／估价:89.00元

地方法治蓝皮书
南宁法治发展报告（2016）
著（编）者：杨维超　2016年12月出版／估价:69.00元

福建妇女发展蓝皮书
福建省妇女发展报告（2016）
著（编）者：刘群英　2016年11月出版／估价:88.00元

福建自由贸易区蓝皮书
中国（福建）自由贸易区实验区发展报告（2015~2016）
著（编）者：黄茂兴　2016年4月出版／定价:108.00元

甘肃蓝皮书
甘肃经济发展分析与预测（2016）
著（编）者：朱智文　罗哲　2016年1月出版／定价:79.00元

甘肃蓝皮书
甘肃社会发展分析与预测（2016）
著（编）者：安文华　包晓霞　谢增虎　2016年1月出版／定价:79.00元

甘肃蓝皮书
甘肃文化发展分析与预测（2016）
著（编）者：安文华　周小华　2016年1月出版／定价:79.00元

甘肃蓝皮书
甘肃县域和农村发展报告（2016）
著（编）者：刘进军　柳民　王建兵
2016年1月出版／定价:79.00元

甘肃蓝皮书
甘肃舆情分析与预测（2016）
著（编）者：陈双梅　张谦元　2016年1月出版／定价:79.00元

甘肃蓝皮书
甘肃商贸流通发展报告（2016）
著（编）者：杨志武　王福生　王晓芳
2016年1月出版／定价:79.00元

广东蓝皮书
广东全面深化改革发展报告（2016）
著（编）者：周林生　涂成林　2016年11月出版／估价:69.00元

广东蓝皮书
广东社会工作发展报告（2016）
著（编）者：罗观翠　2016年6月出版／估价:89.00元

广东蓝皮书
广东省电子商务发展报告（2016）
著（编）者：程晓　邓顺国　2016年7月出版／估价:79.00元

广东社会建设蓝皮书
广东省社会建设发展报告（2016）
著（编）者：广东省社会工作委员会
2016年12月出版／估价:99.00元

广东外经贸蓝皮书
广东对外经济贸易发展研究报告（2015~2016）
著（编）者：陈万灵　2016年5月出版／估价:89.00元

广西北部湾经济区蓝皮书
广西北部湾经济区开放开发报告（2016）
著（编）者：广西北部湾经济区规划建设管理委员会办公室
　　　　　广西社会科学院广西北部湾发展研究院
2016年10月出版／估价:79.00元

巩义蓝皮书
巩义经济社会发展报告（2016）
著（编）者：丁同民　2016年4月出版／定价:58.00元

广州蓝皮书
2016年中国广州经济形势分析与预测
著（编）者：庾建设　沈奎　谢博能　2016年6月出版／估价:79.00元

广州蓝皮书
2016年中国广州社会形势分析与预测
著（编）者：张强　陈怡霓　杨秦　2016年6月出版／估价:79.00元

广州蓝皮书
广州城市国际化发展报告（2016）
著（编）者：朱名宏　2016年11月出版／估价:69.00元

广州蓝皮书
广州创新型城市发展报告（2016）
著（编）者：尹涛　2016年10月出版／估价:69.00元

广州蓝皮书
广州经济发展报告（2016）
著（编）者：朱名宏　2016年7月出版／估价:69.00元

广州蓝皮书
广州农村发展报告（2016）
著（编）者：朱名宏　2016年8月出版／估价:69.00元

广州蓝皮书
广州汽车产业发展报告（2016）
著（编）者：杨再高　冯兴亚　2016年9月出版／估价:69.00元

广州蓝皮书
广州青年发展报告（2015～2016）
著（编）者：魏国华　张强　2016年7月出版／估价:69.00元

广州蓝皮书
广州商贸业发展报告（2016）
著（编）者：李江涛　肖振宇　荀振英
2016年7月出版／估价:69.00元

广州蓝皮书
广州社会保障发展报告（2016）
著（编）者：蔡国萱　2016年10月出版／估价:65.00元

地方发展类 | **皮书系列 2016全品种**

广州蓝皮书
广州文化创意产业发展报告（2016）
著(编)者：甘新　2016年8月出版／估价：79.00元

广州蓝皮书
中国广州城市建设与管理发展报告（2016）
著(编)者：董皞　陈小钢　李江涛　2016年7月出版／估价：69.00元

广州蓝皮书
中国广州科技和信息化发展报告（2016）
著(编)者：邹采荣　马正勇　冯元　2016年8月出版／估价：79.00元

广州蓝皮书
中国广州文化发展报告（2016）
著(编)者：徐俊忠　陆志强　顾涧清　2016年7月出版／估价：69.00元

贵阳蓝皮书
贵阳城市创新发展报告·白云篇（2016）
著(编)者：连玉明　2016年10月出版／估价：89.00元

贵阳蓝皮书
贵阳城市创新发展报告·观山湖篇（2016）
著(编)者：连玉明　2016年10月出版／估价：89.00元

贵阳蓝皮书
贵阳城市创新发展报告·花溪篇（2016）
著(编)者：连玉明　2016年10月出版／估价：89.00元

贵阳蓝皮书
贵阳城市创新发展报告·开阳篇（2016）
著(编)者：连玉明　2016年10月出版／估价：89.00元

贵阳蓝皮书
贵阳城市创新发展报告·南明篇（2016）
著(编)者：连玉明　2016年10月出版／估价：89.00元

贵阳蓝皮书
贵阳城市创新发展报告·清镇篇（2016）
著(编)者：连玉明　2016年10月出版／估价：89.00元

贵阳蓝皮书
贵阳城市创新发展报告·乌当篇（2016）
著(编)者：连玉明　2016年10月出版／估价：89.00元

贵阳蓝皮书
贵阳城市创新发展报告·息烽篇（2016）
著(编)者：连玉明　2016年10月出版／估价：89.00元

贵阳蓝皮书
贵阳城市创新发展报告·修文篇（2016）
著(编)者：连玉明　2016年10月出版／估价：89.00元

贵阳蓝皮书
贵阳城市创新发展报告·云岩篇（2016）
著(编)者：连玉明　2016年10月出版／估价：89.00元

贵州房地产蓝皮书
贵州房地产发展报告NO.3（2016）
著(编)者：武廷方　2016年6月出版／估价：89.00元

贵州蓝皮书
贵州册亨经济社会发展报告(2016)
著(编)者：黄德林　2016年3月出版／定价：79.00元

贵州蓝皮书
贵安新区发展报告（2016）
著(编)者：马长青　吴大华　2016年4月出版／估价：69.00元

贵州蓝皮书
贵州法治发展报告（2016）
著(编)者：吴大华　2016年5月出版／估价：79.00元

贵州蓝皮书
贵州民航业发展报告（2016）
著(编)者：申振东　吴大华　2016年10月出版／估价：69.00元

贵州蓝皮书
贵州民营经济发展报告（2016）
著(编)者：杨静　吴大华　2016年3月出版／定价：79.00元

贵州蓝皮书
贵州人才发展报告（2016）
著(编)者：于杰　吴大华　2016年9月出版／估价：69.00元

贵州蓝皮书
贵州社会发展报告（2016）
著(编)者：王兴骥　2016年5月出版／估价：79.00元

海淀蓝皮书
海淀区文化和科技融合发展报告（2016）
著(编)者：陈名杰　孟景伟　2016年5月出版／估价：75.00元

海峡西岸蓝皮书
海峡西岸经济区发展报告（2016）
著(编)者：福建省人民政府发展研究中心
　　　　　福建省人民政府发展研究中心咨询服务中心
2016年9月出版／估价：65.00元

杭州都市圈蓝皮书
杭州都市圈发展报告（2016）
著(编)者：董祖德　沈翔　2016年5月出版／估价：89.00元

杭州蓝皮书
杭州妇女发展报告（2016）
著(编)者：魏颖　2016年4月出版／估价：79.00元

河北经济蓝皮书
河北省经济发展报告（2016）
著(编)者：马树强　金浩　刘兵　张贵
2016年5月出版／估价：89.00元

河北蓝皮书
河北经济社会发展报告（2016）
著(编)者：郭金平　2016年1月出版／定价：79.00元

河北食品药品安全蓝皮书
河北食品药品安全研究报告（2016）
著(编)者：丁锦霞　2016年6月出版／估价：79.00元

河南经济蓝皮书
2016年河南经济形势分析与预测
著(编)者：胡五岳　2016年2月出版／定价：79.00元

河南蓝皮书
2016年河南社会形势分析与预测
著(编)者：刘道兴　牛苏林　2016年4月出版／定价79.00元

皮书系列 2016全品种 — 地方发展类

河南蓝皮书
河南城市发展报告（2016）
著(编)者:谷建全　王建国　2016年5月出版 / 估价:79.00元

河南蓝皮书
河南法治发展报告（2016）
著(编)者:丁同民　闫德民　2016年6月出版 / 估价:79.00元

河南蓝皮书
河南工业发展报告（2016）
著(编)者:龚绍东　赵西三　2016年5月出版 / 估价:79.00元

河南蓝皮书
河南金融发展报告（2016）
著(编)者:河南省社会科学院　2016年6月出版 / 估价:69.00元

河南蓝皮书
河南经济发展报告（2016）
著(编)者:张占仓　2016年3月出版 / 定价:79.00元

河南蓝皮书
河南农业农村发展报告（2016）
著(编)者:吴海峰　2016年4月出版 / 估价:69.00元

河南蓝皮书
河南文化发展报告（2016）
著(编)者:卫绍生　2016年3月出版 / 定价:78.00元

河南商务蓝皮书
河南商务发展报告（2016）
著(编)者:焦锦淼　穆荣国　2016年4月出版 / 估价:88.00元

黑龙江产业蓝皮书
黑龙江产业发展报告（2016）
著(编)者:于渤　2016年10月出版 / 估价:79.00元

黑龙江蓝皮书
黑龙江经济发展报告（2016）
著(编)者:朱宇　2016年1月出版 / 定价:79.00元

黑龙江蓝皮书
黑龙江社会发展报告（2016）
著(编)者:谢宝禄　2016年1月出版 / 定价:79.00元

湖南城市蓝皮书
区域城市群整合（主题待定）
著(编)者:童中贤　韩未名　2016年12月出版 / 估价:79.00元

湖南蓝皮书
2016年湖南产业发展报告
著(编)者:梁志峰　2016年5月出版 / 估价:98.00元

湖南蓝皮书
2016年湖南电子政务发展报告
著(编)者:梁志峰　2016年5月出版 / 估价:98.00元

湖南蓝皮书
2016年湖南经济展望
著(编)者:梁志峰　2016年5月出版 / 估价:128.00元

湖南蓝皮书
2016年湖南两型社会与生态文明发展报告
著(编)者:梁志峰　2016年5月出版 / 估价:98.00元

湖南蓝皮书
2016年湖南社会发展报告
著(编)者:梁志峰　2016年5月出版 / 估价:88.00元

湖南蓝皮书
2016年湖南县域经济社会发展报告
著(编)者:梁志峰　2016年5月出版 / 估价:98.00元

湖南蓝皮书
湖南城乡一体化发展报告（2016）
著(编)者:陈文胜　刘祚祥　邝奕轩　等
2016年7月出版 / 估价:89.00元

湖南县域绿皮书
湖南县域发展报告 NO.3
著(编)者:袁准　周小毛　2016年9月出版 / 估价:69.00元

沪港蓝皮书
沪港发展报告（2015~2016）
著(编)者:尤安山　2016年4月出版 / 估价:89.00元

京津冀金融蓝皮书
京津冀金融发展报告（2015）
著(编)者:王爱俭　李向前　2016年3月出版 / 定价:89.00元

吉林蓝皮书
2016年吉林经济社会形势分析与预测
著(编)者:马克　2015年12月出版 / 定价:79.00元

吉林省城市竞争力蓝皮书
吉林省城市竞争力报告（2015）
著(编)者:崔岳春　张磊　2016年3月出版 / 定价:69.00元

济源蓝皮书
济源经济社会发展报告（2016）
著(编)者:喻新安　2016年4月出版 / 估价:69.00元

健康城市蓝皮书
北京健康城市建设研究报告（2016）
著(编)者:王鸿春　2016年4月出版 / 估价:79.00元

江苏法治蓝皮书
江苏法治发展报告 NO.5（2016）
著(编)者:李力　龚廷泰　2016年9月出版 / 估价:98.00元

江西蓝皮书
江西经济社会发展报告（2016）
著(编)者:张勇　姜玮　梁勇　2016年10月出版 / 估价:79.00元

江西文化产业蓝皮书
江西文化产业发展报告（2016）
著(编)者:张圣才　汪春翔　2016年10月出版 / 估价:128.00元

经济特区蓝皮书
中国经济特区发展报告（2016）
著(编)者:陶一桃　2016年12月出版 / 估价:89.00元

辽宁蓝皮书
2016年辽宁经济社会形势分析与预测
著(编)者：曹晓峰 梁启东
2016年1月出版 / 定价:79.00元

拉萨蓝皮书
拉萨法治发展报告（2016）
著(编)者：车明怀 2016年7月出版 / 估价:79.00元

洛阳蓝皮书
洛阳文化发展报告（2016）
著(编)者：刘福兴 陈启明 2016年7月出版 / 估价:79.00元

南京蓝皮书
南京文化发展报告（2016）
著(编)者：徐宁 2016年12月出版 / 估价:79.00元

内蒙古蓝皮书
内蒙古反腐倡廉建设报告 NO.2
著(编)者：张志华 无极 2016年12月出版 / 估价:69.00元

浦东新区蓝皮书
上海浦东经济发展报告（2016）
著(编)者：沈开艳 周奇 2016年1月出版 / 定价:69.00元

青海蓝皮书
2016年青海经济社会形势分析与预测
著(编)者：陈玮 2015年12月出版 / 定价:79.00元

人口与健康蓝皮书
深圳人口与健康发展报告（2016）
著(编)者：陆杰华 罗乐宣 苏杨
2016年11月出版 / 估价:89.00元

山东蓝皮书
山东经济形势分析与预测（2016）
著(编)者：李广杰 2016年11月出版 / 估价:89.00元

山东蓝皮书
山东社会形势分析与预测（2016）
著(编)者：涂可国 2016年6月出版 / 估价:89.00元

山东蓝皮书
山东文化发展报告（2016）
著(编)者：张华 唐洲雁 2016年6月出版 / 估价:98.00元

山西蓝皮书
山西资源型经济转型发展报告（2016）
著(编)者：李志强 2016年5月出版 / 估价:89.00元

陕西蓝皮书
陕西经济发展报告（2016）
著(编)者：任宗哲 白宽犁 裴成荣
2015年12月出版 / 定价:69.00元

陕西蓝皮书
陕西社会发展报告（2016）
著(编)者：任宗哲 白宽犁 牛昉
2015年12月出版 / 定价:69.00元

陕西蓝皮书
陕西文化发展报告（2016）
著(编)者：任宗哲 白宽犁 王长寿
2015年12月出版 / 定价:69.00元

陕西蓝皮书
丝绸之路经济带发展报告（2015~2016）
著(编)者：任宗哲 白宽犁 谷孟宾
2015年12月出版 / 定价:75.00元

上海蓝皮书
上海传媒发展报告（2016）
著(编)者：强荧 焦雨虹 2016年1月出版 / 定价:79.00元

上海蓝皮书
上海法治发展报告（2016）
著(编)者：叶青 2016年5月出版 / 定价:69.00元

上海蓝皮书
上海经济发展报告（2016）
著(编)者：沈开艳 2016年1月出版 / 定价:79.00元

上海蓝皮书
上海社会发展报告（2016）
著(编)者：杨雄 周海旺 2016年1月出版 / 定价:79.00元

上海蓝皮书
上海文化发展报告（2016）
著(编)者：荣跃明 2016年1月出版 / 定价:79.00元

上海蓝皮书
上海文学发展报告（2016）
著(编)者：陈圣来 2016年5月出版 / 定价:69.00元

上海蓝皮书
上海资源环境发展报告（2016）
著(编)者：周冯琦 汤庆合 任文伟
2016年1月出版 / 定价:79.00元

上饶蓝皮书
上饶发展报告（2015～2016）
著(编)者：朱寅健 2016年5月出版 / 估价:120.00元

社会建设蓝皮书
2016年北京社会建设分析报告
著(编)者：宋贵伦 冯虹 2016年7月出版 / 估价:79.00元

深圳蓝皮书
深圳法治发展报告（2016）
著(编)者：张骁儒 2016年5月出版 / 估价:69.00元

深圳蓝皮书
深圳经济发展报告（2016）
著(编)者：张骁儒 2016年6月出版 / 估价:89.00元

深圳蓝皮书
深圳劳动关系发展报告（2016）
著(编)者：汤庭芬 2016年6月出版 / 估价:79.00元

深圳蓝皮书
深圳社会建设与发展报告（2016）
著(编)者：张骁儒 陈东平 2016年6月出版 / 估价:79.00元

皮书系列 2016全品种 — 地方发展类·国家国别类

深圳蓝皮书
深圳文化发展报告(2016)
著(编)者：张骁儒　2016年5月出版　估价：69.00元

四川法治蓝皮书
四川依法治省年度报告 NO.2（2016）
著(编)者：李林　杨天宗　田禾
2016年3月出版　定价：108.00元

四川蓝皮书
2016年四川经济形势分析与预测
著(编)者：杨钢　2016年1月出版　定价：98.00元

四川蓝皮书
四川城镇化发展报告（2016）
著(编)者：侯水平　陈炜　2016年4月出版　定价：75.00元

四川蓝皮书
四川法治发展报告（2016）
著(编)者：郑泰安　2016年5月出版　估价：69.00元

四川蓝皮书
四川企业社会责任研究报告（2015～2016）
著(编)者：侯水平　盛毅　2016年4月出版　定价：79.00元

四川蓝皮书
四川社会发展报告（2016）
著(编)者：郭晓鸣　2016年4月出版　定价：79.00元

四川蓝皮书
四川生态建设报告（2016）
著(编)者：李晟之　2016年4月出版　定价：79.00元

四川蓝皮书
四川文化产业发展报告（2016）
著(编)者：向宝云　张立伟　2016年4月出版　定价：79.00元

体育蓝皮书
上海体育产业发展报告（2015～2016）
著(编)者：张林　黄海燕　2016年10月出版　定价：79.00元

体育蓝皮书
长三角地区体育产业发展报告（2015～2016）
著(编)者：张林　2016年4月出版　估价：79.00元

天津金融蓝皮书
天津金融发展报告（2016）
著(编)者：王爱俭　孔德昌　2016年9月出版　估价：89.00元

图们江区域合作蓝皮书
图们江区域合作发展报告（2016）
著(编)者：李铁　2016年4月出版　估价：98.00元

温州蓝皮书
2016年温州经济社会形势分析与预测
著(编)者：潘忠强　王春光　金浩　2016年4月出版　估价：69.00元

扬州蓝皮书
扬州经济社会发展报告（2016）
著(编)者：丁纯　2016年12月出版　估价：89.00元

长株潭城市群蓝皮书
长株潭城市群发展报告（2016）
著(编)者：张萍　2016年10月出版　估价：69.00元

郑州蓝皮书
2016年郑州文化发展报告
著(编)者：王哲　2016年9月出版　估价：65.00元

中医文化蓝皮书
北京中医药文化传播发展报告（2016）
著(编)者：毛嘉陵　2016年5月出版　估价：79.00元

珠三角流通蓝皮书
珠三角商圈发展研究报告（2016）
著(编)者：王先庆　林至颖　2016年7月出版　估价：98.00元

遵义蓝皮书
遵义发展报告（2016）
著(编)者：曾征　龚永育　2016年12月出版　估价：69.00元

国别与地区类

阿拉伯黄皮书
阿拉伯发展报告（2015～2016）
著(编)者：罗林　2016年11月出版　估价：79.00元

北部湾蓝皮书
泛北部湾合作发展报告（2016）
著(编)者：吕余生　2016年10月出版　估价：69.00元

大湄公河次区域蓝皮书
大湄公河次区域合作发展报告（2016）
著(编)者：刘稚　2016年9月出版　估价：79.00元

大洋洲蓝皮书
大洋洲发展报告（2015～2016）
著(编)者：喻常森　2016年10月出版　估价：89.00元

德国蓝皮书
德国发展报告（2016）
著(编)者：郑春荣　伍慧萍
2016年5月出版　估价：69.00元

东北亚黄皮书
东北亚地区政治与安全（2016）
著(编)者：黄凤志　刘清才　张慧智　等
2016年5月出版　估价：69.00元

东盟黄皮书
东盟发展报告（2016）
著(编)者：杨晓强　庄国土　2016年3月出版　定价：89.00元

国家国别类

皮书系列 重点推荐

东南亚蓝皮书
东南亚地区发展报告（2015～2016）
著(编)者：厦门大学东南亚研究中心　王勤
2016年4月出版 / 估价：79.00元

俄罗斯黄皮书
俄罗斯发展报告（2016）
著(编)者：李永全　2016年7月出版 / 估价：79.00元

非洲黄皮书
非洲发展报告 NO.18（2015～2016）
著(编)者：张宏明　2016年9月出版 / 估价：79.00元

国际形势黄皮书
全球政治与安全报告（2016）
著(编)者：李慎明　张宇燕
2015年12月出版 / 定价：69.00元

韩国蓝皮书
韩国发展报告（2016）
著(编)者：牛林杰　刘宝全
2016年12月出版 / 估价：89.00元

加拿大蓝皮书
加拿大发展报告（2016）
著(编)者：仲伟合　2016年4月出版 / 估价：89.00元

拉美黄皮书
拉丁美洲和加勒比发展报告（2015～2016）
著(编)者：吴白乙　2016年5月出版 / 估价：89.00元

美国蓝皮书
美国研究报告（2016）
著(编)者：郑秉文　黄平
2016年6月出版 / 估价：89.00元

缅甸蓝皮书
缅甸国情报告（2016）
著(编)者：李晨阳　2016年8月出版 / 估价：79.00元

欧洲蓝皮书
欧洲发展报告（2015～2016）
著(编)者：周弘　黄平　江时学
2016年7月出版 / 估价：89.00元

日本经济蓝皮书
日本经济与中日经贸关系研究报告（2016）
著(编)者：王洛林　张季风
2016年5月出版 / 估价：79.00元

日本蓝皮书
日本研究报告（2016）
著(编)者：李薇　2016年5月出版 / 估价：69.00元

上海合作组织黄皮书
上海合作组织发展报告（2016）
著(编)者：李进峰　吴宏伟　李伟
2016年7月出版 / 估价：98.00元

世界创新竞争力黄皮书
世界创新竞争力发展报告（2016）
著(编)者：李闽榕　李建平　赵新力
2016年5月出版 / 估价：148.00元

土耳其蓝皮书
土耳其发展报告（2016）
著(编)者：郭长刚　刘义　2016年7月出版 / 估价：69.00元

亚太蓝皮书
亚太地区发展报告（2016）
著(编)者：李向阳　2016年5月出版 / 估价：69.00元

印度蓝皮书
印度国情报告（2016）
著(编)者：吕昭义　2016年5月出版 / 估价：89.00元

印度洋地区蓝皮书
印度洋地区发展报告（2016）
著(编)者：汪戎　2016年5月出版 / 估价：89.00元

英国蓝皮书
英国发展报告（2015～2016）
著(编)者：王展鹏　2016年10月出版 / 估价：89.00元

越南蓝皮书
越南国情报告（2016）
著(编)者：广西社会科学院　罗梅　李碧华
2016年8月出版 / 估价：69.00元

越南蓝皮书
越南经济发展报告（2016）
著(编)者：黄志勇　2016年10月出版 / 估价：69.00元

以色列蓝皮书
以色列发展报告（2016）
著(编)者：张倩红　2016年9月出版 / 估价：89.00元

中东黄皮书
中东发展报告 NO.18（2015～2016）
著(编)者：杨光　2016年10月出版 / 估价：89.00元

中亚黄皮书
中亚国家发展报告（2016）
著(编)者：孙力　吴宏伟　2016年8月出版 / 估价：89.00元

社会科学文献出版社　　　　　　　　　　　　　　**皮书系列**

❖ 皮书起源 ❖

"皮书"起源于十七、十八世纪的英国，主要指官方或社会组织正式发表的重要文件或报告，多以"白皮书"命名。在中国，"皮书"这一概念被社会广泛接受，并被成功运作、发展成为一种全新的出版形态，则源于中国社会科学院社会科学文献出版社。

❖ 皮书定义 ❖

皮书是对中国与世界发展状况和热点问题进行年度监测，以专业的角度、专家的视野和实证研究方法，针对某一领域或区域现状与发展态势展开分析和预测，具备原创性、实证性、专业性、连续性、前沿性、时效性等特点的公开出版物，由一系列权威研究报告组成。

❖ 皮书作者 ❖

皮书系列的作者以中国社会科学院、著名高校、地方社会科学院的研究人员为主，多为国内一流研究机构的权威专家学者，他们的看法和观点代表了学界对中国与世界的现实和未来最高水平的解读与分析。

❖ 皮书荣誉 ❖

皮书系列已成为社会科学文献出版社的著名图书品牌和中国社会科学院的知名学术品牌。2011年，皮书系列正式列入"十二五"国家重点出版规划项目；2012~2015年，重点皮书列入中国社会科学院承担的国家哲学社会科学创新工程项目；2016年，46种院外皮书使用"中国社会科学院创新工程学术出版项目"标识。

中国皮书网

www.pishu.cn

发布皮书研创资讯，传播皮书精彩内容
引领皮书出版潮流，打造皮书服务平台

栏目设置：

- □ 资讯：皮书动态、皮书观点、皮书数据、皮书报道、皮书发布、电子期刊
- □ 标准：皮书评价、皮书研究、皮书规范
- □ 服务：最新皮书、皮书书目、重点推荐、在线购书
- □ 链接：皮书数据库、皮书博客、皮书微博、在线书城
- □ 搜索：资讯、图书、研究动态、皮书专家、研创团队

中国皮书网依托皮书系列"权威、前沿、原创"的优质内容资源，通过文字、图片、音频、视频等多种元素，在皮书研创者、使用者之间搭建了一个成果展示、资源共享的互动平台。

自 2005 年 12 月正式上线以来，中国皮书网的 IP 访问量、PV 浏览量与日俱增，受到海内外研究者、公务人员、商务人士以及专业读者的广泛关注。

2008 年、2011 年，中国皮书网均在全国新闻出版业网站荣誉评选中获得"最具商业价值网站"称号；2012 年，获得"出版业网站百强"称号。

2014 年，中国皮书网与皮书数据库实现资源共享，端口合一，将提供更丰富的内容，更全面的服务。

权威报告　热点资讯　海量资源

当代中国与世界发展的高端智库平台

皮书数据库 www.pishu.com.cn

皮书数据库是专业的人文社会科学综合学术资源总库,以大型连续性图书——皮书系列为基础,整合国内外相关资讯构建而成。包含六大子库,涵盖两百多个主题,囊括了近十几年间中国与世界经济社会发展报告,覆盖经济、社会、政治、文化、教育、国际问题等多个领域。

皮书数据库以篇章为基本单位,方便用户对皮书内容的阅读需求。用户可进行全文检索,也可对文献题目、内容提要、作者名称、作者单位、关键字等基本信息进行检索,还可对检索到的篇章再做二次筛选,进行在线阅读或下载阅读。智能多维度导航,可使用户根据自己熟知的分类标准进行分类导航筛选,使查找和检索更高效、便捷。

权威的研究报告,独特的调研数据,前沿的热点资讯,皮书数据库已发展成为国内最具影响力的关于中国与世界现实问题研究的成果库和资讯库。

皮书俱乐部会员服务指南

1. 谁能成为皮书俱乐部成员?
   - 皮书作者自动成为俱乐部会员
   - 购买了皮书产品(纸质书/电子书)的个人用户

2. 会员可以享受的增值服务
   - 免费获赠皮书数据库100元充值卡
   - 加入皮书俱乐部,免费获赠该纸质图书的电子书
   - 免费定期获赠皮书电子期刊
   - 优先参与各类皮书学术活动
   - 优先享受皮书产品的最新优惠

3. 如何享受增值服务?

   (1) 免费获赠100元皮书数据库体验卡

   第1步 刮开皮书附赠充值的涂层(右下);
   第2步 登录皮书数据库网站
   (www.pishu.com.cn),注册账号;

   第3步 登录并进入"会员中心"——"在线充值"——"充值卡充值",充值成功后即可使用。

   (2) 加入皮书俱乐部,凭数据库体验卡获赠该书的电子书

   第1步 登录社会科学文献出版社官网
   (www.ssap.com.cn),注册账号;

   第2步 登录并进入"会员中心"——"皮书俱乐部",提交加入皮书俱乐部申请;

   第3步 审核通过后,再次进入皮书俱乐部,填写页面所需图书、体验卡信息即可自动兑换相应电子书。

4. 声明

   解释权归社会科学文献出版社所有

皮书俱乐部会员可享受社会科学文献出版社其他相关免费增值服务,有任何疑问,均与我们联系。
图书销售热线:010-59367070/7028 图书服务QQ:800045692 图书服务邮箱:duzhe@ssap.cn
数据库服务热线:400-008-6695 数据库服务QQ:2475522410 数据库服务邮箱:database@ssap.cn
欢迎登录社会科学文献出版社官网(www.ssap.com.cn)和中国皮书网(www.pishu.cn)了解更多信息

皮书大事记
（2015）

☆ 2015年11月9日，社会科学文献出版社2015年皮书编辑出版工作会议召开，会议就皮书装帧设计、生产营销、皮书评价以及质检工作中的常见问题等进行交流和讨论，为2016年出版社的融合发展指明了方向。

☆ 2015年11月，中国社会科学院2015年度纳入创新工程后期资助名单正式公布，《社会蓝皮书：2015年中国社会形势分析与预测》等41种皮书纳入2015年度"中国社会科学院创新工程学术出版资助项目"。

☆ 2015年8月7~8日，由中国社会科学院主办，社会科学文献出版社和湖北大学共同承办的"第十六次全国皮书年会（2015）：皮书研创与中国话语体系建设"在湖北省恩施市召开。中国社会科学院副院长李培林、国家新闻出版广电总局原副总局长、中国出版协会常务副理事长邬书林，湖北省委宣传部副部长喻立平，中国社会科学院科研局局长马援，国家新闻出版广电总局出版管理司副司长许正明，中共恩施州委书记王海涛，社会科学文献出版社社长谢寿光，湖北大学党委书记刘建凡等相关领导出席开幕式。来自中国社会科学院、地方社会科学院及高校、政府研究机构的领导及近200个皮书课题组的380多人出席了会议，会议规模又创新高。会议宣布了2016年授权使用"中国社会科学院创新工程学术出版项目"标识的院外皮书名单，并颁发了第六届优秀皮书奖。

☆ 2015年4月28日，"第三届皮书学术评审委员会第二次会议暨第六届优秀皮书奖评审会"在京召开。中国社会科学院副院长李培林、蔡昉出席会议并讲话，国家新闻出版广电总局原副局长、中国出版协会常务副理事长邬书林也出席本次会议。会议分别由中国社会科学院科研局局长马援和社会科学文献出版社社长谢寿光主持。经分学科评审和大会汇评，最终匿名投票评选出第六届"优秀皮书奖"和"优秀皮书报告奖"书目。此外，该委员会还根据《中国社会科学院皮书管理办法》，审议并投票评选出2015年纳入中国社会科学院创新工程项目的皮书和2016年使用"中国社会科学院创新工程学术出版项目"标识的院外皮书。

☆ 2015年1月30~31日，由社会科学文献出版社皮书研究院组织的2014年版皮书评价复评会议在京召开。皮书学术评审委员会部分委员、相关学科专家、学术期刊编辑、资深媒体人等近50位评委参加本次会议。中国社会科学院科研局局长马援、社会科学文献出版社社长谢寿光出席开幕式并发表讲话，中国社会科学院科研成果处处长薛增朝出席闭幕式并做发言。

皮书数据库
www.pishu.com.cn

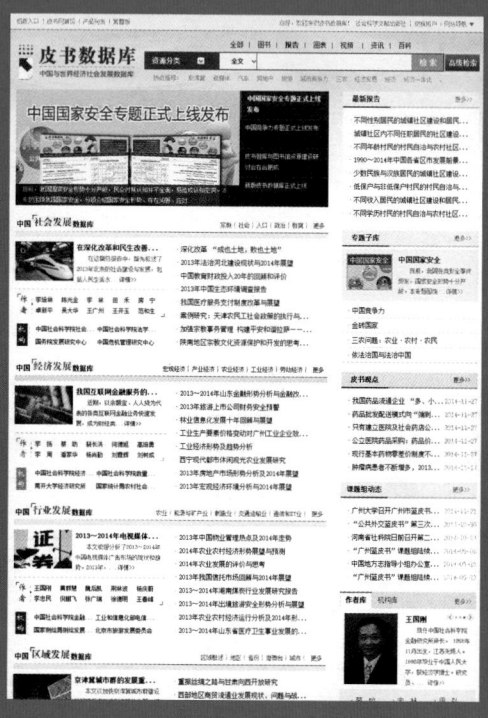

皮书数据库三期

- 皮书数据库（SSDB）是社会科学文献出版社整合现有皮书资源开发的在线数字产品，全面收录"皮书系列"的内容资源，并以此为基础整合大量相关资讯构建而成。

- 皮书数据库现有中国经济发展数据库、中国社会发展数据库、世界经济与国际政治数据库等子库，覆盖经济、社会、文化等多个行业、领域，现有报告30000多篇，总字数超过5亿字，并以每年4000多篇的速度不断更新累积。

- 新版皮书数据库主要围绕存量+增量资源整合、资源编辑标引体系建设、产品架构设置优化、技术平台功能研发等方面开展工作，并将中国皮书网与皮书数据库合二为一联体建设，旨在以"皮书研创出版、信息发布与知识服务平台"为基本功能定位，打造一个全新的皮书品牌综合门户平台，为您提供更优质更到位的服务。

更多信息请登录

中国皮书网
http://www.pishu.cn

皮书微博
http://weibo.com/pishu

中国皮书网的BLOG [编辑]
http://blog.sina.com.cn/pishu

皮书博客
http://blog.sina.com.cn/pishu

皮书微信
皮书说

请到各地书店皮书专架/专柜购买，也可办理邮购

咨询/邮购电话：010-59367028　59367070　　　邮　　箱：duzhe@ssap.cn
邮购地址：北京市西城区北三环中路甲29号院3号楼华龙大厦13层读者服务中心
邮　　编：100029
银行户名：社会科学文献出版社
开户银行：中国工商银行北京北太平庄支行
账　　号：0200010019200365434
网上书店：010-59367070　　qq：1265056568
网　　址：www.ssap.com.cn　　　www.pishu.cn